ESCOLA, ESPAÇO DE SUBJETIVAÇÃO

Blucher

ESCOLA, ESPAÇO DE SUBJETIVAÇÃO

De Freud a Morin

Alcimar Alves de Souza Lima

Esméria Rovai

Escola, espaço de subjetivação: de Freud a Morin

Editora Edgard Blücher Ltda.

Serie Psicanálise Contemporânea
Coordenador da série Flávio Ferraz
Publisher Edgard Blücher
Editor Eduardo Blücher
Coordenação editorial Jonatas Eliakim
Produção editorial Bonie Santos
Preparação de texto Bárbara Waida
Diagramação Gabriel Miranda
Revisão de texto Silvana Vieira
Capa Leandro Cunha
Imagem da capa iStockphoto

Blucher

Rua Pedroso Alvarenga, 1245, 4º andar
04531-934 – São Paulo – SP – Brasil
Tel.: 55 11 3078-5366
contato@blucher.com.br
www.blucher.com.br

Segundo o Novo Acordo Ortográfico, conforme 5. ed. do *Vocabulário Ortográfico da Língua Portuguesa*, Academia Brasileira de Letras, março de 2009.

Dados Internacionais de Catalogação
na Publicação (CIP)
Angélica Ilacqua CRB-8/7057

Lima, Alcimar Alves de Souza

Escola, espaço de subjetivação : de Freud a Morin / Alcimar Alves de Souza Lima, Esméria Rovai. – São Paulo : Blucher, 2022.

340 p. (Série Psicanálise Contemporânea / coord. de Flávio Carvalho Ferraz)

Bibliografia
ISBN 978-65-5506-100-0 (impresso)
ISBN 978-65-5506-101-7 (eletrônico)

1. Psicanálise 2. Educação escolar – Aspectos psicanalíticos I. Título. II. Rovai, Esméria. III. Ferraz, Flávio Carvalho.

21-5504 CDD 150.195

Índice para catálogo sistemático:
1. Psicanálise

Quem sou eu?
Se alguém me perguntasse quem sou, exigindo de mim uma resposta pronta, juro que não saberia responder prontamente. E se o fizesse, correria o risco de me revelar pela metade. Limitaria o que ainda sou capaz de ser no instante seguinte. Porque a vida continua a pulsar com ânsia de infinito. Sou ser em movimento, de saber inacabado. Semente em terra fértil. Mudo (e cresço) o tempo todo. Existência sem mudança é travessia sem crescimento. Não tenho pressa de dizer "quem sou", pois quanto mais tento me decifrar, tanto mais me perco na palavra incerta.

Francisco Galvão, Minuto de resiliência:
para viver com sentido (2019, p. 81)

Dedicatórias

Alcimar
Aos meus filhos, Thiago, Paulo e Rosa Maria, e à minha esposa, Águeda, que sempre me incentivou para o acontecer deste livro.

Esméria
Aos meus sobrinhos-netos e também a todas as crianças de hoje, para que possam ter o direito a uma educação voltada ao seu *ser humano.*

Os autores
Aos professores e pais que se encontram diante do desafio de formar um pilar unitário de ação para enfrentar as dificuldades de pensar a educação de crianças e jovens de um novo modo.

Homenagem póstuma a Maria Nilde Mascellani, responsável por hoje estarmos falando de uma experiência educacional por nós vivida no Ginásio Vocacional e que chamamos de *escola desejante.*

Agradecimentos

Ao editor Flávio Ferraz, que possibilitou esta publicação neste momento em que o Brasil carece de um impulso na educação fundamental.

À colaboração da psicanalista Maria Laurinda Ribeiro de Souza ao escrever o prefácio, que transmite o entusiasmo que precisamos ter para encarar as mudanças que a educação no Brasil precisa realizar na atualidade.

À psicanalista Renata Udler Cromberg, que sempre acompanhou e apoiou a elaboração deste livro.

À GVive – Associação de Ex-alunos e Amigos do Vocacional, que sempre esteve à frente de preservar a memória dessa experiência pedagógica e nos estimula a falar dela para mantê-la viva como possibilidade de um novo jeito de pensar a educação.

Conteúdo

Prefácio

Educar em tempos voláteis e complexos

Maria Laurinda Ribeiro de Souza

> *A educação, direito de todos e dever do Estado e da família, será promovida e incentivada com a colaboração da sociedade, visando ao pleno desenvolvimento da pessoa, seu preparo para o exercício da cidadania e sua qualificação para o trabalho.*
>
> Constituição Brasileira, art. 205

A leitura deste livro exige ponderação e reconhecimento pausado do percurso. Deixem-se guiar pela abertura proposta pelos autores, que tomam como farol as palavras de Francisco Galvão: "não tenho pressa de dizer 'quem sou', pois quanto mais tento me decifrar, tanto mais me perco na palavra incerta".

Se, como dizem os autores, um projeto de educação integral implica, nestes tempos ditos voláteis e complexos, "flexibilidade para acompanhar o ritmo das mudanças e estabilidade para levar um projeto avante", uma atitude paradoxal é convocada: agir rapidamente para enfrentar as mudanças necessárias, rompendo a apatia e a repetição conservadora de algumas experiências escolares, e, ao mesmo tempo, garantir o tempo e a estabilidade suficientes para que um projeto entendido em seu sentido educacional pleno possa ser sustentado.

Os tempos do autoritarismo vigente, com manifestações constantes de violência e ataques às instituições escolares, aos educadores, à liberdade de pensamento, nos instigam à pergunta já levantada por Freud: a educação, tal como proposta neste livro, é uma tarefa possível?

É na tentativa de apontar caminhos e lançar pontos de reflexão para que essa tarefa seja possível que Alcimar e Esméria aceitaram o desafio de escrever este livro. Desafio que se viu atravessado pela pandemia de covid-19, com o necessário isolamento social e uma alteração significativa na forma de transmissão educacional. As aulas presenciais foram interrompidas e o mundo virtual ganhou um espaço inimaginado no início de 2020. No entanto, apesar dessa mudança inesperada e traumática, muito do que foi implantado às pressas, com criatividade e experimentação, já se vê anunciado como proposta no trabalho conjunto realizado pelos autores.

Trabalhar juntos. Forma de construir este livro e que se fez presente no princípio que lhe deu origem: valorizar a presença do outro, formular enunciações a partir de um movimento de cooperação e resgate das experiências singulares e das que foram partilhadas ao longo das histórias em comum. Construir, a partir desse solo, um projeto educacional capaz de integrar objetividade e subjetividade no movimento contínuo de *tornar-se pessoa* no contexto atual, marcado pela complexidade e em acelerada transformação. E, agora, invadido pela experiência da catástrofe que atingiu todos os países, demandando esforços para sustentar a vida e reavaliar o que até então se reconhecia como normalidade. As desigualdades, as injustiças, as exclusões tornaram-se explícitas e evidenciaram a necessidade de imaginar, sonhar, lutar por uma nova forma de estar no mundo.

É, então, prioritário lançar pontos de reflexão para embasar um projeto de educação que se abra para a cooperação necessária entre as políticas públicas e outras instituições sociais e inverta a norma que prioriza os interesses econômicos em detrimento dos interesses sociais e da urgência da vida.

Um dos grandes eixos propostos pelos autores é a valorização do aspecto relacional: as relações professor-aluno, escola-pais, escola-comunidade; todo o contexto em que o *tornar-se* acontece. Uma "visão ecológica e cósmica na qual tudo está interconectado, portanto, em rede" (ver Capítulo 7).

A figura do professor surge não como uma *fonte* de conhecimento, mas como uma *ponte* para a realização possível do desejo, dos afetos e da aquisição significativa do saber, permitindo uma integração entre o cognitivo e o afetivo, entre o pensar, o sentir e o agir.

Uma pedagogia que responda a essas exigências será, como a nomeiam Alcimar e Esméria, uma pedagogia autogenerativa, capaz de oferecer às crianças a possibilidade de experimentarem suas competências e se sentirem capazes de realizá-las de forma criativa. Uma pedagogia capaz de fazer da escola um espaço desejante.

Tal proposta depara com diversas questões:

Como sustentar a ética da solidariedade ou da boa convivência numa sociedade de matizes, uma sociedade em que todos podem participar de múltiplas redes sociais e ser atravessados por um excesso de informações e de demandas, uma sociedade sem o tempo necessário para o pensamento, a análise e o processamento?

Como romper e transformar um entorno marcado pela violência e pela ideia de sucesso a qualquer custo?

Como fazer os alunos perceberem sua necessidade de aprender? Seu desejo de conhecimento?

Para responder a questões tão vitais para o trabalho cotidiano de uma escola, os autores demarcam a importância de três categorias: *referências*, *consistências* e *consequências*. "A escola tem de se tornar o espaço propiciador dessas três categorias, a fim de auto-organizar o caos, ou seja, as turbulências, as dispersões, as desagregações e as cisões" (ver Capítulo 12), e precisa encontrar outra forma de hierarquia que responda mais adequadamente ao momento contemporâneo; uma hierarquia entrelaçada que pressuponha articulação entre a multiplicidade de referências.

Ao longo do texto são sugeridos diversos exemplos e experiências que agem como espaços de reconhecimento da afetividade e como facilitadores para o desejo de aprender. E delineiam-se situações-problema ou situações desafiadoras que criam o impulso para a busca de soluções e para um olhar investigativo do mundo.

Mas, como satisfazer necessidades ou desejos sem criar seres abusivos, autocentrados, preocupados apenas com sua satisfação narcísica, sem levar em conta a existência de limites, dos outros e do entorno que os cerca?

É em Hannah Arendt que encontram a explicitação esclarecedora dessa questão:

> *A preocupação com um bem-estar raso e estéril – que preenche todas as necessidades e desejos vitais, mas não deixa espaço para paixões nem para o desejo daquilo que não é alcançável de imediato – tem refletido numa educação que evita . . . expor o aluno a eventuais frustrações e, muitas vezes, até tenta resguardá-lo de fazer algum esforço . . . se deixa de considerar que uma aprendizagem sem esforço é uma ilusão e sequer parece desejável, já que, quando por demais "facilitada" e exclusivamente*

> *prazerosa, exige pouco crescimento do aluno. (Arendt citada por Almeida, 2011, p. 69)*

Se Freud já definira a educação como uma das três tarefas impossíveis (ao lado de governar e analisar), o que pensar hoje, quando as instituições educacionais estão sob vigília constante de falsas autoridades que se dão o direito ilegítimo de legislar sobre o que pode ou não ser dito em sala de aula, o que deve ou não fazer parte do currículo escolar, propondo um conteúdo higienizado, programado para alunos disciplinados militarmente?

Faz parte dessa "estratégia de demolição" o ataque à ciência e à cultura, bem como a propostas respeitadas internacionalmente, como tem sido feito com Paulo Freire, declarado Patrono da Educação Brasileira em 13 de abril de 2012, e seu acervo, reconhecido como patrimônio da humanidade pelo Programa Memória do Mundo da Unesco.

Em tempos não tão distantes – e cujo retorno nos ameaça eternamente –, a ditadura brasileira fez um atravessamento violento sobre a educação, que teve efeitos não só sobre as gerações dessa época, mas também sobre as gerações que se seguiram, impedindo propostas inovadoras de ensino e provocando a dispersão de professores (muitos deles exilados) que se implicavam com a liberdade de pensamento e com o questionamento crítico da realidade. Essa história não pode ser esquecida. É preciso sempre denunciá-la e insistir na resistência à sua repetição e na defesa de um outro futuro. Como afirma, poeticamente, Alcimar Lima (2015): "Memória não é o passado; é o presente passado a limpo. Em mergulho no furo do futuro".

O cenário contemporâneo, agora agudizado pela pandemia, anuncia uma nova ordem mundial como consequência da quarta revolução industrial e do predomínio da inteligência artificial e nos faz vislumbrar o desaparecimento de uma série de funções realizadas pela mão humana, deixando uma grande parte da população sem garantias de trabalho e de sobrevivência.

Esse cenário recoloca várias interrogações para a educação:

O Estado sustentará uma política de valorização das escolas públicas?

No futuro próximo, os professores serão substituídos por dispositivos tecnológicos, tornando "natural" o que agora está sendo vivido em função de uma situação de emergência?

A educação como direito de todos visando ao pleno desenvolvimento da pessoa, a seu preparo para o exercício da cidadania e sua qualificação para o trabalho, como diz nossa Constituição, continuará sendo apenas uma falácia? Um discurso para oportunidades eletivas ou para festividades? Ou um princípio a ser, de fato, efetivado?

É verdade que a escola deveria cumprir esse princípio, e muito há para transformar. Mas há também, como apontam os autores, experiências que já vêm sendo realizadas e que poderiam ser mais difundidas, partilhadas e expandidas para outras realidades, respeitando-se as características das respectivas comunidades.

Em livro anterior publicado em 2015, *Escola como desejo e movimento: novos paradigmas, novos olhares para a educação* (Cortez), Alcimar e Esméria debruçaram-se sobre uma dessas experiências, explicitando seus princípios e sua prática e tornando visível a possibilidade efetiva desse princípio.

Esses projetos podem ser pensados não como modelos fechados a serem seguidos, mas antes como análise de experiências criativas em que o desejo e as singularidades fazem diferença; como matéria-prima para novas experiências pedagógicas e para a transformação necessária da escola que temos hoje, fazendo-se uma aposta na sua capacidade de autorregenerar-se e de autocriar-se.

Nesta nova ordem mundial, a escola pode, de fato, ampliar e potencializar uma série de dispositivos tecnológicos, mas é sempre importante frisar: o papel principal da formação ainda cabe ao professor. É nele que se condensa uma rede de referências mais ampla – outros agentes da escola, o grupo de alunos, a família, o entorno da comunidade em que atua.

É ele que, ocupando o lugar de ponte, e não de fonte (como na escola tradicional), cumpre o papel de auxiliar no desenvolvimento do espírito crítico, na análise das informações insistentemente divulgadas pelos meios de comunicação e pelas redes sociais, no uso criterioso da tecnologia e na conscientização de seus efeitos.

É ele que, no cotidiano de sua atuação, facilita e incentiva o reconhecimento das potencialidades e das capacidades expressas por seus alunos, acompanhando e avaliando suas realizações, não por meio de uma nota ou conceito, mas, antes, levando em consideração um processo de múltiplas possibilidades. Nesse processo, o erro não é entendido como insuficiência ou desqualificação do aluno; ele é parte complementar do acerto e indicador de rumos a serem tomados, corrigidos ou ampliados pelo projeto educacional, que demanda a implicação de todos os agentes formadores.

É de suma importância a afirmação reiterada por Alcimar Lima e Esméria Rovai em vários momentos deste livro: *a subjetivação só acontece em presença de um outro.* Para que o desejo possa desabrochar, é necessário o reconhecimento da alteridade e o compromisso ético com as escolhas feitas.

Quando Freud afirmou que governar, analisar e educar eram tarefas impossíveis, ele apontava, a meu ver, para uma construção interminável, para a necessidade de um moto contínuo de instigação e inquietação com os modelos formatados, para uma luta constante da qual, mesmo em situações autoritárias e dessubjetivantes, algo pode emergir como laço coletivo em favor da transformação e do respeito aos direitos a uma vida digna e a um ideal de ensino potencialmente criativo e libertário. Um ensino que prepare os estudantes para viver como cidadãos responsáveis, conscientes de seu poder de transformar a si mesmos, à natureza e ao mundo à sua volta.

Utopia?

Pode ser. Mas a linguagem poética, portadora de verdade, nos indica que

> *A utopia está lá no horizonte. Me aproximo dois passos, ela se afasta dois passos. Caminho dez passos e o horizonte corre dez passos. Por mais que eu caminhe, jamais a alcançarei. Para que serve a utopia? Serve para isso: para que eu não deixe de caminhar. (Birri citado por Galeano, 1998)*

Alcimar e Esméria lançaram, com este livro, uma ponte que abre muitas vias de trilhamento para todos que se interessam e se implicam com o destino dado às nossas escolas. Que a travessia seja promissora e permita a cada leitor encontrar novas palavras e motivação para sustentar a escola como espaço de desejo e de subjetivação.

1. Novas palavras para um novo momento

Estávamos terminando de escrever este livro, no início de 2020, quando vimos o mundo atravessado pela pandemia causada pelo estranho coronavírus. Em março chegou ao Brasil, quando começávamos a sentir o alívio de ver cumprida uma jornada comprida.

O mundo e também nós, brasileiros, nos vimos pegos por essa inédita surpresa. O isolamento social surge como a estratégia para evitar um colapso mundial maior. Algo nunca antes vivido e narrado na história humana foi presenciado: o mundo parou! Situação similar só havíamos visto na música de Raul Seixas, de 1977, em que fala de um sonho por ele imaginado: *O dia em que a Terra parou*. Uma profecia?

Algo semelhante a uma terceira guerra mundial, a um tsunâmi, à eclosão de um vulcão, esse vírus coloca a humanidade na urgência de medidas inéditas, como também o são a dimensão e a abrangência da mudança de valores, hábitos, usos e costumes a serem repensados no *modus vivendi* social, que, até então, ocorria por saltos quase imperceptíveis. Embora em ritmo acelerado, saltos que não permitiam entender com profundidade o que os sucessivos desdobramentos históricos nos apontavam.

Porém, dessa vez o salto foi diferente. Estávamos diante de uma incerteza: a pandemia nos convidava a análise e reflexão profundas sobre o rumo a ser tomado dali em diante, não sendo permitida a volta ao "normal" que se imaginava seguir, colocando-nos diante de um antes e um depois de 2020. Quem pensa que tudo vai voltar ao que era antes da pandemia não entendeu o significado dessa experiência gigantesca à qual a humanidade está submetida pelos movimentos nada casuais do universo. Sim, porque os movimentos do universo têm sempre um propósito; mesmo assim, o acaso sempre nos espreita.

Paremos para pensar no significado dessa pandemia, isto é, no propósito com que o universo nos faz passar por ela.

Sem sombra de dúvida, essa experiência vem nos revelar aquilo que a humanidade tem mostrado dificuldade de entender: que tudo no universo é interconectado, interdependente. Em outras palavras, que o mundo não é uma máquina de partes separadas, como o homem não é o conjunto de fragmentos estanques. Ideia que viemos debatendo com os educadores por meio de nossas publicações, mas que parece não ressoar de modo adequado nas práticas pedagógicas.

E com certeza a atualidade do nosso livro está nessa visão de interconexão e de transdisciplinaridade que paulatinamente se anunciava na segunda metade do século XX e adentrou o século XXI. Ou seja, a visão das interconexões que, para nós, já estava no devir contemporâneo. Como no exemplo da aranha, citado neste livro: ao tocar um fio da rede que tece, todos os demais fios são de alguma forma afetados. Esse vírus tocou no fio da saúde e praticamente abalou todos os demais fios da rede da nossa vida: as relações sociais, obrigando-nos ao recolhimento; a economia, com o fechamento do comércio e das atividades de produção; a religião, com seus templos fechados e vazios; o meio ambiente, cujo efeito imediato de redução da poluição pela diminuição de veículos nas ruas e nas estradas parece despertar a consciência para a relação homem-natureza; o mundo do trabalho, em suas várias linhas de atuação, sobretudo o emprego/desemprego e a prática do trabalho em casa (*home office*); o turismo e o lazer, em suas diferentes formas de expressão; a vida cultural e artística; a vida pública; a educação e a escola em sua forma tradicional de organização; as famílias e suas relações com a escola e com a própria rede familiar.

Enfim, cada leitor pode se situar como um fio dessa rede e acrescentar aqui a história de como sua vida pessoal e as de sua família e seus amigos foram atingidas por um vírus que, segundo consta, tem origem na China e em pouco tempo toma conta do mundo. Sem querer esmiuçar todos os fios da rede humana, esta experiência é uma bela oportunidade para que todos, principalmente os homens que ocupam cargos públicos e políticos, sintam na pele os efeitos de uma vida interconectada. E, dessa forma, possam compreender como as mudanças a serem encaminhadas têm de considerar essa verdade, não apenas a nível local, mas a nível universal.

O fator primordial que tomou conta da humanidade pouco antes da pandemia foi a possibilidade de apreensão em tempo real do ciberespaço, fator este que no Brasil já víamos com muita claridade nos acontecimentos de junho de 2013, quando as redes sociais começaram a ter uma conexão imensa na vida de nossa população e também no mundo inteiro. Nessa época, vimos que passamos das sociedades de massas às sociedades de matizes, o que já abordávamos em nossos textos. Mas o ritmo desse processo, que ocorria com certa velocidade, com a pandemia se potencializou e exponencializou.

Nossa vida, então, ficou eminentemente virtual em todos os sentidos, sobretudo no campo educacional; com as escolas fechadas, o ensino passou a ser a distância e os recursos de aplicativos começaram a ser amplamente utilizados. Neste livro, já percebíamos e anunciávamos que os aplicativos via ciberespaço já estavam pulsando no campo educacional, porém víamos com certa cautela seu uso em grande escala. Com a pandemia não houve alternativa. Esse período já passa de dois anos e nos apresenta incerteza quanto a seu final, à eficácia da vacina diante das novas variantes que surgem e, consequentemente, ao rumo das ocorrências vindouras; todavia, é certo que aquele "normal" desaparecerá e o futuro está em aberto. Este é o normal do nosso momento histórico.

Os desdobramentos que advêm dessa consideração precisam ser reconhecidos a fim de que um novo "normal" venha a ser gradativamente construído. Um novo normal atento aos sinais que o universo, em seu contínuo movimento, aponta, com efeitos bons ou não, para a vida no planeta. Esse movimento, se muitas vezes é tão sutil que passa quase despercebido, faz-se agora, ao contrário, demais evidente para ser ignorado.

A ruptura entre um antes e um depois de 2020 não acontece de modo abrupto, mas gradual, e nos traz evidências de que atinge praticamente todas as áreas da vida em sociedade, lembrando-nos da sensibilidade merecida ao tratar dos assuntos em sua conjuntura interdependente.

Essa situação nos traz outra evidência, ainda não total e devidamente assimilada: dentro dessa visão interconectada da vida, as análises e as tomadas de decisões, em qualquer área, não podem ser feitas sem levar em conta o contexto em que ocorrem. A contextualização é uma exigência de um mundo histórico, de um mundo em que as histórias não se repetem continuamente, mas estão sempre em transformação, em evolução, e a evolução caminha para a frente. Se por espelhamento ela parece tocar em tempos passados, as soluções do passado não se aplicam ao presente. Por exemplo, pretender que a mulher volte a ser o que era antes da revolução industrial e do movimento feminista é perder de vista o movimento evolutivo da história.

Hoje, estamos vivendo um período de recolhimento social devido à pandemia, sem ainda possibilidade de visualizar seus desdobramentos. A incerteza sobre o que representa a covid-19, uma doença nova, desconhecida para a humanidade, nos conduziu de início a uma medida radical: a de vivermos um longo feriado no modo de vida, o *fica em casa* e a consequente *paralisação das atividades comerciais*, com abertura apenas para os serviços essenciais, por um período de três meses, seguidos de uma programação de reabertura gradual. Na realidade, tratou-se de uma medida de enfrentamento e de combate a uma tragédia de maiores proporções. Esse era o único conhecimento que o mundo tinha em mãos diante de algo tão desconhecido.

Para muitos, a medida foi exagerada, para outros muitos, a melhor coisa a se fazer. Acertamos ou erramos em encerrar a vida dentro de casa? Recorrendo à reflexão sobre o retorno da vida de Milan Kundera em seu livro *A insustentável leveza do ser*, vemos que nós, humanos, não temos condições de voltar no tempo e agir de modo diferente para saber qual ação teria melhor resultado. Mas, numa análise retrospectiva e prospectiva, a medida parece ser a mais efetiva no enfrentamento de tal doença até que a ciência descubra um método de prevenção e cura, uma vez que o ser humano – e não um mosquito – é o agente transmissor do vírus. Como no caso do vírus da aids, respeitadas as diferenças, o contato humano tornou-se o vetor de principal relevância, pois é sabido que uma pessoa infectada que não apresenta sintomas da doença pode contaminar outras tantas pessoas se não evitar contatos próximos e aglomerações, e sem o uso devido de máscaras. Além, é claro, de outras medidas relacionadas a higiene pessoal e coletiva, cuidados com a alimentação e com o sono, enfim, medidas profiláticas e de reforço do estado imunológico.

É oportuno ressaltar qual foi a diferença que essa pandemia nos trouxe em relação a todas as anteriores, inclusive a da gripe espanhola, que ceifou mais de 50 milhões de vidas há cerca de cem anos: o acesso aos celulares, que são microcomputadores interligados, pela grande maioria da população, como extensão de nossos próprios corpos.

Isso nos aponta que não devemos tratar os celulares como independentes de nós, pois fazem parte da nossa época e do tipo de subjetivação que ela está produzindo. Daqui para a frente parte integrante de nossos próprios corpos, trazem benefícios, mas podem também nos levar a conflitos de imensas dimensões. Todas essas descobertas que são fundamentais para a ética terão de ser enfrentadas pela geração que vive estes tempos e pelas gerações futuras. Dizemos ética porque esses dispositivos cibernéticos foram incorporados por todos nós. Assim, farão parte do nosso cotidiano e do dia a dia escolar. Surge uma nova geração nascida nesse universo cibernético, e tudo isso deverá ser pensado com muita cautela no devir histórico. Porém, uma coisa é certa: o antigo "normal" não voltará mais.

Com este preâmbulo, é tempo de contemplarmos como essa pandemia demonstra de modo inequívoco a conexão da educação escolar com a vida fora da escola.

A escola foi um dos fios do tecido social altamente afetado pela pandemia de covid-19. Evitar o grande agrupamento de pessoas em contato próximo levou ao fechamento das escolas em geral, do ensino fundamental ao superior. Após um período que se imaginou de antecipação de férias, o afastamento estendeu-se para férias sem fim determinado. E como não comprometer o ano escolar?!

A tecnologia para o ensino a distância, ou online, até então questionada como prática viável, mostrou-se de enorme utilidade, ainda que não estivéssemos devidamente preparados para ela. Até certo ponto, ela veio salvar o que parecia comprometido: o prosseguimento das atividades de ensino-aprendizagem, mesmo com a falta de conhecimento sobre o seu uso efetivo. Quase aos trancos e barrancos, foi preciso enfrentar esse desafio, que apresentava seu lado positivo: uma experiência de aprendizado para todos – profissionais da educação, alunos e pais.

Essa pandemia veio desnudar a escola em suas fragilidades estruturais, metodológicas e relacionais já apontadas há tempos, porém ainda com dificuldades de assunção na prática. É esperado que o período de experiência com essa modalidade de ensino seja vivido com a consciência de uma pesquisa em ação – pesquisa-ação –, com a coleta e a análise sistemáticas de dados positivos e negativos, a fim de fundamentar essa prática em momentos de emergência, ou até mesmo como possibilidade enquanto ferramenta auxiliar às práticas da escola ao vivo. É do nosso conhecimento que muitas escolas particulares estão fazendo isso e já há algumas contribuições sistematizadas quanto a acertos e benefícios, bem como quanto a erros e mesmo desvantagens e perigos, sobretudo nas fases iniciais do ensino.

Isto posto, um conhecimento inicial sobre essa novidade vem sendo construído por outros profissionais aliados à educação, como médicos, psicanalistas, psicólogos, sociólogos, pedagogos, que já se debruçaram sobre a investigação, juntando dados para análise e formulando orientações básicas sobre esse assunto, quer para as escolas, quer para as famílias, que passaram a viver uma situação complexa nesse sentido. Trata-se, portanto, de um período fértil, se bem aproveitado.

Após seis meses de fechamento, surgiu o debate sobre o retorno às aulas, também aqui para muitos uma medida desejada, para muitos outros uma solução ameaçadora. O perigo do contágio com a presença de um grande contingente de pessoas no espaço escolar, apesar das medidas de proteção, não está afastado. Não seria melhor dar este período como passado em brancas nuvens em termos de conteúdo escolar, mas de grande aprendizado para compreender a vida? Todos estamos passando por grandes lições. Aprendê-las e testá-las na prática é a grande tarefa.

É no âmbito de toda essa transformação vivida pela sociedade nesta segunda década do século XXI, que promete ainda se prolongar meses, ou anos, à frente, que resolvemos retomar o nosso livro e fazer essa "introdução da introdução", uma vez que a sua dinâmica é estar em sintonia com o momento: escrevemos antes e escrevemos agora o que se vive. E, a nosso ver, apesar da reviravolta no contexto mundial e local, sentimos que ele está devidamente estruturado para essa passagem para a década de 2020 e os anos adiante. Por algumas evidências, sabemos que uma escola totalmente virtual no pós-pandemia será um absurdo, nem é desejável, pois para que haja subjetivações o ser humano precisa de contatos afetivos presenciais e de convivência com a alteridade ao vivo.

Assim, a nosso ver, o tema do livro encontra agora ambiente mais favorável à compreensão do que seja uma escola espaço de subjetivação, ou seja, de formação de pessoas, para um mundo em acelerada transformação. Sim, porque a pandemia veio nos mostrar as debilidades do modelo de desenvolvimento civilizatório adotado, e, em virtude disso, os desdobramentos vividos hoje pela humanidade certamente pedem a reinvenção da educação escolar e de sua interação sociedade-escola-família, família-escola-sociedade. É esperado que, além dos educadores, as famílias também tenham tido oportunidade de reconsiderar sua visão sobre a escola e de se perceberem não apartadas, mas conectadas e, consequentemente, comprometidas com a construção da escola e da relação com a sociedade. Essa reinvenção deve partir de modelos de compartilhamento consciente de responsabilidades que privilegiem a formação de crianças e jovens em espaços escolares ligados à vida em sua realidade interconectada transformativa e transformadora, e não dela apartada, isolada em seus fundamentos tradicionais, que não mais condizem com o ritmo de evolução histórica. Para isso, recorremos a conceitos psicanalíticos e das teorias da complexidade para dar maior sustentação aos assuntos por nós abordados.

Nesse sentido, apontamos que a reinvenção da escola passa pela revisão das relações sociais dentro e fora dela. Por outro lado, não se mudam as relações sociais sem uma nova visão de mundo, de vida no planeta e do homem que tem a Terra como seu hábitat. Em outras palavras, sem uma revisão dos valores que devem nortear a construção do "novo normal social" que já está em andamento. E logicamente isso deve levar a uma renovação da configuração física e pedagógica da escola; da organização dos currículos; das práticas metodológicas de ensino-aprendizagem e das práticas de avaliação, bem como à superação do ensino baseado na repetição e na memorização, dando lugar a um novo modelo de cognição que abrace o raciocínio/pensamento complexo a partir do pensamento psicanalítico, porque em sua interconectividade a realidade é complexa. E a sua apreensão exige repensar o conteúdo não como fim em si mesmo, mas como meio de os alunos apreenderem a realidade em sua complexidade, bem como de conhecerem a si mesmos em seus interesses, capacidades, talentos, limitações e afinidades com o seu meio, pois só assim poderão comprometer-se com ele. Daí deverá surgir um conhecimento não só do mundo exterior, mas da conexão interativa que se estabelece entre o mundo interno e o que acontece no mundo lá fora. Um trabalho de subjetivação para o qual o pensamento psicanalítico tantas contribuições nos trouxe.

Por tudo isso, vê-se como a realidade escolar é também um universo de conexões que pedem uma abordagem integrada. Isso é apenas uma amostra do que tratamos e falamos no livro e que entendemos como de grande interesse para a nova escola desejante pensada como espaço de subjetivação, ou como espaço de formação de pessoas para um mundo em transformação, sem perder de vista a busca por unidade e solidariedade – exigências do novo tempo que se anuncia. Dessa forma, temos de tirar o melhor proveito dessa trágica experiência.

Esperamos que o leitor – professor, educador, psicoterapeuta, pai – aqui se encontre.

2. Por que escrevemos este livro

A ideia deste livro começou a ser gestada quando escrevemos *Escola como desejo e movimento: novos paradigmas, novos olhares para a educação* (Rovai & Lima, 2015) e fomos descobrindo o quanto poderíamos falar sobre essa escola desejante, da qual narramos a história, pois muito cabia no tema. Porém, naquele momento, isso nos obrigaria a ir além do objetivo principal – tornar público o projeto pedagógico da experiência dos ginásios vocacionais –, o que tornaria o livro muito longo, e este não era nosso intuito.

Nessa ocasião, o livro de Sara Paim (2012), *Subjetividade e objetividade: relação entre desejo e conhecimento*, nos oferecia o argumento que justificava falar de uma escola desejante que havíamos conhecido, Alcimar como aluno, Esméria como professora. Reconhecíamos nela a nítida intenção de formação integrada do sujeito epistêmico e do sujeito desejante, ao incluir a teoria psicanalítica de Freud na análise dos problemas de aprendizagem.

O que gostaríamos de ter apresentado no livro publicado em 2015 poderia tornar-se, então, objeto de um novo livro e, em meados de 2016, nos propusemos a essa tarefa. Iniciamos assim nossos encontros semanais para troca de ideias e delas surgiu este novo projeto sobre a integração entre objetividade e subjetividade no movimento do devir – *tornar-se pessoa* – na formação escolar, no contexto de um mundo em acelerada transformação. O fato de Alcimar ser médico e morar em São José dos Campos não permitia sua presença além das duas horas de dedicação semanal, quando vinha para atendimento em São Paulo. Isso condicionou nossa escolha por uma redação única de nossas conversas, onde ora Esméria – com uma visão focada na educação escolar –, ora Alcimar – psicanalista – atuava com seu pensamento. Este livro é, portanto, fruto de uma facilidade que encontramos já na redação do primeiro livro: trabalhar juntos.

Por que escolhemos este tema?

Primeiro, porque era exatamente uma escola desejante, que une razão e emoção no ato de aprender, que havíamos vivenciado e aprendido no projeto pedagógico dos ginásios vocacionais e, com o passar dos anos, vimos isso acontecer em outras experiências educacionais no Brasil com resultados altamente satisfatórios. Algumas dessas experiências são contadas no documentário *Quando sinto que já sei* (Sagrado, Perez & Lima, 2014).

Por outro lado, constatamos o quão pouco o tema da formação para a subjetividade é elaborado pela educação escolar institucionalizada, desde o início da modernidade, com a valorização voltada apenas à formação objetiva, racional, intelectual. Isso se evidencia pela prática pedagógica que trata a questão do desejo como algo inconscientemente – e inconsistentemente – internalizado, modelo único aceito por uma sociedade que tem como verdadeiro valor básico a formação do sujeito produtivo, a serviço do modelo econômico, a ser imposto a todos em sua formação e seu desenvolvimento. Aqui propomos a formação para o *tornar-se pessoa*.

Com essa preocupação tentamos mostrar como o processo de subjetivação pode ser pensado por outros modos mais consoantes com o contexto atual, em que deixamos de viver como bolhas coaguladas para viver agora como bolhas dotadas de membranas porosas que, em contato com o ambiente, passam por perene transformação e articulação.

Fronteiras não são fronteiras, são membranas de passagem.

Esse contexto atual a que nos referimos era o final de 2019/início de 2020. O que tínhamos como *modus vivendis* até então, em muitos aspectos, foi sendo desconstruído e deve dar origem a um novo momento histórico. A menos que falte ao ser humano a sensibilidade para a leitura do que significa esta pandemia e de suas mensagens para repensar a vida individual e coletiva.

O objetivo inicial do livro de trazer a questão da subjetividade na formação voltada para o *tornar-se pessoa* no contexto de um mundo em contínuo movimento, em tempo cada vez mais acelerado, que deixa a certeza para trás e coloca no horizonte a incerteza, os amanhãs, em que a escola tem como responsabilidade não descuidar da formação do aluno, enquanto instituição de educação e de ensino, foi agora reforçado em função da grande virada que a pandemia de covid-19 provocou no antes e depois de 2020.

A formação da subjetividade, segundo Paim (2012), tem por acento o desejo – aqui o desejo do conhecimento –, e tanto Esméria, enquanto doutora em Psicologia da Educação, quanto Alcimar, como médico psiquiatra e psicanalista, confirmamos a configuração do desejo como o impulso para o aprender na escola, desencadeante de inúmeras possibilidades realizadoras. Porém, observamos o lado perigoso que se anuncia na prática: o de colocar o sujeito no caminho de contínua busca por satisfação de desejos imediatos que pode conduzir a ansiedade, estresse, depressão e outros transtornos psicopatológicos.

Eis, pois, o desejo, em suas múltiplas faces, ou como uma arma de dois gumes. De um lado, um impulso para a ação. Não é possível viver sem esse impulso pulsional. Para tudo é preciso haver uma vontade, um querer, um desejo. Sempre há algo no ambiente que nos atrai e cria um anseio que nos convida à ação. Porém, se não bem administrado, pode nos colocar numa cadeia que nos aprisiona na ânsia de saciedade, de satisfação imediata de tudo que almejamos, sem consideração aos limites, estando no centro da formação de um ser individualista sem compromisso com o social. Ou seja, sem a devida compreensão solidária necessária à vida no âmbito social. Qualidades indispensáveis que nos anuncia a pandemia.

No tocante à educação escolar, ressaltamos a importância da formação da subjetividade com início desde a educação infantil e da educação básica em concomitância com a formação cognitiva, pois é nesse período da infância que tanto a família quanto a escola devem se preocupar com a organização do *vir a ser pessoa*, respeitando o que a criança traz como sua individualidade, porém sempre na perspectiva de sua universalidade.

A nossa Constituição é assertiva ao proclamar a "educação, como direito de todos e dever do Estado e da família . . . visando ao *pleno desenvolvimento da pessoa*, seu preparo para o exercício da cidadania e sua qualificação para o trabalho" (grifos nossos). Outros instrumentos legais tratam desse *desenvolvimento pleno* como tarefa de uma *educação* que valoriza *a formação da integralidade do ser pessoa*, razão pela qual trazemos elementos para reflexão sobre o tema da educação integral, tema ainda revestido de precariedade na execução prática institucionalizada e padronizada, visto o trato da subjetivação na escola estar ainda muito aquém do desejado.

Contudo, neste novo cenário, surge como necessidade de suma importância.

A revolução, e reforçamos isso aqui, deve recair sobre as relações humanas sociais e pedagógicas, ainda calcadas em estereótipos arcaicos, no controle externo, no medo, na submissão, entre outros, devendo agora ser pensadas para um projeto de educação voltado ao *tornar-se pessoa*, isto é, ao desenvolvimento dos alunos cada qual em sua integralidade. Isso passa a ser crucial neste momento.

E para que esse assunto ganhe substancialidade, damos acento à questão do *afeto*, que, no senso comum, vemos tratado de forma distorcida, isto é, apenas em seu aspecto positivo, ou seja, carinhos, abraços, ternuras. Esquece-se de que no bojo do conceito de afeto estão contidas a agressividade e a destrutividade, ou seja, tudo que afeta a organização psíquica, ocorrendo até mesmo nas instituições de educação e ensino, onde isso não deveria acontecer. E, claro, também na família. Assim, empregado de modo inapropriado e tão pouco explorado, ou até mesmo rejeitado e, por conseguinte, objeto de pouca reflexão, o afeto tende a ser visto como luxo diante dos muitos desafios por que passa a educação pública no país. Mas quantos desafios não seriam resolvidos se a escola adotasse em seu ambiente outras práticas de relações pedagógicas e sociais tendo em vista o *ser pessoa* dos alunos? O *bullying* seria um deles, tema que passou a ocupar lugar de grande preocupação na escola.

Porém, como ser e fazer diferente se assim a escola é pensada no modelo social que impera em nossa cultura, nos últimos séculos da modernidade, e assim ela é incluída e valorizada nas políticas públicas de educação escolar? E como fazer diferente neste momento que pede profunda mudança nos rumos da sociedade? Vemos a grande possibilidade de reflexão e análise do contexto no qual estamos envolvidos na contemporaneidade e que, quer se queira, quer não, mostra os acertos e os erros da prevalência do emprego de medo, controle pela ameaça, punição, castigo, submissão, humilhação, formas que precisam ser tratadas como tipos de afetos negativos e destrutivos, introjetados como marcas na subjetivação. Hoje essa prática precisa ser revista diante da proposta de formação do ser pessoa em tempos de transformação. Há tempos a experiência humana vem nos mostrando que não se combate violência com violência.

Não foi nossa intenção discorrer sobre pensamentos de filósofos e cientistas de várias áreas, embora muitos estejam presentes em nossa formação e apareçam quando falamos acerca de nossas experiências como profissionais da educação e da saúde, com propostas pautadas nas mudanças de paradigma que marcam as transformações que estamos vivendo e devem orientar a visão de mundo complexo no qual estamos hoje mergulhados. A sessão de referências indica nosso perfil. A produção de nosso texto é, na verdade, fruto de muitos encontros cujas conversas foram sendo registradas, a partir de nossas vivências passadas enquanto professora e aluno de uma escola desejante, bem como de vivências no presente que nos unem e nos colocam na trilha de uma visão de mundo mais aberta, elástica, complexa, menos centrada na polarização de ideias e valores: uma das exigências para pensar a organização da vida social no século XXI. E a pandemia causada pelo coronavírus vem nos mostrar exatamente isso.

Portanto, nossa narrativa não vem sob a forma de diálogos personalizados, mas o leitor pode perceber as trocas presentes em nossas conversas: alguns assuntos vêm de ideias mais pedagógicas enriquecidas pela visão psicanalítica e vice-versa. Muito do que nos une, além da experiência vivida em uma escola desejante, vem de nossa visão da realidade na perspectiva da interconectividade e do pensamento complexo, tão bem elaborada por Edgar Morin, que constrói a metodologia para abordagem da complexidade da vida e da construção de uma inteligência complexa que atualiza o referencial freudiano sempre presente.

Isso nos faz ver a atualidade de nossa experiência vivida nos anos 1960, hoje corroborada por muitas propostas orientadas por pedagogias atuais para este momento histórico e que devem ser incorporadas nesse veio contemporâneo, como as experiências do Projeto Âncora, mais conhecidas pelo público da área da educação, da Escola Pública Desembargador Amorim Lima, dos projetos da Casa do Zezinho, do Instituto Baccarelli, este na favela de Heliópolis, todas elas na cidade de São Paulo; bem como da Escola Maria Peregrina, em São José do Rio Preto. Todas essas iniciativas foram visitadas por Esméria mais de uma vez, com acompanhamento do trabalho ao longo dos anos, além de outras que ocorrem em todo o país, cujo desenvolvimento assistimos pela mídia. Ressaltamos aqui a visita de dois dias feita por Esméria ao Centro de Educação Científica (CEC) da Escola Alfredo J. Monteverde, na cidade de Natal/RN, no início de 2018, que integrava um projeto de formação de cientistas desde o Ensino Fundamental e que, infelizmente, foi fechado no final de 2018.

Apesar de muitas escolas, públicas e particulares, se alinharem na busca e no esforço de atualizar suas práticas, isso ainda ocorre de forma pouco elaborada, sem uma revisão profunda do que seja uma proposta de educação para o século XXI. Nesse sentido, falamos de um projeto de educação para o Brasil inserido numa organização mundial que se diz globalizada, porém muito mais no aspecto financeiro que no social, que promete passar, em ritmo cada vez mais acelerado, por mudanças profundas que deverão ser presenciadas em futuro próximo, sem a certeza do que representarão. Neste momento em que relemos o que escrevemos antes da pandemia, esse futuro próximo chegou de modo inesperado, trazendo muito mais exigências do que pensávamos.

Assim, nossa intenção continua sendo trazer alguns pontos de reflexão para que se possam encontrar novos caminhos a serem percorridos para desdobramentos mais efetivos na formação de nossas crianças, que hoje fazem – como devem fazer – uso de outros espaços de estimulação ao aprendizado, além da família e da escola. Entre esses espaços, lembramos a influência do mundo virtual, com a revolução ocorrida pela inovação constante da tecnologia da comunicação, responsável por grande parte das mudanças de hábitos e atitudes, positivas e negativas, no cotidiano das pessoas, das famílias, das escolas e da organização social.

Priorizar a atenção sobre as crianças resulta de considerarmos essa fase primordial ao início de uma boa organização da subjetividade, na formação integrada do ser. Aí começa a sua construção. O que o adolescente traz vem de seu começo, e o que o adulto traz vem dessas fases anteriores, portanto, muito mais difícil de reelaboração, na medida em que se veem cristalizados certos vícios de formação. E essa tarefa não depende só de cada escola, mas de um esforço de cooperação entre políticas públicas e outras instituições sociais, sobretudo a família e a escola, cooperação que depende fundamentalmente da construção de parceria dessas duas instituições-chave para o desenvolvimento pleno, mas sempre em processo, da pessoa.

Com esse pensamento, o livro começa por delinear traços do contexto que nos envolve e envolve a formação de nossas crianças, com a pretensão de mostrar as diferenças entre o tempo lento que configurava a educação na família e na escola e o enlouquecido tempo agitado que conforma nossas percepções e nossas ações na contemporaneidade. Começar com o contexto é uma exigência para o nosso tempo, na medida em que as transformações reconfiguram continuamente o entorno e este, por sua vez, influencia o rumo das mudanças em um mundo interconectado. Não dá mais para pensar na organização da vida isolada do espaço/tempo em que ela ocorre.

Saber situar onde nos inserimos é ponto de partida para qualquer análise na atualidade. Fora disso, corremos o risco de não conduzirmos a história para o que almejamos.

Seguimos, portanto, falando sobre como pensar uma escola desejante para este tempo de mudanças aceleradas e, consequentemente, de incertezas sobre o amanhã e o depois do amanhã, quando a pandemia passar. Esse é o nosso principal foco e, em função dele, selecionamos o que consideramos importante para nutrir o pensar, o sentir e o querer para o propósito de educar para o *tornar-se pessoa* no século XXI, num mundo que nos chacoalha com inovações incessantes. E agora nos chacoalha de vez. Nessa colocação incluímos o que entender por desejo, necessidade, motivação e interesse. Tarefa difícil, mas que urge: trazer tais conceitos para uma visão mais atualizada, mais dinâmica e de aplicação mais efetiva.

E com isso convidamos a refletir sobre a pergunta: por que o desejo de aprender é difícil de acontecer nas instituições escolares?

Na sequência ressaltamos a importância do ritmo e das regências na educação infantil e básica, aspectos tão importantes na vida familiar e escolar para organizar a subjetividade e, assim, evitar cisões na organização psíquica que integra os universos cognitivo e afetivo, portanto, o pensar, o sentir e o agir. Para isso, trazemos a contribuição da neurociência e da psicanálise. Neste livro procuramos a conexão dos saberes, e não a separação disciplinar absoluta, permitindo perceber que existe uma multiplicidade de formas para compreendermos o ser humano: ilustrando que o nosso organismo funciona como um todo, e não como partes fragmentadas. Nessa linha, a contribuição recente do neurocientista António Damásio (2018) deve provocar revolução na educação ao confirmar que são as emoções e seus derivados em sentimentos que incitam a razão, e não o inverso, como ainda se costuma pensar. (Aqui estamos propondo ir além, isto é, à interatividade entre o pensar e o sentir.)

Muito simples: é só pensar em uma aula chata e desestimulante – ela é convidativa ao aprendizado?

Relevante para a criação de uma escola desejante é a clareza sobre a importância de sua função social, mergulhada ultimamente numa distinção falaciosa entre educar e ensinar para este momento histórico, a qual, em vez de colocar família e escola em uma unidade de esforços cooperativos, as coloca em um embate conflituoso e perverso, o que *afeta* de modo delicado a organização da subjetividade, aspectos tratados desde Freud e continuadores.

Estando num tempo que pede repensar a educação, tratamos de trazer elementos para a reflexão sobre educação integral – não como marketing, mas com a concepção profunda do que é essa integralidade do ser humano: outra exigência para o *tornar-se pessoa*, isto é, um ser com organização subjetiva capaz de fazer face a mudanças e incertezas, geradoras de ansiedade e outras comorbidades psíquicas. Assim, pensamos na escola como um espaço de subjetivação, de educação e de educação integral, de trânsito de desejos e afetos, que deve contribuir para a auto-organização com menos riscos de cisões e desorganizações psíquicas. A forte presença da questão do *bullying* nos ambientes escolares nos mostra que os projetos de educação estão mais voltados para a "desorganização" que para a "organização" do processo da subjetivação.

Fundamental para este tema, neste século, e, para nós, uma questão-chave para a organização psíquica, é o repensar as relações sociais, de um modo geral, mas principalmente na escola. E nessa ambientação falamos sobre o tornar-se pessoa e a questão da liberdade. Esse repensar as relações pessoais deve vir acompanhado de novo projeto político-pedagógico com a proposição de rever a organização do currículo e seus componentes e o modelo de relação professor-aluno: professor *ponte*, e não *fonte*; um novo papel para o professor, a exigir outra formação pedagógica.

Nessa relação, destacamos como último ponto importante a necessidade de trazer para a escola outro modo de pensar a avaliação escolar, pois a vemos como parte indissociável das relações na escola. A avaliação deve considerar o aluno na sua integralidade, a fim de que possa encontrar-se em sua vocação, ou vocações - ou em suas qualidades promotoras de autorrealização –, o que, neste mundo em mudança, amplia o leque de escolhas e tomadas de decisão. Importante nesse tópico é a reconsideração do papel do erro na avaliação, pois este novo tempo pede novo olhar para o acerto/erro na construção/reconstrução do conhecimento e do autoconhecimento, na medida em que o erro passa a ser visto como um ruído e, assim, reavaliado pelo seu papel de despertar a descoberta de novas possibilidades de entendimento e até mesmo de gerar a criatividade. Ele é provocador de saltos qualitativos e quantitativos na organização da percepção e na organização cognitiva, daí sua importância como ferramenta que permite encontrar novas respostas, acertadas ou não, mas que conduzem à ampliação da organização do pensamento. E tudo isso está na base de uma nova concepção de avaliação na instituição escolar.

Acreditamos que, com esses temas abordados, contemplamos algumas das demandas mais consistentes sobre os temas do desejo e do afeto na construção da subjetividade a que nos propusemos, pensando a educação em outras premissas.

3. O que acontece no mundo reflete no comportamento infantojuvenil

A cultura inscreve no indivíduo o seu imprinting, *registro matricial . . . que marca desde a primeira infância o modo individual de conhecer e de comportar-se, que se aprofunda com a educação familiar e escolar.*

Morin (2012b, p. 272)

A embriologia, enquanto repetição da história evolutiva, mostra realmente que o sistema nervoso central provém do ectoderma, e que o cinzento córtex cerebral é ainda um derivado da superfície primitiva e poderia ter herdado características essenciais desta.

Freud (1920)

Comecemos com essas citações de Morin e Freud para caracterizar um pouco do entorno da inserção da criança na sociedade contemporânea a fim de destacar traços do *imprinting* da cultura atual na formação de nossos jovens, embora saibamos que este não é o fator determinante do desenvolvimento infantil. Porém, ele nos permite falar da importância do meio – isto é, do contexto – que influencia um novo modo de ser criança na atualidade. Freud faz uma alegoria dos desdobramentos dos folhetos germinativos para podermos pensar os intrincados elementos das heranças biológicas e culturais. A partir dessa rica ideia freudiana, foi possível pensar as articulações conceituais existentes entre desdobramentos históricos e acontecimento.

É, pois, momento de busca por clareza e entendimento do que está a nossa volta e nos aflige. Em outras palavras, é momento de pensar, refletir, perceber e compreender o modo de nos organizarmos como grupo social, pois, enquanto hoje a sociedade aceita com rapidez a presença do avanço tecnológico, ela parece continuar resistindo às mudanças profundas vivenciadas na transição conflituosa de paradigmas no desenvolvimento da civilização humana, com reflexos na organização da família, da escola e das demais instituições.

E buscar essa compreensão pede muito mais que pensar o que está à nossa volta de imediato. É preciso ver o imediato – local – na sua abrangência maior – global –, ou melhor, nas relações com as múltiplas dimensões que compõem o contexto. Assim, para entender uma criança, não basta vê-la apenas no contexto familiar, ou observar somente seu comportamento no ambiente escolar. A família, bem como a escola, não está isolada e solta no espaço/tempo. Ela está mergulhada na vasta rede de conexões que move seu entorno próximo, entrelaçado aos mais distantes no espaço e no tempo. Não dá mais para virar as costas ao que acontece à nossa volta. O tempo lento, de relações mais localizadas e estabilizadas e da previsibilidade que nos oferecia alguma certeza para planejar a vida, ficou para trás... Lá no século XIX, ou até bem mais longe! É sobre essa grande transformação que se devem voltar os olhares.

Século XX: um ponto de partida

Demarcamos aí o ponto a partir do qual a humanidade começa a presenciar a sequência de grandes mudanças – duas grandes guerras, a expansão da revolução industrial, o surgimento das tecnologias de comunicação, o movimento feminista, o movimento "é proibido proibir", a revolução midiática –, alterando continuamente os cenários. Fazemos parte agora de um mar revolto, não mais calmo e sereno. Estamos mergulhados num tempo/espaço de movimentos turbulentos e muitas vezes caóticos, dando origem a novos arranjos no tecido da vida social. Isso é mais facilmente percebido por aqueles que moram em megacidades e grandes centros urbanos, porém já se faz sentir até mesmo em pequenos municípios.

E tudo isso está no ar que respiramos, nos sons que ouvimos, nas imagens que recebemos, e tudo vem de longe, no tempo e no espaço. Vem do mundo globalizado/interconectado no ciberespaço, infelizmente adaptado a interesses econômicos mais que sociais: uma "globalização negativa" que se especializou em quebrar fronteiras frágeis; "a globalização altamente seletiva do comércio e do capital, da vigilância e da informação, da coerção e das armas, do crime e do terrorismo", diz o sociólogo Zygmunt Bauman (2008, p.126). Outro traço do *imprinting* cultural que envolve o social. E é esse o movimento no qual nos vemos inseridos e que aciona a evolução da vida. Felizmente, repensar isso é possível e tem muita gente trabalhando em prol de uma outra forma de pensar a globalização de fato integrativa.

De modo mais profundo e abrangente, essas mudanças sinalizam que passamos a viver as transições quase sem tempo de processar o que chega, passa e vai ficando para depois. Nesse ambiente transitivo, característica importante é o desenvolvimento científico e tecnológico que vai deixando para trás a visão fragmentada e reducionista do universo e adentrando a visão ecológica, em que tudo se liga a tudo, inclusive o homem, numa rede complexa de relações. Como um organismo vivo, uma grande gama de cadeias de relações socioculturais é transmitida no presente e deixa rastros transgeracionais. Tudo à nossa volta sobrepõe proporções de complexidade... mas preferimos enxergar como "vida complicada". Atualmente, já se fala em hipercomplexidade no modo de organização que horizontaliza as relações, ainda de difícil assimilação social.

Esse avanço em tempo cada vez mais curto nos coloca diante de um mundo imprevisível, incerto, altamente dinâmico, volátil, o que gera instabilidade, ansiedade, estresse. Zygmunt Bauman cunhou o termo "modernidade líquida", no livro com esse título, de 2009, para se referir ao modo de viver atual. Sim, a liquidez da vida, do medo e do amor é traço de nosso *imprinting* cultural, marcando a formação das nossas crianças (ver Bauman, 2004; 2008).

Outra possibilidade seria pensar a sociedade contemporânea como sociedade de matizes, em que todos podem participar das mais variadas redes sociais e deixar suas pegadas, seus rastros, suas participações. No entanto, isso tem gerado consequências éticas imprevisíveis, pois todo tipo de informação pode ser veiculado, resultando potencialmente em distorções, calúnias, difamações e mentiras – *fake news* –, tudo construído e auto-organizado nesses novos canais de comunicação. O que não é novidade, pois as antigas mídias já as veiculavam. A novidade agora é que a produção de grande volume de informações atinge milhões de pessoas em tempo real, funcionando como poliálogos, já que o que é veiculado chega a inúmeras pessoas, que podem conversar entre si e apresentar versões ligeiramente diferentes de um mesmo fato – como matizes.

Esta é a novidade tecnológica que promove outras formas de participação subjetiva – política/social – sem precedentes em nossa cultura. Estamos diante de um mundo no qual a presença das *fake news* passa a exigir um novo formato de educação. Somos continuamente bombardeados por informações em quantidade inimaginável há poucas décadas, informações fragmentadas, que se contradizem, e, o que é mais grave, sem tempo de analisá-las, processá-las e metabolizá-las, o que parece mais nos confundir que nos esclarecer. Nessas circunstâncias sociais hipervelozes, o universo simbólico cultural ficou mais difícil de ser constituído, e tudo aquilo que não ganha possibilidades simbólicas pode aparecer no universo corporal, produzindo sintomas psicossomáticos em crianças e adolescentes. Como exemplo podemos citar o transtorno de déficit de atenção (TDA), tão diagnosticado pelos médicos nos dias atuais.

Ignorar toda essa transformação, que nos mergulha numa areia movediça, nos impede de perceber rumos e pensar soluções criativas. E soluções criativas de grande proporção são aquilo de que precisamos.

O entorno de cada dia

Outras marcas nos são impostas – *imprinting* –, consequências dessa ambientação transitiva, e sérios são os desafios da instituição escola nestas primeiras décadas dos anos 2000, a fim de (re)ingressar no inevitável movimento transformador da vida.

Esse entorno, que inclui o mundo virtual, transformou-se num vasto hipermercado. Incita-nos ao consumo, seduzindo-nos com luzes brilhantes, cores vibrantes, sons eletrizantes, movimentos intensos, imagens sedutoras, apelos a todos os sentidos, distraindo e dispersando nossa atenção e nos desviando do essencial, do natural. Um apelo contínuo ao desejo insaciável! E isso afeta sobretudo as crianças e os jovens, ainda imaturos para compreender todo esse "mundo encantado", mas cruel, que os envolve. Nesse rápido cenário, o que vemos?

As crianças de hoje não são mais as mesmas

Elas estão mais agitadas! É o que dizem frequentemente aqueles que se queixam do comportamento infantil como se algo estivesse errado. Sim, acertadamente elas não são mais as mesmas: continuam crianças, mas são afetadas por outras contingências evolutivas e sociais, e não só porque as famílias não estão sabendo educar. Múltiplas são as variáveis que concorrem para isso, como aponta a sociologia da infância: o conceito de infância vem mudando através dos tempos e ser criança hoje é muito diferente do que era no tempo predominantemente lento que ficou para trás. Longe de sujeito passivo, imaturo, cumprindo etapas de desenvolvimento para chegar a níveis mais elevados de maturidade, um ser em formação dependente de ações dos adultos, o viés é agora menos adultocêntrico: *a criança ator social e sujeito ativo de direitos.*[1] Mas nem por isso livre de aprender desde cedo a assumir seus deveres.

No contexto atual, há novas referências sobre o *ser* criança que precisam ser objeto de reflexão por pais, professores e sociedade. Um exemplo é modo de entender a relação entre sujeito e objeto. Outrora entendia-se que o sujeito observava um objeto de maneira única e direta. Na atualidade, entende-se que entre o sujeito e o objeto existe um espaço que é permanentemente construído/desconstruído por ambos em movimento. Não existe sujeito puro e objeto puro.

Um sujeito quando observa um objeto o tinge com suas impressões, e vice-versa. É o caso do professor que vê o aluno a seu modo, e o aluno que vê o professor com suas impressões. Assim, sujeito/objeto são auto-organizações pulsantes na sociedade, com equilíbrio bastante instável, mas, paradoxalmente, extremamente criativos. Neste momento, percebemos a importância de um conceito que trabalharemos no decorrer do livro: dobras-desdobras-desdobramentos,

1 Para saber mais sobre esse novo olhar, ver, entre outros, Fernandes (2015).

pois é por meio dele que aprofundamos a noção de movimento em seu processo e em sua dinâmica. Mas precisamos ter ferramentas para poder captar o movimento no próprio movimento, sem congelá-lo para poder estudá-lo. Este é o grande desafio!

Os meios natural, social e cultural têm papel importante nesse processo, pois modulam a percepção, a cognição e a afetividade e estimulam, ou não, o movimento corporal propício.

A tecnosfera cria uma nova criança

A tecnosfera que transformou a nossa atmosfera, antes calma e lenta, em apressada e agitada traz novos hábitos, novas atitudes perante a vida. Uma tecnosfera *paradoxal* que nos capacita para a solução de muitos problemas, mas cria muitos outros. E tudo acontece de forma tão rápida que a criança absorve com facilidade, muitas vezes não acompanhada pelos adultos. E não adianta a escola querer barrar a entrada dessa tecnosfera em seu espaço. O desafio, também para os pais, é integrar essa realidade ao cotidiano de modo equilibrado, sabendo fazer uso de limites.

A criança além do convívio familiar

Esta é mais uma marca cultural significativa. Até poucas décadas atrás, a criança pequena ficava no convívio da família. Hoje, até mesmo os bebês estão habitando ambientes formalmente pensados para atender à necessidade dos pais e, em especial, das mães, que, com a revolução industrial e pós-industrial e impulsionadas pelo movimento feminista, passaram a aspirar ao trabalho fora de casa, acumulando suas funções. Isto é uma constatação do social contemporâneo: as famílias também já não são mais as mesmas, mudaram e muito. Enquanto isso, várias imagens socialmente construídas mostram a escola como uma instituição que pouco muda.

Na família, ocorre uma mudança radical nos papéis desempenhados pelos seus membros, principalmente depois da década de 1950, que afetou sua auto-organização. Depois da Segunda Guerra Mundial, o movimento feminista e a ocupação do mercado de trabalho externo pela mulher, com a expansão do parque industrial, formou o embrião que viria propiciar novas formas de estruturação familiar. No início, a saída da mulher da casa para o trabalho gera mudanças que ainda não afetam substancialmente a organização pai-mãe-filhos, numa estrutura familiar cujos papéis eram bem definidos, com o pai sendo o grande provedor e a mãe geralmente cuidadora de uma família composta de numerosos filhos e da qual os idosos também faziam parte. Contudo, outros fatores começaram a aparecer, como o uso da pílula anticoncepcional, que leva à diminuição no número de filhos, e a migração da população rural para as cidades. É nesse momento que as famílias começam a diminuir de tamanho e a terceirizar os cuidados: das crianças, dos idosos e dos deficientes.

A disseminação da pílula anticoncepcional gera outros desdobramentos que modificam o cenário, como a liberação na forma de viver a sexualidade, uniões não estáveis, pais separados, famílias com filhos de um e do outro, mães solteiras, pais solteiros, uniões homoafetivas, enfim... A estrutura familiar sofreu mudanças! Aos poucos, outras configurações foram acontecendo. Além da ausência dos pais em casa durante o dia, com os filhos muitas vezes cuidados pelos avós, surgem outros tipos de atendimento que se organizam em espaços de cuidados, como berçários, creches, pré-escolas e, finalmente, nas últimas décadas, a Educação Infantil.[2]

2 Do mesmo modo, surgem casas de repouso (asilos) e clínicas para a terceira idade não produtiva. Isso aponta as grandes mudanças econômicas e sociais

A infância terceirizada

É aquela que ocorre quando a família, hoje nem sempre patriarcal, pelas circunstâncias das mudanças de padrões sociais, deposita a educação dos filhos em espaços apropriados. Paradoxalmente, apesar de aceitarem a vantagem que esses espaços oferecem, os pais encontram dificuldades para aceitar os modos de educação projetados nos ambientes selecionados e querem impor suas próprias características, muitas vezes com um modelo que, pelo próprio processo desencadeado com as transformações, não existe mais.

Hoje, mais do que crianças cuidadas pela família, temos crianças terceirizadas. Isso é um dos resultados gerados por essas mudanças estruturais que incluíram alterações em hábitos e costumes, provocando não só benefícios, mas também a cisão entre as responsabilidades no tocante à educação das crianças. Isso exalta os conflitos entre pais e professores, quando na verdade é preciso haver complementaridade entre esses papéis, porque o que está em jogo é a formação da criança e do jovem; não uma formação qualquer, mas a formação de sujeitos desejantes, plenos/integrados, com valores constituídos para a convivência dentro de uma ética em que a competição possa existir, mas que tenha a solidariedade como fundamento da auto-organização social.

É por meio do jogo vivencial solidariedade/conflito produzindo essa auto-organização que a criança poderá alcançar a consciência de sua subjetivação. E a escola, depois da família, é o espaço adequado para essa vivência. No entanto, a terceirização dos cuidados tornou-se uma ferramenta cultural evidente.

---

que produziram terceirizações nos serviços, e o que chama a atenção é que esse processo chegou às crianças.

A criança nasce mergulhada num mundo desejante – a família – e idealmente nele deveria permanecer até os 5 ou 7 anos de idade, como no tempo em que prevalecia a família patriarcal, em que certos princípios da vida em família e toda uma ética e moral seriam transmitidos. Isso passou! Porém, essa constatação ainda não é vista de forma homogênea na sociedade atual, o que produz inúmeros sintomas. A criança hoje vai para a creche ou o berçário com aproximadamente 6 meses de idade, isso quando já não nasce fora de condições familiares minimamente auto-organizadas.

Nessas circunstâncias, muito cedo a criança entra em contato com profissionais que vão cuidar de suas necessidades básicas, primárias, nem sempre preparados para toda a orquestração da subjetividade de que a criança precisa para ir formando seu universo afetivo e para dar atenção ao universo desejante que ela está começando a orquestrar. As marcas afetivas, para serem transmitidas, precisam de um ambiente acolhedor, respeitoso a esses impulsos que as crianças expressam, ajudando-as a com eles conviver a fim de criar as condições para amadurecerem em seu universo afetivo.

Uma das consequências imediatas de tudo que vimos são as crianças tirânicas, pois os limites para serem eficazes precisam ser orquestrados em ambientes afetivos, ou seja, em ambientes emocionalmente comprometidos com a possibilidade de produzir uma (boa) auto-organização de subjetivação da criança. Assim, afetivo e afetividade envolvem a palavra *não*. Ela é fundamental para o desenvolvimento emocional da criança. Portanto, não se deve ter medo de estabelecer regras, pois pior é a indiferença afetiva que deixa a criança sem referências e sem clareza de como lidar com o ambiente.

Nesse contexto criam-se crianças onipotentes ou tirânicas, que trazem como traço de caráter um *narcisismo mortífero*. Ou seja, sente-se o centro do mundo, porém não consegue estabelecer relações empáticas, uma vez que em seus ambientes terceirizados recebem uma atenção voltada para as necessidades básicas, o que não é suficiente para estabelecer vínculos criativos com o outro. Essas crianças são vazias no sentido emocional: não conseguem estabelecer conexões com ninguém e podem gerar situações e vivências antissociais. A nosso ver, esta é uma grande preocupação social contemporânea, pois percebemos aí a ponta de um *iceberg* das sociedades contemporâneas: as psicopatias.

4. Outras marcas culturais do nosso tempo

Analisando essas outras marcas, poderemos entender melhor por que as crianças de hoje são diferentes.

Do tempo lento ao tempo rápido

Quem viveu grande parte do século XX e chegou até aqui viu muitas e muitas transformações ocorrerem. Para citar alguns exemplos, a rua de terra foi revestida de paralelepípedos e depois coberta de asfalto. A comunicação de massa iniciou-se com o rádio, com alcance cada vez maior, chegando então a TV: branco e preto, colorida, a cabo, digital. Daí os computadores, internet, *smartphones*, com avanços cada vez mais sofisticados em suas operações. Entretanto, quem nasceu nas últimas décadas e adentrou 2000 já mergulhado no ritmo das inovações não consegue perceber as diferenças! Para essas últimas gerações, fica difícil entender que não muito tempo atrás tudo parecia fixo, permanente.

Quem chegou a viver as décadas da segunda metade dos anos 1900 sabe como esse fluxo transformador passou a seguir um curso sempre mais apressado. Cada nova descoberta científica solucionando um problema abriu espaço para novos problemas e para a busca de outras soluções. Era o começo de um trajeto de contínuas descobertas e sucessivas buscas de soluções, configurando um tempo de avanços na construção do conhecimento e na produção de novos instrumentos de produção, ou novas tecnologias. Uma corrida contra o tempo lento... cada vez mais distante. Hoje, testemunhamos a produção de vacinas contra o coronavírus em menos de um ano. Isso seria impossível pouco tempo atrás.

Relação recursiva na produção do conhecimento

Em poucas décadas, o mundo conheceu uma evolução recursiva na produção tecnológica em ritmo jamais visto. E essa progressão do ritmo evolutivo promete ser cada vez mais intensa, gerando transformações em usos, costumes e práticas em tempos cada vez mais curtos. Para se ter uma ideia, enquanto na primeira metade do século XX um dentista se formava e chegava à aposentadoria fazendo uso praticamente dos mesmos instrumentos, materiais e práticas, hoje esse profissional, se quiser ter uma carreira de sucesso, precisa passar por uma atualização continuada, ano a ano. Isso se ele mesmo não se descobrir eventualmente em outra profissão, pois o universo do trabalho teve consideravelmente ampliado seu leque de possibilidades, oportunidades e também novos problemas.

Com o avanço da realidade virtual e da inteligência artificial, segue-se na produção de um mundo dominado pela tecnologia.

Haverá espaço para o homem? Ou entraremos numa revolução pós-humana?[1]

Da verticalidade à horizontalidade nas relações

Esse ritmo de mudanças em tempo cada vez mais curto caracteriza outro traço do *imprinting* cultural atual. Como imagem de cinema, as cenas mudam rapidamente e revelam o caráter impermanente da realidade, mas seguimos como se assim não fosse, sem muito nos darmos conta das transformações de valores e crenças, hábitos, usos e costumes.

Nesse andamento rápido, vemos no âmbito social a passagem de um sistema patriarcal, que reinou durante séculos, para um sistema mais horizontalizado, sem claras figuras norteadoras. Como a sociedade pode pensar as suas instituições educativas para esse cenário que pouco a pouco perde o sentido de relações hierárquicas para se relacionar em rede – o que não deveria significar perda de referências, nem de autoridade?

Com a autoridade centrada na figura patriarcal, com todos os derivativos de autoridade e alteridade – o presidente, o prefeito, o professor, o pai –, o sistema social praticamente estava fechado a novas possibilidades. Na atualidade, as figuras de autoridade verticalizadas estão cada vez mais perdendo espaço. O adulto já não é mais referência para o jovem, como era antes dos anos 1950. A exigência passou a ser outra: a conquista da autoridade/poder nas relações horizontalizadas. Necessário se faz analisar as consequências dessas alterações tanto no âmbito da sociedade e da cultura como da família, uma vez que as famílias hoje não mais se organizam de maneira convencional. Várias são as formas e as metamorfoses

1 Ver Harari (2018).

que elas vêm assumindo, e isso é uma constatação. Faz parte do processo evolutivo.

Frente a essas vicissitudes, que decorrem de um mundo em movimento intenso contraposto à visão estática, por isso conservadora, observa-se a tendência de deter o movimento próprio da evolução/transformação para que a organização social se mantenha razoavelmente da mesma forma. No entanto, essa tendência de querer deter o movimento transformador, a fim de manter a cristalização de uma certa forma de organização, gera o inútil gasto de energia. É isso outra constatação.

Admitir a presença dessa dinâmica de um universo não mais estático, mas em constante transformação, é aceitar outra concepção de ordem, isto é, não decorrente de leis determinísticas. É estar aberto para a ideia atual da *contínua criação*, imersa em movimentos pulsionais intensos que, pela interação de vetores de intensidades, desestabilizam organizações estabelecidas, em busca de reorganizações em proporções aceleradas, se houver o interesse de manter-se em equilíbrio com o entorno. Essa contínua criação nos mostra uma *realidade em movimento*. Freud (1920), logo após a Primeira Guerra Mundial, em seu texto basilar sobre a questão do traumático, antevia a questão das grandes intensidades acontecimentais como produtoras de novas formas subjetivas e sociais.

A realidade, um contínuo vir a ser

É difícil acreditar, mas nós não somos os mesmos todos os dias. Por trás da aparência de mesmice, estamos em contínua mudança. Compreender isso nos conduz ao entendimento da realidade transitiva – como processo. É do grego Heráclito a expressão "a vida é um fluxo contínuo", comparada a um rio, sempre em movimento: não se pode entrar duas vezes no mesmo rio, ele já não é mais o mesmo, nem você. Esta vertente que enfatiza o movimento, a temporalidade, a transformação, contrapõe-se à tradição de permanência – em que tudo permanece segundo uma ordem racional essencialista.

Seria como pensar num professor entrando numa sala de aula que parece não responder como no dia anterior. Mas como, se tudo parece tão igual? Quem já foi professor atento sabe que a dinâmica muda de uma sala de aula para outra e de um dia para outro, de um segundo para outro.

Em seu contínuo vir a ser, a realidade se apresenta como uma das expressões dessa vertente da modernidade em seu "princípio do processo", pois seu "ser" é constituído por seu "tornar-se" (Doll Jr., 1997, p. 158), conforme formulação de Alfred Whitehead[2] na década de 1920. Uma oposição à visão mecanicista do universo, da vida. Na mesma época começou a discussão sobre a concepção quântica da realidade. Whitehead demonstrava a visão processual ou relacional da natureza no seu contínuo transformar-se, isto é, a realidade como um processo de *tornar-se* e de *perecer*. Nesse sentido, a palavra grega *on*, que significa "sendo",[3] é fundamental para entendermos esta movimentação perene na constituição da subjetividade humana sempre na relação com o outro. É essa dinâmica processual, transformadora, que a ciência do século XX fez emergir de modo a abalar o pilar clássico da ordem estavelmente ordenada do universo pronto e acabado, como pensava Newton.

A educação para o século XXI tem de se alinhar a essa visão processual e rapidamente, diríamos, diante da surpreendente pandemia do coronavírus que estamos vivendo. A ciência já descartou os padrões de estabilidade e permanência da ordem do universo, e a

---

2 Ver Doll Jr. (1997, p. 158), em que o autor se apoia em Alfred North Whitehead e seu conceito de processo.

3 Ver Heidegger (2007).

pandemia nos faz perceber isso com mais evidência. Isso afeta tanto a sociedade em seu conjunto quanto a concepção de escola enquanto organização voltada à educação. Afeta a sua estrutura, a dimensão curricular, as relações pessoais, os papéis de seus atores como seres em contínuo *tornar-se*, o que significa não perpetuar padrões da escola tradicional dos anos 1950. Hoje, precisamos sair da noção do ser coagulado para esta do *tornar-se*. Isso aponta para a noção do *devir* como desdobramento dos movimentos passado, presente e futuro em concomitância. Nessa visão, o "currículo não é um pacote; ele é um processo – dialógico e transformativo" (Doll Jr., 1997, p. 156). O professor não é um profissional pronto e acabado, mas um ser em construção, bem como os demais profissionais que atuam na escola. O aluno não é um ser determinado, mas um permanente e contínuo *vir a ser*. Adentramos uma visão fenomênica da realidade, na qual os fenômenos não mais são vistos como algo apenas sensorialmente observável e passível de medição, como registro de uma imagem estática, mas em seu fluxo transformador. Não devemos ver o aluno sempre o mesmo, com marcas fixas, como aquele que não gosta de estudar, que é desinteressado, mas perguntar: por que ele não gosta de estudar o que é ensinado? O que está por trás desse comportamento? Isso exige outra relação entre o sujeito observador e o objeto observado, ou seja, uma relação interativa sujeito/objeto, professor-aluno. É nessa relação que ambos se conhecem melhor e podem se ajudar mutuamente. Nessa relação a escola deve perder o olhar fixo na criança de ontem para ver a criança de hoje, para poder entender as transformações ocorridas em um contexto de transitividade intensa. Só assim ela pode voltar-se ao propósito de formação do sujeito *pulsional*.

Assim chegamos ao século XXI

E estamos adentrando sua terceira década: os anos 2020. Parece não fazer muito tempo que comemorávamos a chegada de um novo século. É um privilégio viver essa passagem!

Tudo fazia crer que o mundo seguiria a trajetória desse modelo de desenvolvimento. Mas, definitivamente, *não*. Hoje estamos diante de um *antes* e um *depois* de 2020. A presença da pandemia virou o mundo de ponta-cabeça. E para fazer uma leitura dessa nova realidade, precisamos virar nossas cabeças.

O que muda?

Ainda estamos mergulhados nesta perplexidade! Muitas são as dúvidas! Temos muitas perguntas e poucas respostas efetivas, faz parte de uma nova ordem que vem surgindo. Há análises já sendo apontadas por especialistas de diversas áreas, e é bom que acompanhemos com isenção de ânimos. Ou melhor, com objetividade e perspicácia, a fim de podermos assumir a transição com responsabilidade. Façamos deste momento um período de busca, pesquisa-ação, reflexão e fermentação de novas soluções.

No âmbito da educação, nosso interesse aqui aponta a necessidade de o sistema de educação ingressar nessa visão processual da realidade, adequando-se ao tempo de mudanças em ritmo acelerado. Por isso, apresentamos a proposta de uma escola para a formação do sujeito desejante, com base em uma pedagogia criativa.

Porém, mais que apenas mudanças, estamos em momento de quase ruptura de uma velha ordem para caminhar em busca de uma nova. Ou, digamos, estamos em momento de grandes desdobramentos da história. Não só a democracia está em crise, a humanidade também.

Nesse novo contexto, espera-se o surgimento de um novo tempo de metamorfoses no modelo de organização social mundial, como a pandemia anuncia. Metamorfose é um conceito fundamental para entendermos essa transição, pois da crisálida para a borboleta temos uma mudança qualitativa e quantitativa em movimento concomitante; essa é a nossa situação atual. Fazemos essa alegoria para melhor explicar a complexidade desse processo. É preciso estar atento e sintonizado ao que vem: o contexto está aberto. Novas marcas culturais devem vir com essa nova organização, da qual esperamos que a solidariedade esteja no cerne.

É por causa dessa esperança que temos a certeza de que a proposta de uma nova escola, a qual apresentamos, é ainda mais necessária agora. Uma escola para a formação do sujeito desejante.

5. A escola do século XXI: a formação do sujeito desejante

A escola que projetamos para este novo tempo deve voltar-se ao propósito da construção de um sujeito consistente. Isto é, um sujeito que consiga incorporar os aspectos da realidade em que está imerso – agora, a da pandemia –, introjetá-la em sua subjetividade e, após isso, apropriar-se em seu universo emocional e simbólico das características adquiridas, a fim de poder utilizá-las na transformação e na organização de si e do próprio social no qual está contido. Nesse sentido, psicanaliticamente falando, teremos um caminho a ser percorrido na produção do sujeito desejante: incorporação, introjeção, identificação e singularização. Esse percurso faz com que, desde os primórdios da vida até o seu final, o sujeito seja produzido nesses jogos entre a exterioridade e a interioridade, em perene desdobramento.

Em vez de a escola ocupar-se da transmissão de conteúdo, de cumprir um programa, de se prender a um modelo de ensino que, de um lado, parece ignorar a sua influência na formação da subjetividade e, de outro, não mais se adequa à formação do sujeito para um mundo de intensa transitividade, ela precisa apropriar-se do pressuposto de que a subjetividade se dá na interação com o outro, portanto, a partir do social/cultural. Este será o principal investimento. O sujeito se constitui já no imaginário materno, no qual terá sido desejado, ou não, ou ambas as situações, portanto, o processo de subjetivação se dá muito antes da concepção da criança, pois ela habita o imaginário simbólico materno, e prossegue não só na infância, mas por todo o período de vida.

Apesar de a escola ser apenas um dos recortes que contribui para a construção desse sujeito desejante, orgânica e psiquicamente, é um de grande importância, pois, concomitantemente ao ensino dos conteúdos, propicia a incorporação de sentimentos que favorecem, ou não, a auto-organização da sua subjetividade ao substituir sentimentos de incapacidade por sentimentos de capacidade, de autoaceitação, de segurança e confiança, de autoestima, de prazer em aprender e de satisfação na realização.

Além de nossa própria vivência em escola com essa qualidade, encontramos em vários pensadores argumentos nessa direção, mas é Sara Paim (2012) que nos ajuda a expor nossa posição em relação ao que acabamos de afirmar, uma vez que nos oferece as coordenadas de que precisamos. Ao entender que à escola cabe a formação do sujeito epistêmico e do sujeito desejante, diz ela:

> *Como pedagogos estamos situados numa encruzilhada entre as duas formas de construção do pensamento. Nós estamos diante de um sujeito que tem de aprender e, através do aprender, se constitui como sujeito. O psicanalista, em seu consultório, pode trabalhar sem levar em conta a inteligência. O epistemólogo, em seu laboratório, pode não se preocupar com as identificações do sujeito.*

> *Os pedagogos, diante do sujeito que está . . . em desenvolvimento, têm necessidade de se apoiar numa teoria capaz de dar conta de forma integrada de todos os seus aspectos . . . (p. 16)*

E acrescenta: "para o educador esses dois aspectos aparecem ao mesmo tempo" (p. 17), pois "quando o conhecimento não pode criar cadeias completas, quando essas cadeias apresentam uma falta, passamos para a ordem do desejo. É nesse sentido que se articulam os dois sistemas: o do conhecimento e o do desejo" (p. 32).

Por quê? Exatamente porque eles dizem respeito à necessidade de uma pedagogia que integre aos saberes a construção do sujeito epistêmico, como pensou Piaget (1967), com a construção do sujeito desejante, preocupação que surge de modo acentuado no período pós-Segunda Guerra Mundial, graças à influência de pensadores como Freud, Jung, Wallon, Maria Montessori, entre outros.

Nesse sentido, não cabe mais à escola dedicar-se apenas à construção do sujeito epistêmico – objetivo ainda nem sempre alcançado –, isto é, um sujeito de conhecimentos com domínio de capacidades racionais, e sim de um sujeito mais amplo, que saiba fazer uso do seu emocional. Portanto, para estar em sintonia com o conhecimento em curso – e agora mais do que antes –, a escola deve ocupar-se não apenas da formação intelectual, mas abarcar o sujeito na sua complexidade, o que significa vê-lo na sua integralidade dinâmica, e não em partes desconectadas.

Uma proposta assim articulada não exclui a formação do ser epistêmico. Pelo contrário, ela pressupõe a potencialização dos aspectos desejantes do saber, tão importantes na configuração do sujeito em qualquer tipo de sociedade. Não tem sentido a formação cognitiva sem levar em conta o universo desejante do sujeito enquanto ser articulado em suas correlações, tanto pessoais quanto coletivas. Não adianta querer ensinar física para um aluno sem levar em conta seu universo desejante.

E é, pois, sobre essa construção do sujeito desejante que nos ocupamos aqui, no intuito de a escola perceber no seu processo que educar significa conduzir a criança e o jovem no caminho de *tornar-se pessoa*. E tornar-se pessoa mais plena de si, flexível, ao percorrer um percurso de aprendizado que leve à abertura da experiência integral. Portanto, uma escola de concepção aberta.

Escola aberta à formação do ser pessoa

A escola com organização aberta e complexa tem no projeto pedagógico o seu vetor de canalização para sintonizar-se com a organização social complexa que a sociedade experimenta na atualidade, com alterações significativas nas formas de subjetivação, dominada por uma tecnosfera em ritmo de expansão quase descomunal.

Lembramos, no entanto, que na perspectiva sistêmica complexa, ou ecológica, não existe organismo individual que viva em isolamento, o que revela a concepção de um mundo integrado. Nós, seres humanos, vivemos interconectados no vasto mundo pleno de energia e intensidade. Portanto, não há mais sentido em falar que somos seres independentes. Somos, na verdade, seres interdependentes, e é nessa dinâmica que se situam a autonomia e a liberdade. Assim, como atrelar as ideias de liberdade e desenvolvimento cultural?

No texto "O mal-estar na civilização", Freud (1930-1936) nos diz:

> *se quisermos saber que valor pode reivindicar nossa concepção do desenvolvimento cultural como um processo peculiar, comparável à maturação normal do indivíduo, teremos que atacar um outro problema,*

> *perguntando-nos acerca das influências a que esta evolução cultural deve sua origem, como nasceu e o que determinou seu curso. (p. 60)*

Qual o papel da escola neste momento cultural que estamos vivendo?

O currículo é o nó górdio disso tudo. Assim, um dos seus grandes eixos deve ser a organização do currículo, com acento especial em seu componente relacional: as relações professor-aluno, escola-pais, escola-comunidade, escola-mundo e escola-ciberespaço, tema a ser tratado a seguir.

Escola sintonizada ao tempo/espaço

É preciso acabar com projetos genéricos e abstratos e sair dos conteúdos do livro didático, para confrontá-los com o mundo real. Não cabe mais pensar coisas, objetos, vegetais, animais, pessoas como seres isolados. É preciso vê-los sempre no contexto, ou seja, em uma rede de conexões, pois são elas propiciadoras da auto-organização do sujeito.

Considerar o contexto tornou-se exigência de um mundo diversificado e transitivo. *Contextualismo*, uma palavra de ordem, resulta da descoberta da nova física de que os valores das grandezas dos objetos refletem não apenas as propriedades do si próprio, mas de todo o seu entorno. Assim nos ensina a nova biologia: a célula vive em um ambiente com contexto definido, que pode se alterar em função do que ingerimos, por exemplo, refrigerante ou água.

No caso da escola, os seus sujeitos não são apenas sujeitos em si, mas devem ser "olhados" em suas características advindas também do seu entorno, do mais próximo ao mais distante e até o cósmico.

Aqui temos de pensar que, além de trazer os traços de seu ambiente mais próximo, os alunos trazem características de uma cultura ocidental, americana, brasileira do norte, sul, leste, oeste e assim sucessivamente, hoje intensamente contaminadas pela presença da cultura virtual. E, além de suas histórias passadas, é preciso considerar a dimensão universal, cósmica.

"Ah!", dirão os professores, "temos de considerar tudo isso?"

Sim, é preciso considerar o aluno, bem como todos, a escola, a educação, na complexidade da vida, se quiser estar em sintonia com o mundo atual. Levar em conta as características dos estudantes na organização curricular tornou-se importante exigência na atualidade, pois outra visão de mundo e de ser humano se impõe em virtude de sucessivas metamorfoses que desvelam outra natureza do universo e outra compreensão do homem como parte desse todo.

Não se pode mais pensar em sujeitos abstratos e genéricos, definidos por critérios deterministas como idade ou gênero. Outras variáveis intervêm nessa caracterização, numa miríade de aspectos diferenciados que inibem a possibilidade de estabelecer leis gerais. Pensar em sujeitos concretos, singulares, situados em contextos diferenciados, passa a ser agora a orientação para a formação de pessoas – sujeitos consistentes. E à escola cabe essa responsabilidade, pois a ela cabe a formação para a cidadania. E o que entender por formação para a cidadania? Eis um grande desafio. Se o questionamento corrente é *por que estudar certos conteúdos*, isso é demonstração clara de que a escola precisa se inteirar da população que chega ao seu espaço.

Coincidência ou não, ainda são muitos os questionamentos de crianças e jovens que demonstram desinteresse pela escola, porque não conseguem ver sentido nos conteúdos apresentados. Tais questionamentos, há muito recorrentes, levantam o problema não apenas da seleção dos conteúdos, como também da forma como são trabalhados. Essa ocorrência revela a inadequação da prática pedagógica ainda centrada em modelos que já não respondem às exigências do mundo em acelerada transformação. E isso remete a repensar a questão da organização do projeto de escola, na medida em que ele expressa a concepção pedagógica que o alimenta, agora voltada conscientemente também à formação do sujeito desejante.

6. Por uma escola desejante

A questão do desejo já é de grande complexidade por si só. Torna-se mais complexa ao se querer inseri-la como condição de boa educação, ou educação de qualidade. Pois, como fazer da escola um lugar atraente e desejante em um cenário que procura dar ênfase à importância da satisfação dos desejos, chegando a um clima de excitação que conduz ao consumo volátil?

Um paradoxo: de um lado, assunto visto como de valor para a educação atual e, de outro, no entanto, pouco considerado no modo de pensar a educação em seu viés racional, técnico, eficientista. Aos acostumados a esse viés, parece que o ato de educar não comporta noções de afetividade, relações de reciprocidade amorosa, jogos, brincadeiras. Essas questões parecem "bijuterias", como dizem, e não joias raras. Ou, quando tratadas, falta adequação para aplicá-las. Desse modo, as questões relacionadas ao *afeto* ficam encarceradas a temas de menor importância.

No entanto, é chegada a hora de toda a sociedade, pais e professores começarem a entender que é preciso sintonizar-se com a essência da formação humana. Ela é uma composição interconectada da qual fazem parte razão, emoção e afeto, elementos fundamentais para uma escola desejante.

E por que uma escola preocupada em ser desejante em um momento em que a satisfação dos desejos tem sido socialmente superestimulada? Tornou-se obrigação não frustrar a criança em seus desejos, mas quando o alimentar incessante dos desejos pode ser perigoso? Vejamos.

Por que a incessante satisfação dos desejos?

A sociedade vive um momento de busca incessante pela satisfação dos desejos. A aceleração das informações associada à produção de novidades para o consumo, que muitas vezes não fazem o menor sentido para aquele "sujeito" que está se auto-organizando no seu dia a dia, na escola ou fora dela, tem sérios efeitos. Nessas condições de excesso não se aprende, nem se apreende, e pouco ou nada se incorpora. O retido é apenas uma angústia que não tem nome.

Bastante intrigante é a ideia de que o conhecimento sempre implica um sujeito potencialmente capaz de conhecer, pois condensa no desejo o afeto e a razão. No próprio ato de desejar está presente o afeto. Dar um abraço é uma forma de afeto. Dar uma bronca é outra forma de afeto. E ambos têm força e intensidade na vontade de aprender o que o professor ensina, ou, ao contrário, podem bloquear a sua manifestação.

Afeto[1] é sempre uma qualidade pulsional investida de uma quantidade de intensidade, o movimento que propulsiona nosso

---

1 No português europeu, a palavra afeto é escrita "afecto". Ousamos pensar que este "c" no "afectivo" seria algo da ordem da contaminação e da disseminação. Assim, essas intensidades caminhariam em ondas atingindo as relações subjetivas. É nesse sentido que tratamos do afeto neste texto.

aparelho psíquico sempre articulado ao corpo. Qualidade porque é da ordem da sensação e do sentimento, enquanto quantidade refere-se ao volume de intensidade em circulação. Numa pedagogia criativa, essa última é fator importante, pois cabe ao professor estabelecer a dosagem desse volume, desde a amplificação e a frequência da intensidade até quase a ausência, como lidamos com o *dial* do rádio: selecionamos um volume mais alto ou mais baixo, ou um ritmo mais lento ou mais acelerado.

Para maior compreensão pelos professores da questão do desejo, fazemos uma incursão pelo tema da necessidade, útil também aos pais. Como diferenciar necessidade de desejo, uma vez que ambos dizem respeito a uma falta sentida pelo sujeito?

Desejo e necessidade de aprender

Falar de desejo não é tão fácil, pois que, assunto aparentemente simples, é na sua simplicidade que reside sua complexidade. Ao mesmo tempo que impulso à vida, é fonte de muitos problemas.

Lembremos do questionamento ainda muito presente nos alunos: por que estudar isso? Frações, por exemplo, o aluno tem *necessidade* de aprender isso? Tem, mas ele pode não estar consciente da importância de aprender frações do modo conceitual apresentado pelo professor. Cabe ao projeto pedagógico, à sua gestão e ao professor criar situações que despertem nele a necessidade e a vontade de aprender como representar em símbolos matemáticos aquilo que ele vivencia em casa ao ter de dividir igualmente uma pizza com os pais e os irmãos. É sair de um universo abstrato para adentrar o universo da vida propriamente dita, o que para a criança ou o jovem é condição para compreender e manter o entusiasmo – base da produção do desejo e, consequentemente, do sujeito desejante.

Sem esse impulso é difícil o aprender. Assim, percebemos que o professor tem um papel importante na produção e na catalisação dos desejos pulsantes, que precisam ser articulados ao conteúdo a ser trabalhado.

A criação do desejo é sempre fruto de uma relação com um outro. O professor é esse outro para o aluno, e vice-versa. Isso muda a forma de pensarmos a educação e a relação professor-aluno, pois desde as concepções mais antigas, em que o professor funcionava como "dono da cadeira", ou seja, "dono daquele conhecimento", a dinâmica foi se transformando. Na atualidade, sabe-se que o conhecimento está em perene construção/desconstrução – base de uma pedagogia metabólica –, em produção na *recorrência que se estabelece nas interações*, e não apenas na transmissão vertical, que pressupõe a existência de um conhecimento universal pronto e acabado. Eis a mudança de um conhecimento enciclopédico para um enciclopedante, como diz Morin (2012b). Para isso, necessária se faz a distinção, não fácil, entre necessidade e desejo.

Como distinguir necessidade e desejo

Se ambos fazem referência a uma falta, alguns elementos podem ajudar nessa reflexão. Em psicologia, necessidade designa um estado de carência orgânica, percebida como algo que falta ao bom funcionamento do nosso organismo, seja no nível biológico, seja no nível psíquico. Em ambos os casos, o ser humano tem necessidades básicas à sobrevivência: fome, sede, sono, entre outras, mas também necessidades de carinho, de reconhecimento, de valorização, que, no ápice da pirâmide de Maslow, aparecem como necessidade de autorrealização. Porém, tomadas na visão orgânica do ser vivo, essas ideias não devem ser pensadas de forma estática, linear ou gradativa, mas de maneira recursiva, isto é, em dinâmica interativa. Em dado momento, uma pode se sobrepor a outra: o que é básico torna-se secundário, e vice-versa.

Os conteúdos programados para ensino na escola, em qualquer nível, têm como pressuposto serem necessários à formação dos alunos, pressuposto até certo ponto passível de vários questionamentos. Porém, para o nosso propósito, a grande questão é: será que eles são percebidos como necessários pelos alunos? Eis aí dois lados da prática pedagógica que precisam entrar em sintonia. Quando os alunos dizem "por que tenho que estudar isso?", demonstram não perceber a necessidade dos ensinamentos que a escola julga necessários.

Um exemplo real: recentemente, um jovem do último ano do Ensino Fundamental II questionou, "Por que tenho de estudar geografia?". Se o aluno não percebe a necessidade de conhecer a dimensão geofísica da realidade, nele tampouco vai ser despertado o desejo de aprender. Dizer apenas que é importante, que um dia ele vai precisar daquilo, não é suficiente. O aluno precisa *sentir* que o conhecimento é relevante para ele naquele momento, pois é exatamente aí que sua subjetividade está sendo trabalhada. Sentir significa perceber no seu corpo uma mobilização interna que o impele à curiosidade e ao interesse. E perceber é base para a atenção e a concentração.

Que os alunos precisam aprender a se comunicar, e bem, na língua portuguesa é fato, mas será que todos sentem falta de entender a gramática pela gramática? Mesmo nessa área do saber há muitas variações de interesse entre os alunos, e isso precisa ser considerado. Cabe ao professor perceber e criar condições para que se desperte no aluno a curiosidade e o desejo de aprender a fazer um bom uso da língua portuguesa, reconhecendo os limites de cada um. Há aqueles que vão demonstrar facilidade de se aproximar desse conteúdo, mas há aqueles que vão precisar de diferentes estímulos para desenvolver pelo menos um tanto dessa habilidade.

Que eles precisam aprender as noções básicas de vários saberes para lidar com a realidade do dia a dia também é verdade, mas será que foram colocados diante da necessidade de aprender esses conteúdos na sua simbologia conceitual, abstrata?

Para aprofundar esse tema recorreremos a Jerome Bruner e sua hipótese de que a criança aprende desde que esteja em condição para essa tarefa.

De estar o aluno em condição de aprender

Segundo Bruner (1971), qualquer assunto pode ser ensinado com eficiência, de forma intelectualmente honesta, a qualquer criança, em qualquer estágio de desenvolvimento, *desde que ela esteja em condições de aprender*. É uma hipótese arrojada, mas essencial quando se pensa sobre a natureza de um currículo. Não há evidência alguma que a contradiga, e muitas provas continuam sendo acumuladas para comprová-la, sendo verdadeira até hoje.

Para Bruner, as descobertas de Piaget tiveram grande impacto na pedagogia por demonstrar que a *transmissão de conhecimentos é uma possibilidade limitada*. Por um lado, não se pode fazer uma criança aprender o que ela ainda não tem condições de absorver. Por outro, mesmo tendo essas condições, não vai se interessar a não ser por conteúdos que lhe façam *falta* em termos cognitivos e até mesmo afetivos. Assim, a tarefa de ensinar determinada matéria a uma criança, em qualquer idade, é a de representá-la em termos da visualização que a criança tem das coisas. A premissa é que captar a estrutura da matéria de estudo é compreendê-la de maneira que permita relacioná-la, de modo significativo, a muitas outras noções. Aprender a estrutura é aprender como as coisas se relacionam e compõem um todo com sentido (e isso tudo também vale para a aprendizagem do jovem e do adulto).

Como fazer os alunos perceberem suas necessidades

Se a necessidade de cumprir um programa de ensino é pressuposto do currículo escolar, o que questionamos aqui é se todos os alunos percebem igualmente a necessidade de aprender a programação pensada, ou se alguns se veem na condição apenas de decorar... e pronto!

Nós, seres humanos, só nos damos conta de que necessitamos de algo quando, diante de alguma situação, percebemos que aquele algo nos faz falta. Essas situações são conhecidas como *situações-problema*, ou *situações desafiadoras*. Estou com fome – tenho um problema. Tenho de dividir a pizza com meus irmãos ou o bolo com meus amigos, como fazer para dividir equanimemente? – é outro problema. Como resolvê-lo? É essa pergunta que se coloca para o sujeito que pode ir ao encontro de sua curiosidade. Assim, são os *problemas reais ou hipotéticos* os despertadores de necessidade daquele conteúdo e, desse modo, do desejo de aprendê-lo.

Como as necessidades básicas são imperiosas em todos os organismos vivos, é pelo sentir no corpo que elas impelem à busca da satisfação pulsional (Freud, 2013). Assim também ocorre no organismo humano, que intuitivamente quer satisfazê-las, pois é da natureza humana a tendência de querer diminuir as carências, muitas vezes não facilmente percebidas. Por exemplo, a falta de alguma vitamina em nosso corpo que aparece sob a forma de algum distúrbio físico. Enquanto ela não é percebida, nenhum comportamento de busca por satisfação é acionado, porém, se essa carência passa a ser percebida como prejudicial, a resposta é ir em busca da solução.

A necessidade funciona então como um *impulso* para os nossos comportamentos e determina a intensidade de nossas ações: quanto mais intensa a necessidade, mais intensa tende a ser a ação.

Da necessidade ao desejo

Uma necessidade satisfeita traz alívio, porém, quando se quer algo a mais do que é estritamente necessário, já estamos saindo da pura necessidade e entrando no campo desejante.

O desejo traz prazer. Porém, aí residem vários perigos: por exemplo, no campo alimentar, todos nós precisamos de um *quantum* de alimento diariamente, alguns mais, outros menos. Agora, se um sujeito consome muito mais do que o seu organismo precisa, já estamos saindo da necessidade e entrando no campo da busca pelo prazer e pelo gozo, salientando que nem sempre os desejos levam a situações saudáveis. Nesse caso específico, a pessoa pode estar caminhando para um processo de obesidade ou de outras manifestações não saudáveis. Esse é um caso de necessidade/desejo que tomou caminho patológico. *Pathos* significa, concomitantemente, paixão e doença. Entramos no campo do patológico, de anorexias e bulimias. Façamos agora a digressão dessa questão para o campo desejante, tão difícil quanto o caso anterior.

Hoje, o acesso às mídias eletrônicas, mais especificamente o celular, passou a ser um verdadeiro cordão umbilical que une tudo a todos. Como ferramenta ele é de grande importância em nosso mundo contemporâneo, porém, do modo como vem sendo fomentado, seu uso está sendo pervertido: como a comida, que em excesso pode tornar a pessoa obesa, e percebemos aí uma patologia, o uso excessivo do celular e de outras mídias já aponta evidências de que é tóxico – estamos diante de uma "obesidade" psíquica.

Diante do exposto, podemos pensar o desejo como falta ou como potência. Potência é um virtual que se pode atualizar ou não. Ela produz formas que podem ser captadas e aproveitadas, ou não. Numa sala de aula, se muitos forem os impulsos potenciais, corre-se o risco de uma "caotização" da aula. Em contraposição, se não houver nenhum impulso potencial e a aula for simplesmente trilhada por uma ficha do programa, a criatividade será muito pequena. O professor acaba não percebendo o que está acontecendo na classe. Em sua formação, precisa estar preparado para o campo de forças que se articulam vetorialmente a ser criado em uma sala de aula, que deve ser o mais amplo possível.

Três categorias devem ser observadas para que o desejo desabroche: *referências*, *consistências* e *consequências*, pois é por meio delas que podemos nos aproximar da elaboração de situações extremamente dispersas.

Numa aula de história, por exemplo, ao trabalhar o conteúdo da história do Brasil sobre o ciclo do ouro, acontecimento do fim do século XVIII, na antiga Vila Rica, atual Ouro Preto/MG, pode-se pensar como essas *referências* podem servir para atrair a atenção do aluno de hoje a fim de que fique imerso nessa ambientação. O estopim da Inconfidência Mineira foi a questão dos impostos, ou seja, a coroa portuguesa cobrava um quinto da produção do ouro, e esse dinheiro ia para a Metrópole. É possível articular essa questão dos impostos vivida à época com as questões da nossa atualidade: como nossos impostos são cobrados hoje. Isso pode fazer com que o aluno fique interessado e queira entender a importância de se tornar um cidadão preocupado com os problemas do país (o problema que se coloca aqui é se há interesse político de formar o cidadão nessa direção).

Por que propomos toda essa cena? Exatamente para mostrar ao professor que, embora as referências sejam necessárias, não são suficientes para provocar o interesse, pois a explicação sobre essa parte da história pode apenas suscitar no aluno as indagações: "Por que tenho de estudar isso?" e "Para que isso me serve?". Isso aponta para um componente pedagógico relevante: sempre um tema da atualidade deve estar articulado com o que se pretende ensinar, a fim de que possa haver a *consistência* desses conteúdos com os desejos dos alunos e, assim, sua incorporação e sua integração na constituição do sujeito, o *ser pessoa*. Somente a partir disso poderão resultar *consequências* favoráveis não só quanto aos conteúdos, mas ao seu significado, que deverá colaborar para o alargamento das *identificações/singularizações* do sujeito com seus interesses e aptidões, o que facilitará a construção de sua singularidade.

O processo de identificação/singularização também se dá na relação com o outro. Ele remonta aos primórdios da formação/produção do sujeito, na gestação, e está em aberto no decorrer de toda a vida. No ambiente escolar, esse processo pode ser aproveitado de múltiplas formas: com o espaço físico, com os conteúdos, com as atividades, com as relações que se estabelecem no seu interior com as pessoas, sobretudo professores e colegas, com a família, com a comunidade. Trabalhar com projetos, exibir vídeos, propor uma dramatização, organizar um *workshop*, um jogral ou outras atividades similares podem tornar essa ambientação favorável à provocação do interesse, embora não necessariamente de maneira igual para todos. O que se propõe é que a escola *se organize* de modo que isso possa vir a acontecer, a fim de ser objeto de admiração, de desejo, o que não vem acontecendo, em sua grande maioria, com as escolas de hoje.

Necessidade e desejo: o equilíbrio

Ao pensar que a educação escolar tem muito a ver com a auto-organização do sujeito tendo em vista o *tornar-se pessoa,* tanto o equilíbrio quanto o desequilíbrio, e mesmo o caos, são componentes imponderáveis que precisam ser assimilados e digeridos, isto é, metabolizados. É bom entender que aquilo que rompe o equilíbrio, o elemento perturbador, faz parte da produção criativa de um novo equilíbrio. É, portanto, necessário. Isso aponta para a importância de valorizar o desequilíbrio psíquico, cognitivo. Ele só é prejudicial quando não levado a sério.

Isso nos coloca diante da busca pelo equilíbrio entre a satisfação das necessidades e dos desejos dos alunos, e quando se percebe a manifestação de desequilíbrios, isso não significa a volta ao equilíbrio anterior, pois o sujeito já se encontra em novo patamar. Essa mudança não significa que, no movimento produzido nesse processo, o equilíbrio já esteja garantido. Como o equilíbrio é sempre dinâmico, é na vivência da ação, seguida de reflexão e nova ação, que se percebe quais ações precisam ser estimuladas e quais precisam ser descartadas ou transformadas, tendo em vista o propósito educativo.

A intensidade da necessidade e do desejo se expressa por entusiasmo, perseverança, interesse, conforme a prioridade percebida diante da circunstância. Assim, cabe ao professor perceber a intensidade do desejo de aprender os conteúdos trabalhados a partir dos comportamentos manifestos pelos alunos e deles fazer uso para realimentar o processo desejante. E ao coordenador pedagógico, trabalhar isso com professor. E ao gestor (diretor), gerir o projeto pedagógico.

Cabe ao professor criar necessidades e desejos nos alunos?

Criar ou despertar? Tomamos como princípio que as necessidades já existem no sujeito, só precisam ser despertadas, e para isso é preciso colocar os alunos diante de situações provocadoras que serão vividas por cada um à sua maneira peculiar.

Satisfazer uma necessidade tem o poder de despertar o desejo, ou seja, o desejo como impulso em busca de satisfação, daquele "quero mais". Nos vemos agora diante de um constructo ainda mais complexo. Para nossos propósitos educacionais, vamos estabelecer que desejo diz respeito à aspiração a algo que nos falta, porque o representamos não como uma necessidade, mas como algo que podemos pretender a fim de aumentar nossa satisfação. É então pela insatisfação que o desejo se define.

Para melhor diferenciar um conceito de outro, vamos estabelecer que necessidade é tudo aquilo que nos é de fato necessário e desejo é tudo aquilo que almejamos a mais, e vai além, e extrapola a necessidade, mas que pode ser fundamental para a vida. Por exemplo: você tem sede, então tem necessidade de água, mas decide que quer tomar um refrigerante... Extrapola a necessidade, mas é fundamental para a saúde? Para você ver a complexidade dessas questões.

Um aluno pode ter necessidade de aprender matemática para passar na prova, mas isso pode se transformar em desejo se perceber nesse aprendizado um certo prazer. Aquele prazer sinestésico, que no corpo mobiliza energias impulsionadoras de querer conhecer mais a matemática. Caso isso não aconteça, a consequência é deixar de gostar desse assunto e desistir de querer aprender. Basta decorar para a prova.

Em marketing, desejo e necessidade estão intimamente ligados e, em geral, o que os profissionais da área mais querem é transformar um produto que é apenas um "desejo" em "necessidade". Porém, não devemos confundir desejo e necessidade. Desejos são manifestações da vontade. Ele torna-se problema quando vira necessidade.

O professor pode fazer isso? Entendemos que sim, porém com outros propósitos e outras formas de trabalhar a criação dos desejos. Aprender matemática por prazer passa a ser para o sujeito uma necessidade. E esse tipo de prazer garante a organicidade (potência) do *ser pessoa*.

Faz parte do processo educativo a presença de *frustrações*, de *nãos*, para a criança e o jovem poderem conhecer seus limites e os limites do mundo. Entendemos ser essa uma das tarefas do professor-educador, e não só dos pais.

Para ajudar no entendimento do que acabamos de dizer, trazemos algumas reflexões de Hannah Arendt:

> *A preocupação com um bem-estar raso e estéril – que preenche todas as necessidades e desejos vitais, mas não deixa espaço para paixões nem para o desejo daquilo que não é alcançável de imediato – tem refletido numa educação que evita . . . expor o aluno a eventuais frustrações e, muitas vezes, até tenta resguardá-lo de fazer algum esforço . . . se deixa de considerar que uma aprendizagem sem esforço é uma ilusão e sequer parece desejável, já que, quando por demais "facilitada" e exclusivamente prazerosa, exige pouco crescimento do aluno. . . . [Nesse sentido,] o processo de formação exige mudanças do aluno e amadurecer significa, em parte, aprender a* abrir mãos de satisfações imediatas em favor de um bem maior. . . . *a educação deve proporcionar crescimento e a*

> *superação de dificuldades, isto é, transformar o modo de se inserir no mundo e de lidar com as coisas, e não perpetuar o modo de vida da criança. Além disso, ela tem por tarefa familiarizar a criança com temas, questões e preocupações que justamente extrapolam as necessidades e os desejos individuais, e imediatos. (Arendt citada por Almeida, 2011, p. 69, grifo nosso)*

Não resta dúvida sobre a complexidade do tema; porém, a educação pautada por esses pressupostos tem o objetivo de ampliar a consciência do sujeito, do cidadão, para níveis que superem a satisfação meramente egoica, centrada no si mesmo, estendendo-a para o altruísmo que inclui o outro, favorecendo, desse modo, o desenvolvimento de uma sociedade solidária. Essas colocações nos mostram a difícil tarefa da educação – na família e na escola – de estabelecer o equilíbrio entre os desejos imediato e mediato. Fazer educação séria não é assim tão simples; trata-se de vê-la na sua complexidade.

Desejo: força impulsionadora, mas cuidado...

Se o desejo é preciso, cuide para não se prender à sua corrente insaciável, pois ela se torna uma das maiores fontes de sofrimento ao transformar desejos em necessidades. Uma necessidade básica não pode deixar de ser satisfeita, como alimentar-se, e suas consequências podem ser degradantes ao ser humano. Os desejos podem ser transformados, sublimados e até postergados.

Assim como as necessidades, os desejos podem variar conforme a evolução dos tempos e das culturas. Posso hoje ter necessidade de um celular, mas querer um modelo novo de celular todo ano já é se inserir na cadeia interminável da insatisfação. Pode já ser sintoma de uma ansiedade crônica instalada. Posso postergar o desejo de ter um celular hoje, mas não posso adiar por muito tempo a fome, pois esta tem o caráter de uma necessidade inadiável, enquanto uma situação simbólica, de caráter mais lento, mostra a possibilidade de o sujeito suportar uma frustração por um dado tempo, por exemplo, viajar para a praia quando pode esperar o período de férias.

E para que isso possa acontecer, é preciso a inscrição do tempo lento para que as altas imensidades – múltiplos impulsos que geram uma agitação que foge ao controle do ambiente – possam ser simbolizadas e elaboradas. Isso entra em consonância com a harmonia do ritmo criado entre professores e alunos, como nos primórdios da infância entre a mãe e o bebê. E nesse sentido o simbólico seria a possibilidade de se colocar em rede – em múltiplas relações e correlações – o que antes estava cristalizado em relações pretéritas.

7. Escola e o desejo de aprender

A marca existencial da necessidade e do desejo cresceu com o homo sapiens, . . . ao mesmo tempo o mais acabado e menos completo de todos os animais, cada vez mais sacudido por necessidades insaciáveis e desejos infinitos.

Edgar Morin

Morin trata dessa questão visando não apenas à relação epistemológica sujeito-objeto, mas ao engajamento da consciência na existência e da existência no conhecimento – relação entre conhecimento e psique, aspecto individual-subjetivo do espírito, em que a psique implica e sempre engaja a identidade pessoal e os problemas existenciais do indivíduo-sujeito.

Seguindo essa concepção, nosso interesse é ressaltar o desejo de aprender como uma qualidade inerente ao ser humano, que se manifesta na curiosidade da criança em conhecer o mundo, pela articulação entre desejo, curiosidade e aprendizagem. A ciência define curiosidade como

> *uma emoção de transcendência pessoal, um sentimento de admiração e de elevação diante de algo que supera a própria pessoa . . . E se a curiosidade não fosse um mero sentimento? E se fosse, como diz Tomás de Aquino, o princípio do conhecimento? (L'Ecuyer, 2015, pp. 24-25)*

Mais adiante, L'Ecuyer acrescenta:

> *Com o avanço da neurociência e da pedagogia, cada vez mais pessoas acreditam que o motor da criança, a origem do que a coloca em movimento, vai além da organização neurológica [e] acreditam que a origem do movimento é algo intangível e imaterial . . . os gregos já diziam que o princípio da filosofia era a curiosidade, a primeira manifestação daquilo que é intangível e move o ser humano: o desejo do conhecimento (L'Ecuyer, 2015, pp. 24-25)*

Pensar que a escola tem de se preocupar com a formação do sujeito desejante pode parecer algo estranho. Porém, é justamente a ausência do desejo de aprender que a escola tem demonstrado no ensino a crianças e jovens, a falta de emoção e de um sentimento de admiração e elevação ao intangível, que nos leva a trazer este tema aqui. O prazer de aprender, tema tão candente para Rubem Alves (2014).

A escola tem como tradição, muito presente ainda no século XXI, inculcar os saberes nos alunos pela prática instrucionista. Se essa prática funcionou em tempos passados, digamos, até meados dos anos 1900, quando a escola ocupava o papel de grande centro difusor do saber, hoje isso já ficou ultrapassado, graças à evolução do conhecimento científico sobre a relação entre os desenvolvimentos cognitivo e afetivo, às mudanças sociais de usos e costumes que conformam uma nova organização social e ao avanço das tecnologias de comunicação.

Se antes não havia muita preocupação em fazer do aprendizado algo prazeroso e da escola um espaço acolhedor e desejante, exatamente porque ela detinha esse poder da atração pelo saber, diríamos que, na atualidade, a escola compromissada com o *desejo de aprender* é uma ideia imprescindível neste cenário de muitos estímulos que sufocam o desejo pelo que a escola oferece. Ela deve ter por propósito atrair crianças e jovens para o seu espaço, como forma de equilibrar os desejos produzidos pelos shoppings, pelos celulares e *tablets*, e por formas de entretenimento fácil.

A brincadeira, o lúdico, não se confunde com a *diversão* de quem vai ao shopping, ou ao parque, ou a outros espaços aonde se vai em busca de puro entretenimento. O que não significa que não se aprenda algo nesses espaços. Porém, a brincadeira envolve uma tarefa em que a criança empenha imaginação, curiosidade, desejo de descobrir, de criar e construir. Assim ocorre com o jovem quando faz uma "visita" escolar a algum lugar: em geral, o faz com o intuito de lazer, e não com o empenho de uma atividade estruturante que produz conhecimento. No entanto, na escola, essa atividade estruturante para a construção do conhecimento deve ser central e geradora do prazer de aprender e, assim, valorizar o impulso epistemofílico que está na base do nosso *tornar-se pessoa* no mundo.

Essa não é uma tarefa tão simples! E o desafio diante de um entorno altamente sedutor faz dela tarefa ainda mais complexa. Curiosamente, aprender a lidar com a complexidade é outra exigência premente da contemporaneidade, a fim de não ser por ela tragada, mediante a resistência em aceitá-la como aspecto do real. Exige superar a ilusão de que é possível extingui-la pelo simples fato de ignorá-la. Exige reflexão e sensibilidade, pois as questões complexas, repetimos, exigem estabilidade e flexibilidade, equilíbrio difícil de se conseguir na medida em que pressupõe o encontro de forças contrárias, díspares, na busca de transformações.

No caso do desejo, essas forças se apresentam como intensidade impulsionadora que se volta para um alvo, condição necessária para que os conflitos que se apresentam possam ser trabalhados, uma vez que o conflito é fruto de um embate de forças. Quando o desejo é estimulado em excesso, pode desencadear uma cadeia confusa de desejos de difícil apreensão, o que aprisiona o sujeito na armadilha da busca incessante por sua satisfação. Por outro lado, quando subestimado, ele deixa de produzir o impulso necessário para a ação, ou no máximo cria uma inércia não criativa, e os sintomas que aparecem são a preguiça, o desinteresse, a dispersão, entre outros. Assim, a escola deveria começar a ver esses sintomas não como causa, mas como resultado de um desejo não provocado.

Isso é válido também para as ocorrências na família. Vejamos um exemplo narrado por Esméria de como essa cadeia de desejos funciona e pode se instalar na criança.

> *Era uma terça-feira, 10h da manhã. Ao chegar ao portão do prédio onde moro, me dei conta de que algo de estranho estava acontecendo na guarita: era o choro e a insistência do filho do zelador – um menino de 6 anos, em típico comportamento de birra. Parei e perguntei o que estava acontecendo. O zelador me disse: "Ele quer que eu saia para comprar um brinquedo que viu anunciado na TV. E eu estou explicando que não vou comprar, primeiro porque não posso sair do meu serviço, e porque no domingo já comprei no shopping um brinquedo que ele pediu. Agora não quer mais aquele brinquedo e quer um outro visto no Canal Kids". Aprovei sua atitude*

> *e disse: "Mantenha sua firmeza. Se você ceder, ele vai repetir isso outras e outras vezes...". E pensei: vai criar essa inércia. Segui para o elevador rumo ao meu apartamento. Depois, fiquei sabendo que ele não cedeu aos berros do filho. Nunca mais presenciei uma cena como esta. Qual é o perigo que vislumbramos nessa situação, que parece ter se tornado comum para muitos pais? A armadilha é permitir que todos os desejos sejam realizados sem nenhuma possibilidade de intermediação do adulto – educadores, pais –, o que pode levar à criação de um sujeito sem limites. Um sujeito sem limites é, por repetição contínua, um indivíduo ansioso, propenso à síndrome da ansiedade e outras comorbidades associadas. Entre as mais preocupantes da contemporaneidade está a psicopatia.*

A produção do sujeito desejante, aquele que sabe lidar com seus desejos, decorre do embate dessas forças afetivas – chamemos de positivas e negativas – que estão em jogo e que constituirão o arcabouço da personalidade que introjeta no ser novas possibilidades auto-organizativas, como autocontrole, paciência, saber esperar, saber optar, tomar decisões apropriadas, entre outras, sem por isso perder as possibilidades de voar em suas fantasias, ousar em sua imaginação e se tornar um sujeito sensível, que possa exercer sua sexualidade e suas aptidões com liberdade.

O desejo na estruturação do sujeito

É no desejo que o sujeito se constitui. E como o sujeito se estrutura pela mediação de outros sujeitos, sem mesmo conhecê-los, o ser em constituição surge para o mundo integrando-se na intersubjetividade, no seu meio de existência, sem o qual perece. Nessa sua constituição, o que está em jogo no desejo, além do embate entre as forças afetivas, é o modo como as marcas deixadas por esse embate se organizam simbolicamente, de modo a perceber-se internamente como aquele que assume lugares e posições dentro de um conjunto: dentro da família, da escola, da comunidade, enfim. No momento que percebe que pode ocupar essa posição na sua subjetividade, ele mostra ter adquirido possibilidades simbólicas e, por extensão, vai perceber que pode ocupar posições em outros conjuntos no seio da sociedade. Isso se coloca como função também da educação escolar.

O desejo, metaforicamente falando, é o oxigênio da escola. Para isso, ela precisa ser *erotizada*, no sentido grego da palavra, que significa injetar vida.[1] Isso quer dizer criar um ambiente que propicie o entusiasmo pela aquisição e pela produção do conhecimento, que mescle competição e solidariedade, trabalho individual e trabalho em equipe, além da riqueza de experimentações.

O desejo é a possibilidade de articulação entre gerações, não apenas nas relações familiares, mas numa ampliação de sentido para o social. Pois o geracional não se dá só no sentido de parentesco, mas em qualquer relação entre a criança/adolescente e o adulto, o que, na escola, é representado pela relação aluno-professor. Assim, o sujeito desejante é aquele que, na convivência educacional, na família, na escola e em outros espaços afins, alcança autoconsciência de si em

---

1 Freud (1920) postula o aparelho psíquico composto por pulsões de vida – Eros – e pulsões de morte – Tânatos. Essa foi a última postulação de Freud a respeito do universo pulsional.

alteridade, com as forças afetivas atuantes no contexto, permitindo o acesso à sociabilidade. Desse pulsar da autoconsciência e da alteridade espera-se que se produza *uma ética* da solidariedade ou da boa convivência. E isso não pode ficar só a cargo da família, ou desta ou daquela escola: deve-se constituir um projeto de educação para a sociedade. E para maior possibilidade de um projeto bem arquitetado, é importante saber diferenciar prazer e gozo.

Prazer e gozo: diferenciação

Numa sociedade de consumo altamente sedutora e injusta, consideramos importante abordar a questão do prazer e do gozo. O prazer é uma sensação que nos estimula a seguir em frente, diferentemente do gozo, que está muito mais relacionado ao poder e à morte. Portanto, o gozo é muito mais difícil de ser interditado, porque não permite conhecer o limite. O sujeito quer sempre mais e seu funcionamento é praticamente automático. E é aí que mora o perigo.

Diferenciando: todos nós temos prazer e gozo. Mas a predominância do gozo conduz a comportamentos antissociais, pois o sujeito não se submete a nenhuma regulamentação, a nenhuma lei, o que é fundamental para o estabelecimento da auto-organização pessoal, e, consequentemente, não sabe reconhecer limites quando no coletivo em alteridade, pois não se reconhecendo a alteridade/o outro, toda a noção de limite cai por terra. Uma situação nefasta, pois leva a situações mortíferas e, em casos de perda total de limites, dois são os rumos preocupantes: um é o caminho depressivo e outro é o psicopático delinquencial. Aparentemente duas situações opostas, porém a origem é a mesma, mostrando a importância dos limites também nas relações escolares. O rumo desse sujeito que está na anomia é não aceitar ser negado nem contestado e lidar com essas situações fazendo uso da manipulação. Isso porque, no fundo de si mesmo, ele é muito pobre de afetos, isto é, seu universo afetivo é restrito e ele não vivencia a responsabilidade frente ao outro, porque se torna um *sujeito narcísico.*

O sujeito narcísico

O sujeito conhecido como "reizinho" ou "imperador" sofre de uma síndrome causada por pais que, na ânsia de fazer seus filhos felizes, acabam por torná-los emocionalmente imaturos por não aprenderem a lidar com frustrações, ou seja, negações de seus desejos. Acabam assim produzindo sujeitos narcísicos, isto é, aleijados emocionalmente. Isso se agrava quando os pais querem fazer da escola um espaço onde o filho não tenha motivos para frustrações.

Entendendo melhor: o narcisismo é uma etapa do desenvolvimento humano em que a criança não consegue ver os objetos a não ser ela mesma como um objeto de si. As outras etapas são autoerotismo e escolha objetal, que nunca são totalmente transpostas. Porém, colocando o acento no devido lugar, podemos perceber que o narcisismo tem seus aspectos negativos quando utilizado pelo sujeito de forma autocentrada, sem levar em conta o outro. Quando a criança percebe que está levando em conta o outro é porque já atingiu a etapa de escolha objetal. Ao chegar nessa fase, já tem condições de alcançar o mundo e de se perceber como pertencente a este universo. Isso mostra que não está alienada, isto é, que pode estabelecer articulações e tem a capacidade de fluir pelas diversas *redes* pelas quais o universo é composto. Fizemos aqui um apanhado de ideias que Freud aprofunda muito em "Introdução ao narcisismo" (1914-1916).

O narcisismo também pode ser pensado de outras formas. O que observamos neste nascer do século XXI é que a produção de sujeitos está se dando em auto-organização em rede, base desse novo momento histórico. É preciso, no entanto, fazer uma distinção. Quando afirmamos uma auto-organização em rede, estamos indo além das redes virtuais caracterizadas pelas novas tecnologias que articulam os computadores do mundo inteiro; estamos enfatizando a *visão ecológica e cósmica* na qual tudo está interconectado, portanto, em rede. Assim se pensa a vida na família, na escola, na sociedade. O narcísico tem dificuldade de perceber-se como um sujeito coletivo, que faz parte de um grupo e tem compromissos com ele. Ao contrário, só quer receber do grupo, mas não sabe dar.

No entanto, a afirmação de que estamos diante de sujeitos completamente narcísicos e desconectados é parcialmente inverdade: eles estão conectados em redes virtuais, e isso nos dá uma ideia de que estão fora do universo social circundante. O que mostra a complexidade do universo em que vivemos. Seria então necessária outra forma de auto-organização no seio do social? Tudo indica que sim.

Esse modo de subjetivação por meio do virtual, novidade de nossa época que não pode ser esquecida, traz um desafio à escola. Lidar com o desejo dessa forma está produzindo no social um efeito que precisa de atenção. O que se espera de uma instituição educativa, que tem a função de transmissão de um conhecimento já adquirido e também de criação de novos conhecimentos e valores, é que não cause no aluno a recusa do que vem da geração anterior, no caso, o professor e demais autoridades escolares. Quando isso acontece, ele se recusa a entrar na vivência de conflitos que permite simbolizar as experiências pretéritas e atuais que vão constituir sua subjetividade, buscando a contínua satisfação de desejos que conduz ao gozo, e isso dificulta a simbolização. Nesse sentido, a escola voltada apenas para satisfazer o interesse imediato ou os desejos superficiais dos alunos está na contramão de qualquer proposta pedagógica que possa surtir como efeito o verdadeiro desejo e o prazer de aprender.

O papel da escola na formação de sujeitos desejantes

Como a escola preexiste ao ingresso dos alunos, primeiramente ela tem de se constituir como escola desejante. Em outras palavras, a escola precisa desejar receber seus potenciais membros: os professores precisam ser desejantes, bem como os funcionários. Nesse contexto, os alunos que adentrarão esta escola serão recebidos de forma que a incorporação, a introjeção, a identificação e a singularização, partes do processo da subjetivação desejante, ficarão facilitadas, encontrando terreno fértil para desenvolver suas sementes. Contexto de natureza biunívoca, isso favorece as relações recíprocas entre seus membros, sobretudo entre professores e alunos. Condição *sine qua non* para a formação do sujeito desejante pela vivência em um ambiente auto-organizado para esse propósito.

O foco da escola pode não estar apenas nos conteúdos que se propõe a ensinar, mas também no modo de adequá-los ao universo desejante das crianças e dos jovens a educar. E esse é sem dúvida um dos papéis da escola: ela precisa ser motivadora. Nesse sentido, é preciso repensar a organização curricular fragmentada e os caminhos a serem percorridos, considerar a organização do espaço escolar, sua abertura para a comunidade próxima e mais distante e a interação entre esses espaços, como parte de estratégias *motivadoras* no sentido de estabelecer um ritmo escolar que propicie a sintonia dos alunos com esse universo desejante, algo de que trataremos no capítulo seguinte.

Porém, antes de tratar de estratégias motivadoras, encerramos este tópico com versos de Goethe, nos quais encontramos elementos para se pensar a singularização do sujeito e como ele se torna desejante:

O que hás herdado de teus pais,
Adquire, para que o possuas,
O que não se usa, um fardo é, nada mais,
Pode o momento usar tão só criações suas. (Goethe, 2004, p. 85)

Detalhemos cada frase.

O que hás herdado de teus pais

Aqui podemos alargar o sentido de *pais* para a cultura, ou seja, a cultura como o conjunto do coletivo no qual vivemos e em que muitas gerações anteriores já viveram e muitas outras viverão. Neste movimento, vê-se a tradição ganhando novas formas que, se entranhando com o novo, vão sempre produzindo novos sentidos. Como na construção de um prédio precisamos dos andaimes, na cultura precisamos considerar a tradição, os andaimes de sustentação que são sempre provisórios, porém dão o arcabouço ao novo. Neste movimento encontra-se a escola como o lugar privilegiado onde acontece o tráfego entre o tradicional e o novo, não como opostos, mas como complementares. A figura do professor, tão importante para os alunos nela se mirarem nessa etapa da vida, carreia todas as possibilidades de criação de um novo que incorpora o antigo. É nessa dinâmica desequilíbrio/equilíbrio, sempre presente, que são gestadas novas formas.

Adquire, para que o possuas

Este segundo trecho aponta para o tráfego das heranças, tanto familiares como da cultura e da escola. Como esse tráfego acontece?

Acontece no intercâmbio de conhecimentos, de afetos, de vivências que acontecem no decorrer da vida e, como queremos salientar, no interior da escola, como um espaço onde ocorre todo esse metabolismo. A escola deve funcionar como um catalisador para que o processo de aquisição se dê, a fim de que o aluno possa apropriar-se dessa herança. Aspecto que vem sendo aniquilado nos dias atuais; parece-nos que nossa cultura adotou uma postura *prêt-à-porter*, ou seja, *pronta para usar*. Nesse sentido, passa-se a ideia de que o corpo, onde as introjeções e as incorporações se dão e onde as singularidades são possíveis, é secundário, pois somente as suas imagens e as suas aparências é que são levadas em conta. Isso é uma roupagem que muda com as estações, com a moda.

O corpo de que estamos falando leva em conta as entranhas, as profundidades, local em que os metabolismos acontecem. Quais são esses metabolismos? Ao se considerar a complexidade orgânica do corpo humano, sabe-se que ele precisa de alimentos para viver e sobreviver, mas como só de pão e água não vive o homem, um outro tipo de metabolismo é detectado: o metabolismo afetivo. Na cultura de roupagem, esse segundo tipo de metabolismo vem sendo eclipsado na construção do sujeito desejante. O sujeito desejante é aquele que leva em conta o conjunto dos andaimes, que são formas primordiais na construção de seu próprio edifício. Quando esses andaimes são dispensados, logo as rachaduras e as cisões na estrutura aparecem, e quando a sociedade se organiza nesse grau de aparências, de que tudo é feito para ser usado instantaneamente, logo percebemos que ela não considera o próximo como fonte de transmissão e de troca de elementos. Ela se torna, assim, superficial e narcísica.

O que não se usa, um fardo é, nada mais

Ou seja, muitas coisas vividas na escola são apropriadas pelo sujeito de uma forma singular. Evidentemente, cada aluno vai apropriar-se de muitos elementos da cultura de modo diferente do outro. Aqui falamos do universo desejante, do universo dos pendores e dos talentos, e cada um vai absorver a seu modo o que é oferecido. Muito do que a escola oferece, embora necessário, pela maneira como é tratado, acaba sendo transformado em fardo, na medida em que não se coaduna igualmente com o universo desejante do conjunto de alunos. O currículo deve ser pensado em função da oferta dessas experiências no sentido de o aluno vivenciá-las e descobrir-se naquilo que faz sentido para ele, e não como uma obrigação igual para todos. Por outro lado, o que observamos hoje é que os alunos vivem como fardo situações exigidas que não favorecem a descoberta de seus pendores e seus talentos.

Pode o momento usar tão só criações suas

Este trecho possibilita pensar as etapas da subjetivação e o que vai transformar o sujeito em sujeito desejante. Quatro são essas etapas: incorporação, introjeção, identificação e singularização.

A *incorporação* é colocar dentro de si, tanto no sentido simbólico quanto metafórico, tudo que herdaste dos pais e da cultura. Nesse aspecto, a escola é um dos principais vetores em que o processo de transmissão dessa herança é veiculado. Nesta etapa, o que está sendo internalizado é ainda muito indiferenciado. No universo da criança, os pendores e os talentos estão em potência. Muito precisa ser polido pelos pais e pela escola, que tem também importante papel complementar.

Na etapa seguinte, *introjeção*, muito do que estava sendo polido agora já pode ser elaborado, de modo a levar a criança a descobrir e formular em palavras todo um conjunto de afetos já interiorizados, mas ainda sem possibilidade de expressão verbal. O que significa que somente quando o sujeito consegue exprimir verbalmente ele acessa o universo simbólico. E facilitar esse processo de simbolização das experiências é também função importante da escola, porque enquanto a criança ou jovem não consegue mapear as suas experiências afetivas e dar nome e sentido a elas, não caminha na direção da simbolização, isto é, no caminho da sua auto-organização como sujeito. E é isso que vai garantir o amálgama social que provém do universo da linguagem por gerações e gerações, construído através dos tempos.

Nessa terceira etapa, a *identificação*, todo o universo que foi incorporado e introjetado, numa dinâmica complexa e recorrente, poderá ter possibilidades de elaboração. Assim, é nesse momento que uma interioridade se manifesta. Pais e professores podem começar a perceber que a criança tem um universo desejante e pulsante, que começa com o seu nascimento imerso em sua cultura, o caldo para que esses desejos possam se constituir, e está em condições de estabelecer relações e conexões, graças à conquista da linguagem, de modo que é possível a compreensão dos limites e a percepção de pendores e talentos.

Quando o sujeito chega a essa percepção, ele entra na última etapa do processo: a *singularização*, que consiste na apropriação de todos os momentos anteriores em que esse processo é digerido para formação de uma singularidade de si mesmo, o que continua sempre em movimento. Ao mesmo tempo que se descola do recebido e apropriado, de modo a criar-se a si mesmo, é capaz de contribuir com a modificação do ambiente ao seu redor e também de dar prosseguimento a esse processo de perene mudança. Neste momento de pluralidade, surge sua singularidade.

Nesse universo desejante estão as bases da motivação e do interesse para aprender.

8. Motivação, motivo, interesse

A tarefa do educador não é, simplesmente, a de construir sobre desejos existentes, mas a de mostrar o que vale a pena desejar, de tal modo que isto crie novos desejos e estimule novos interesses.

Hannah Arendt (citada por Almeida, 2011)

Acabamos de ver a relação entre necessidade e desejo. Hannah Arendt nos incita a falar da relação instigante entre desejo, motivação e interesse, termos que, relacionados no ambiente formal da escola, têm feito da motivação para o aprender uma pedra angular. Esse fenômeno se manifesta de modo predominante como falta de interesse dos alunos para com o aprendizado dos conteúdos escolares, com as práticas educativas monótonas, ou até mesmo com professores que não sabem criar uma dinâmica desejável na sala de aula. Curiosamente, é muito comum ainda ver a escola e os professores colocarem sobre os alunos e a família a responsabilidade por essa falta interesse em aprender. Isso mostra um olhar para fora, ou a falta de um olhar interior.

Ao acompanhar a evolução do conhecimento, fato que nos envolve em contexto dinâmico, e com base em nossas vivências como profissionais da educação e da saúde, vemos que essa questão não é bem assim. Essa abordagem é simplificadora, e a questão carece de maior abrangência.

Queremos mostrar aqui que o desejo pelo aprender escolar não tem mais a ver só com a força da didática do professor, mas tudo a ver com uma visão de mundo, de ser humano, de educação que deve permear o projeto de educação para o país e que se concretiza na unidade escola. Tem a ver com a intenção da qual decorre o propósito educativo para o mundo atual, com a organização e o planejamento coletivo do currículo, ou dos caminhos a serem percorridos, com a metodologia de ensino, com a seleção dos conteúdos, de técnicas, de organização de atividades, com o processo de avaliação e, fundamentalmente, com os tipos de relação que se estabelecem entre os sujeitos envolvidos no processo de ensino-aprendizagem no ambiente escolar. Por isso, envolve também os funcionários, os pais e os membros do entorno, que hoje inclui o ciberespaço.

Pelas inúmeras experiências pedagógicas que já ocorreram no país, e continuam a ocorrer, aliadas ao desenvolvimento da ciência nas áreas da saúde e da educação, já está demonstrado que não é correta a postura de responsabilizar só os alunos, ou só os professores, ou só os pais pelo problema da falta de motivação, de interesse ou de desejo pelo aprendizado. Trata-se, mais profundamente, de um problema de organização, ou melhor, de auto-organização de um projeto de instituição escolar, nas suas várias dimensões. É pensar sobretudo como esse ambiente pode propiciar e introjetar no sujeito a possibilidade de apropriação de auto-organização singular. Articulação, no sentido de que as ações deixem de ser fragmentadas, é a medida para que tudo se faça e passe a funcionar de modo conectado, em função de uma intenção e um propósito claramente definidos e assumidos por todos. Intenção e propósito têm tudo a ver com motivação. Intenção é a base da criação, propósito é o impulso de alcançar o que se deseja.

Motivação: um estado de tensão

A motivação é tida como um estado de tensão que impulsiona o indivíduo a agir a fim de preencher uma carência ou uma incompletude sentida que se manifesta como necessidade ou desejo. "Desejo é uma representação que ocupa o lugar de uma falta" (Paim, 2012, p. 62).

Não existe conduta sem motivação, seja ela consciente ou inconsciente, é o que nos ensinam a psicologia e a psicanálise. Assim, toda conduta tem um motivo ou razão/afeto que move a ação. Atribuem-se, portanto, explicações para o agir que muitas vezes são disfarces de um motivo realmente subjacente. Múltiplas são as variáveis que podem estar atuando por trás do comportamento do sujeito em dado momento, na sua busca pela satisfação de suas carências ou incompletudes, o que revela a complexidade deste constructo.

A propaganda e a publicidade, a partir de estudos sobre motivos da ação, são hábeis em explorar essa particularidade, sobretudo em explorar desejos e necessidades inconscientes a fim de induzir o sujeito consumidor a agir sem que se dê conta disso. Aquele que consome pensa estar agindo por livre escolha, sem perceber que está sendo induzido a isso. Essas áreas especialistas em marketing são criadoras de desejos a partir de necessidades, a fim de levar o indivíduo ao consumo de bens oferecidos pelo mercado. A educação é uma área que também tem, em si, o potencial de criar desejos, porém com outros propósitos. A escola, com seu projeto pedagógico, a gestão escolar e, mais diretamente, o professor, aparecem como catalisadores de necessidades e desejos para o aprender. É preciso que se conheçam os mecanismos da motivação/interesse.

As teorias da motivação

As teorias psicológicas da motivação apontam dois tipos de motivação: extrínseca e intrínseca. A primeira, um dos pilares da teoria comportamental, também conhecida como teoria do condicionamento, tem os estímulos externos, isto é, os que vêm de fora, como fatores incentivadores, a partir da relação estímulo-resposta. Na primeira metade do século XX, recompensas e punições foram muito empregadas como forma de controlar o comportamento humano e a aprendizagem, cuja meta era o resultado, portanto, a avaliação expressa em números. Tais estímulos são tidos como incentivos à ação, porém não garantem a manutenção do comportamento.

A motivação intrínseca segue outra vertente, que explora as limitações do recurso aos estímulos exteriores e encontra nos fatores internos ao sujeito a fonte da verdadeira motivação: a curiosidade, a vontade de saber, o prazer de compreender e/ou tudo aquilo que traz ao indivíduo uma real satisfação interna. Na escola, a preocupação torna-se não tanto a nota, mas o desenvolvimento de suas qualidades que levam à autorrealização.

Hoje, vemos esses dois motivos, externos e internos, como recursivamente interatuantes, podendo sua combinação ser explorada na condução do processo de aprendizagem. Uma grande questão que se levanta é se o ensino deve fazer uso de prêmios e punições para garantir a aprendizagem. O que nos mostra a prática é que se pode despertar o interesse por estímulos externos potencialmente incentivadores, mas, para mantê-lo, é preciso ir mais fundo na natureza da subjetividade do educando. No entanto, a dinâmica dessa combinação é bastante complexa, porque envolve um jogo de desdobramentos, ou seja, não existe um externo totalmente externo nem um interno totalmente interno, ambos estão em contínuo intercâmbio.

Para explicitar esse desdobramento, tomemos a curiosidade como exemplo. A curiosidade se manifesta por algo presente na cultura, portanto, antes de ser subjetiva, ela pertence ao universo da cultura. Nascemos mergulhados na cultura, mas cada um tem uma forma peculiar de apreender a curiosidade, o que faz uma grande diferença. A cultura aqui é um "externo" e a subjetividade é um "interno". Porém, isso é apenas uma forma didática para chegarmos a uma compreensão mais profunda, pois no âmago da questão do desdobramento não existe a possibilidade de uma separação radical entre subjetividade e cultura. Ambas estão em perene báscula, isto é, em movimento recorrente. É assim que a subjetividade tem a condição de metabolizar a cultura e digeri-la, e posteriormente essa própria elaboração na subjetividade volta para a cultura e a transforma.

No decorrer do desenvolvimento e em virtude de múltiplas vicissitudes, a curiosidade vai ganhando diversas dimensões, sendo a mais perigosa o seu recalcamento, por falta de estimulação ou até mesmo por reprimendas. Tanto na família como na escola, o entusiasmo deve ser cultivado, pois por meio dele a curiosidade pode vicejar. Isso mostra como o entusiasmo não é um dom natural, mas algo que precisa ser cultivado, tanto na subjetividade como na cultura. Com isso, queremos mostrar que aquilo que é interno também um dia já foi externo e se tornou interno por um processo de metabolização, isto é, de assimilação/digestão de conteúdos da cultura. Observa-se aqui um movimento de construção/desconstrução sucessivo e recorrente entre o externo e o interno no processo vital. E no processo de ensino-aprendizagem, o que os alunos estão metabolizando?

Essa dinâmica não é totalmente desconhecida aos profissionais da educação familiarizados com as ideias de Bruner, Piaget, Wallon, Ausubel e Vygotsky, entre outros, que postulam ter a motivação profunda – aquilo que estamos chamando de entusiasmo – relação com o nível de organização cognitivo/afetivo do ser que aprende. Postulam também que, à medida que a cognição estrutural e funcionalmente vai ganhando configurações mais avançadas, atingem-se níveis mais elevados de auto-organização dos conhecimentos construídos na interação com o meio. Assim, à medida que certo domínio já foi conquistado, é momento de abster-se de premiações imediatas e externas à ação em favor de recompensas inerentes à solução de problemas e à realização da tarefa em si. Por outro lado, a discussão em torno desse tema aponta que é de fundamental importância que a recompensa imediata a um bom desempenho do aluno seja substituída por uma recompensa em prazo mais distante e mais abrangente, pois é necessário que se projetem horizontes mais longínquos para que se possam criar nele objetivos e interesses mais profundos, como aponta a epígrafe de Arendt. Dessa forma, não se tem em mente somente a instrução imediata, mas, com planos de médio e longo prazo, a formação de pessoas integradas.

Saber lidar com essa dinâmica motivacional depende de todo o arcabouço que sustenta a organização do projeto pedagógico, a sua gestão, a sensibilidade do professor e o compromisso e o apoio da família, entre outros acertos, todos embutidos dos fatores motivacionais intrínsecos.

Aprendizagem: condição inerente ao homem

A principal característica do ser humano é o fato de ele *aprender a apreender* o que está na cultura, e isso vem do desejo inerente de conhecer. Este é basicamente o primeiro motivo intrínseco a ser considerado. E é o que ele aprende e apreende da cultura que, por um processo metabólico, retorna à cultura e a transforma.

Natureza e cultura apresentam uma relação recursiva, o que põe em questionamento a disjunção entre o que é inato e o que é adquirido. Como revela a psicologia de cunho social, *a aptidão para adquirir é uma aptidão inata para adquirir aptidões não inatas.* Inato e adquirido se apresentam, pois, como complementares, e não mais como antagônicos como se acreditou no passado e muitos ainda continuam a acreditar. Característica tão integrada à nossa constituição humana, essa capacidade, ao lado da curiosidade, é um desejo espontâneo de contínuo aprendizado. Consequentemente, há interferência do ambiente no desejo de aprender.

Por que ainda é difícil acontecer o desejo de aprender na escola?

De início, uma questão a ser analisada é o fato de a escola demonstrar não ter domínio de como lidar bem com a vontade de aprender. A vontade de aprender vem pela curiosidade. Motivo intrínseco fundamental, pois vem de "dentro" e precisa articular-se com o "mundo de fora". Uma das respostas mais indicadas para essa vontade diz respeito ao aprender pelo *fazer* – hoje se fala em *cultura "maker"* (de "fazedor") –, o ensinar por meio do fazer e da experimentação, ideias que já vêm lá de trás, com Dewey (ver Doll Jr., 1997), mas ainda não devidamente metabolizadas pelos currículos escolares.

Contudo, muitas possibilidades podem ser levantadas, e os profissionais da educação devem sempre refletir sobre essa curiosidade impulsionadora.

Uma das hipóteses é pensar a escola como um ambiente que tome o ato, inicialmente quase espontâneo e involuntário, de aprendizagem e o transforme naquilo que reconhecidamente Jerome Bruner (1971) chama de um ato de "vontade educada" para o aprender. A vontade precisa ser treinada. O que significa que, de um lado, a escola precisa, sim, ser um ambiente que trabalhe a disciplina para atuar na vontade, mas, de outro, precisa ser criativa e impulsionadora dos interesses. Algo que aparentemente a escola trata apenas como um paradoxo de difícil conciliação. Porém no paradoxo, em seu verdadeiro sentido, o antagonismo e a complementaridade convivem produzindo novas formas, que podem ser tanto positivas quanto negativas. Isso corrobora a ideia de que a escola precisa ser um sistema aberto, isto é, saber acolher os paradoxos e transitar por eles, pois é nessa busca de equilíbrio entre os opostos que se encontra a verdade. Isso caracteriza a dinâmica de sistemas abertos.

Na contemporaneidade, ao não agir dessa maneira, a escola torna-se um ambiente artificial do aprender: limita a espontaneidade, arregimenta-se em regras disciplinares, no mais das vezes rígidas, distancia-se dos conteúdos de interesse próximo ao vivido no cotidiano da comunidade local, e hoje do espaço virtual, e parece não se fundamentar nas questões relacionadas ao *prazer de aprender*. Isso quando não cai no extremo do espontaneísmo e do superficialismo, ao tentar seguir o que está na moda. Se esse modelo funcionou durante muito tempo, parece não mais responder aos anseios de crianças e jovens. A escola, assim, passou a ser vista como "chata".

E o que virá após a pandemia?

Mais que antes, falar em fatores motivacionais extrínsecos e intrínsecos requer superar a visão dicotômica de ambos como elementos opostos, pois pelo movimento dos desdobramentos eles se configuram de forma complementar. Assim, a curiosidade não deve ser somente vista como um elemento intrínseco da subjetividade, mas como uma construção decorrente também das articulações com o meio ambiente. Em outras palavras, das estimulações que o ambiente oferece, ou deixa de oferecer. *Isso reflete exatamente a passagem do pensamento simplificador para o pensamento complexo.*

Já vimos que os motivos intrínsecos - aqueles relacionados à essência da natureza humana - crianças e jovens levam consigo para o ambiente escolar, bem como levam alguns já construídos e reforçados até mesmo por meio de prêmios e castigos. Quando chega à escola, a criança traz consigo a virtude da curiosidade - considerada o grande motivo impulsionador da ação, senão o fundamental no ato de aprender - fortalecida ou empobrecida. Ela é a base do despertar da atenção para algo que, no ambiente, aparece como novo, diferente, estranho, ambíguo, que gera dúvida, incerteza, algo incompleto, obscuro, paradoxal ou problemático e que necessita de resposta. Mais ainda, é ela - a curiosidade - a grande responsável pela manutenção da atenção concentrada até que se conclua a busca e se chegue à resposta conclusiva. É este o fator que, em princípio, gera a *tensão* necessária para impulsionar a ação. Porém, quando não devidamente orientada e direcionada - aqui entram os ambientes escolar e familiar -, a curiosidade pode conduzir à distração/dispersão. A curiosidade exagerada, ou seja, quando a criança se interessa por tudo e não se aprofunda em nada, pode levar a desatenção ou incapacidade de concentração, hoje muito confundida com transtorno de déficit de atenção e hiperatividade (TDAH). Disso resulta a importância de entender o *poder da tensão* no processo de aprender, e de não querer poupar os alunos dessa vivência, de valor na construção da subjetividade.

Como gerar interesse: a tensão

Piaget (1967) e sua teoria da equilibração são um bom começo para pensar essa questão. Esta tensão defendida pelos psicólogos e também pela psicanálise encontra em Piaget uma explicação biológica, ao elaborar sua teoria sobre o desenvolvimento do sistema cognitivo, nas primeiras décadas do século XX. Explicação atualmente sustentada pelos biólogos Maturana e Varela (2001) e mais recentemente por Lipton (2007), constitui-se em um dos fundamentos da teoria da complexidade. No texto "Psicanálise e complexidade: uma conexão possível" (1999) Alcimar aborda como o pensamento complexo já estava presente no nascedouro das formulações psicanalíticas, como podemos ver claramente em "Além do princípio do prazer", em que Freud (1920) trabalha elementos articulados de várias disciplinas para melhor compreender os pilares da psicanálise. No artigo, Alcimar produziu uma ponte, uma transdisciplinaridade entre a psicanálise e o pensamento complexo.[1]

Piaget, um biólogo sintonizado com as mudanças paradigmáticas do início do século XX, na busca de compreensão do organismo vivo como um sistema aberto, parte da hipótese de que a abertura ao desenvolvimento requer mantê-lo em contínuo processo de equilíbrio/desequilíbrio/reequilíbrio, o que acontece com a presença do que ele chama de "perturbação" provocada pelo ambiente. Este precisa apresentar algo que rompa com a estabilidade do sujeito, que o perturbe *em grau desejável* a fim de provocar o desequilíbrio necessário que o impulsione à busca de um novo equilíbrio e/ou reequilíbrio. Isto corresponde a uma necessidade intrínseca de lidar com o ambiente e as estimulações que esse meio oferece. Estratégia pouco explorada na educação escolar.

1 Edgar Morin solicitou este texto a Alcimar, que o apresentou no Congresso Interlatino para o Pensamento Complexo, realizado no Rio de Janeiro em 1998.

Ao elaborar o estudo sobre a organização da estrutura cognitiva, Piaget a considerou um sistema aberto às influências do meio e não apenas uma estrutura - um QI - geneticamente determinada, portanto fechada. Em outras palavras, pronta e acabada. Não! Como biólogo, percebeu como o ambiente exerce influência sobre a organização dos sistemas vivos. Do seu estudo sobre as mudanças que ocorrem com os camaleões nas trocas com o ambiente, surge sua abordagem interacionista sobre a construção da estrutura cognitiva, também conhecida como construtivista. Nessa perspectiva a estrutura cognitiva muda, isto é, modifica-se quando algum elemento diferente, não conhecido, perturba a sua organização equilibrada, ao que o sujeito responde com a busca de resposta capaz de lhe proporcionar novo equilíbrio. E, lógico, se ele *não* responde, por insegurança ou medo, pode reforçar aspectos não desejáveis em sua afetividade/cognitividade. É da primeira maneira que o interesse e o desejo de aprender o novo pode vir a acontecer, desde que haja no sujeito, e no ambiente, as condições propiciadoras para a reequilibração. Quando uma nova tecnologia surge e desafia o sujeito a dominá-la, desperta o desejo de conhecê-la, saber como funciona e como usar. Numa aula do ensino da língua para os anos iniciais, por exemplo, como escrever uma mensagem no WhatsApp convidando os amigos para o aniversário na escola pode ser algo desafiador.

O desafio

O fato de o ser que aprende sentir prazer em responder ao desafio de incorporar novos conhecimentos em sua estrutura cognitiva, constitui outro fator intrínseco reforçador do desejo de aprender, o que o conduz a um processo contínuo de domínio e competência na construção do saber. Nesse sentido, a competência passa a funcionar também como elemento alimentador do interesse em cultivar a aprendizagem. A pessoa *se sente bem* em se perceber competente, com domínio do *saber*, do *fazer* e do *saber fazer* algo. Isto aponta para a consideração da afetividade no ato cognitivo. Estudos recentes estão cada vez mais apontando a integração da cognição e da afetividade como uma unidade funcional e sistêmica, a partir da compreensão do organismo humano como um todo (Damásio, 2018).

Todavia, esse processo não é tão simples assim. Mais uma vez deparamos com a complexidade do ensinar e do aprender. Sabe-se que a tensão é geradora de interesse, mas desconhece-se o grau de intensidade de tensão favorável para os sujeitos da aprendizagem, bem como o que especificamente pode provocar esse desequilíbrio perturbador construtivo em alunos diferenciados em experiências, ritmos e estilos de aprendizagem, em um modelo de ensino que não considera que os alunos na classe são diferenciados. Também não se tem estabelecido o momento certo de introduzir os elementos desestabilizadores que podem levar a esse estado desejável de tensão que conduz ao interesse de aprender. Em tese, antes de iniciar esse processo parece ser um dos momentos mais indicados para provocar este estado de tensão, mas isso não impede que aconteça durante o percurso. Fazer experiências pode ajudar nesse sentido, pois no decorrer do processo o exercício vai indicando outras oportunidades de provocar e manter o interesse no caminho para a construção de práticas efetivas de ensino-aprendizagem. O trabalho com experimentação a partir de observações contínuas é condição para construir uma pedagogia criativa.

A situação-problema: fator perturbador/ desafiador

Para Doll Jr. (1997), segundo o pensamento de Dewey, quando a criança (ou jovem) percebe que o que se deseja ensiná-la tem relação com um todo, nasce o interesse. E se esse todo lhe diz respeito - portanto, é significativo - ou o seu movimento a coloca em contato com esse todo, aquela coisa ou atividade passa a interessá-la.

Isso mostra como o projeto pedagógico, e o professor em sala de aula, precisam criar situações significativas que mobilizem o esforço do aluno para seguir um percurso de aprendizagem. Sim, porque fazem parte da vida situações que exigem esforço para resolvê-las. É preciso saber aproveitar os *inputs* que vêm dos alunos e integrá-los ao processo.

Um problema, do mais simples ao mais complexo, tem essa dimensão de integralidade capaz de mexer com a sensibilidade do aluno ao colocá-lo em contato com uma situação de incompletude que precisa ser resolvida. Isto é, dar um fechamento a esse todo que lhe faça sentido - uma *Gestalt*: um quebra-cabeça é um bom exemplo. Muitas evidências, incluindo as obras de Piaget e mais tarde Bruner - e confirmadas hoje pela neurociência -, seguem a linha de raciocínio de que esse é o caminho da verdadeira motivação. Ela traz o sentimento de *realização*, outro motivo intrínseco, diferentemente da execução de tarefas mecânicas, que não leva a esse sentimento porque não alcança nem alavanca a subjetividade do ser em sua profundidade. Desde os primórdios do século XX, Freud (1900) enfatiza a realização de desejos como pilar para a satisfação da existência humana. A cultura se produz e se tece nesse contexto.

Rubem Alves (2014) foi um grande crítico de nossa escola por não estimular o aluno a pensar a partir de situações-problema. Sua grande inquietação é ver que nem mesmo a disciplina de Ciências faz esse tipo de estimulação: tudo é passado para o aluno como problemas já resolvidos. Ou, quando muito, como problemas com algoritmos estabelecidos para a solução, cujo procedimento já é do conhecimento do aluno. Assim, observa-se que a escola segue o caminho de dar respostas aos alunos que desconhecem as perguntas.

Um grande defensor do estudo de problemas é Edgar Morin, que o considera condição para o desenvolvimento do pensamento complexo ou da inteligência da complexidade, exatamente porque o problema tem essa dimensão de conjunto, que necessita de abordagem multidimensional. Ele desafia a inteligência na busca de integração da totalidade – juntar as partes e compor o todo, como em um quebra-cabeça, é uma forma de estabelecer pontos de interconexão entre os saberes, base da visão sistêmica que considera a dinâmica entre o todo e suas partes na construção do conhecimento. Essa visão é conhecida como transdisciplinaridade. Trabalhar com projetos é uma nova atitude que organiza os conhecimentos de modo inter-, multi- e transdisciplinar.

Para Morin (2008), o problema tem a qualidade de representar questões-chave do mundo, ou da vida humana, mesma preocupação de Jerome Bruner (1971) ao desenvolver sua teoria de aprendizagem em meados do século XX. Assim, o problema tem de ter a dimensão de universalidade, portanto, da complexidade. Não é qualquer problema do cotidiano que responde a essa exigência. Um bom problema, que pode ser apresentado sob a forma de pergunta, é aquele para o qual a resposta não pode ser simplesmente "sim" ou "não". Se entre essas opções a pergunta suscitar um "talvez", isso gera a dúvida, e esta, por sua vez, provoca no sujeito uma estranheza capaz de mobilizá-lo à busca. Um dos problemas fundamentais da humanidade hoje diz respeito à sustentabilidade do meio ambiente, por isso a importância de estudos a partir de situações-problema sobre ecologia.

O poder da tensão, desconhecido ou ignorado

Observamos que os pais parecem viver um momento cultural em que estão muito mais voltados a não gerar tensão nas crianças e nos jovens, e parecem exigir essa mesma postura da escola e dos professores. Essa atitude pode ser observada no ato de dar tudo pronto aos filhos e de não exigir muito dos alunos, não sabendo assim impor limites. É a superproteção. Desconhecem o poder da criação de estados de tensão como fator gerador do desenvolvimento cognitivo e do amadurecimento psíquico. O ser humano necessita de um ambiente em que existam diferentes vetores de força, inclusive contraditórias e paradoxais, a fim de aprender a circular nesses campos de intensidades. É isso que vai proporcionar um bom metabolismo do que se absorve tanto do exterior/social quanto do interior/subjetivo.

A criança, desde muito cedo, ainda bebê, experimenta essa tensão pela busca incessante de satisfazer suas necessidades e de explorar o ambiente. Por exemplo, quando ela chora de fome, demonstra essa tensão não só pela busca do alimento com também de outros elementos auto-organizadores. Quando a mãe acena com um brinquedo para o bebê que engatinha, ela gera essa tensão na criança, que, ao desejar alcançar o objeto, sai engatinhando em busca do que lhe chama a atenção. A "idade dos porquês" é outra demonstração clara desse interesse espontâneo em conhecer seu mundo. Por trás da pergunta há uma tensão que a impulsiona à busca por resposta sobre aquilo que lhe é obscuro e deseja entender. Etapa pouco compreendida por pais e professores, logo essa curiosidade vai sendo reprimida.

Nessa fase ainda graciosa, tudo parece simples e bonito, mas não se percebe que por trás existe a tensão. Um pouco mais tarde, ou em outras circunstâncias, os adultos pensam em poupar as crianças dessa energia impulsionadora do desenvolvimento. Passam a vê-la como fonte de sofrimento, o que não é verdade. Pelo contrário, se bem resolvida, ela traz prazer. Lógico que não se deve fazer apenas dos problemas, e de qualquer tipo de problema, a fonte do desenvolvimento. Porém, essa via não pode nem deve ser descartada.

A educação da vontade não se faz sem regras

Fator que precisa ser objeto de reflexão para os educadores em geral, pais e professores, é a importância de saber lidar com as regras. A motivação necessita de disciplina e a disciplina necessita de regras. Por exemplo, a fim de auxiliar na atenção concentrada em algo, necessário se faz criar limites claros e definidos para os alunos, ou seja, para as crianças.

Mas o que são limites e regras claros?

Isso não se refere a proibir os sonhos e os devaneios, que são a base da vida, por isso não confundir regras claras com regras rígidas. As primeiras levam a uma integração da subjetividade com a cultura, e as segundas produzem cisões tanto na subjetividade como na forma de captação e de convivência com a cultura. Uma terceira possibilidade é a submissão a um ambiente em que reinem regras despóticas.

Por regras claras queremos dizer aquelas que têm sua validade para todos nas mais diversas circunstâncias e não estão sujeitas às variações de interpretação. Para exemplificar melhor, as regras claras devem ser claras para todos. Na escola, tanto para o corpo discente como para o docente e para a equipe de funcionários e gestores. Na família, para todos os seus membros, sabendo que hoje a família pode ter várias configurações. Não havendo essa consonância, cria-se terreno fértil para as mensagens ambíguas, que tanto dano causam à construção da auto-organização psíquica de crianças e adolescentes em processo de formação. E é exatamente isso que preocupa na educação de hoje, que demonstra dificuldade para lidar com os limites e oferecer referências. Este é o componente mais sério.

As regras devem ser dinâmicas, podendo até ser mudadas, porque a realidade está em movimento. Isso indica a necessidade de revisões que se façam oportunas, mas que devem contar com a participação coletiva, incluindo os alunos nas decisões, pois é uma questão que trata de elemento vivo do social. É a vivência da heteronomia.

E, na sua ausência, levanta-se a questão da anomia, ou seja, da ausência de regras. Esse é o maior perigo, porque, principalmente na adolescência, desobedecer às regras faz parte do processo de desenvolvimento emocional. É uma busca de encontrar-se a si mesmo e de definir a sua identidade. Em um ambiente em que não haja regras claras a que o jovem possa se contrapor, isso tem como consequência a dificuldade na criação de referências. Outro perigo é que, não havendo regras claras nas escolas, os adolescentes podem se refugiar nas ruas ou em ambientes onde as regras são despóticas, podendo ser capturados pelo mundo da violência, da criminalidade e das drogas.

9. Escola desejante: ritmos e regências

Escola desejante é escola em movimento. Porque vida é movimento. Movimento ritmado. A vida é estruturada em ritmos.

Para entender metaforicamente a dinâmica da noção de movimento, recorremos à imagem de um brinquedo: o caleidoscópio.[1] Muitos devem saber o que é um caleidoscópio, mas pensamos que

1 Aqui trazemos a descrição de nossa lembrança desse brinquedo, mas também a que oferece o Google: "Caleidoscópio ou calidoscópio (derivado das palavras gregas καλός - *kalos* = belo/bonito, είδος - *eidos* = imagem/figura, εσκοπέω - *scopeo* = olhar (para)/observar) é um instrumento óptico de formato cilíndrico, de cartão ou de metal, com o fundo de vidro opaco e, no seu interior, são colocados pequenos fragmentos de vidro colorido e três espelhinhos. Ao nos colocarmos diante da luz e observarmos o interior do tubo, através de um furo feito na tampa e rolando o objeto lentamente, assistimos a belos e agradáveis efeitos visuais: a cada movimento, formam-se combinações variadas de desenhos simétricos e sempre diferentes. Isso ocorre por causa do reflexo da luz exterior nos pequenos espelhos inclinados que se multiplicam e mudam de lugar a cada movimento feito pela mão".

muitos nunca viram nem mesmo tiveram contato com esse tipo de brinquedo.

Em nossa lembrança de infância, era um canudo de papelão aberto nas extremidades, com vidro opaco na base e um furo (visor) na parte superior, por onde se olhava o seu espaço interno: um jogo de espelhos e um conjunto de pedrinhas coloridas e transparentes ao fundo protegidas por uma camada de vidro. Olhando pelo visor diante da claridade e girando-o com as mãos, observa-se que essas pedrinhas se movem e projetam no jogo de espelhos um desenho, uma figura/forma organizada. Com o caleidoscópio imóvel, a forma permanece estática, mas, à medida que você gira, o desenho vai se desfazendo e aos poucos dando origem a outra configuração. No movimento giratório contínuo, observa-se o fazer/desfazer e o refazer de outras composições, sem repetir os mesmos desenhos, cujo efeito visual é superagradável. No entanto, se no caleidoscópio as mudanças parecem ocorrer de maneira aleatória, não é assim que acontece no universo, no qual, além disso, o movimento é constante.

Ao pensar o universo, imaginemos seu movimento espiralado, lembrando que nele há sempre um propósito orientando sua direção. Pela imagem caleidoscópica, é possível imaginar o movimento da vida em seu processo transformador: qualquer forma estabelecida vai pouco a pouco se desmanchando e dando lugar à manifestação de outra forma organizada. Quando se pensa que apreendemos a imagem pelo movimento, ela já é outra. É só ver o céu com suas nuvens mudando de desenho de momento a momento. Assim, é possível perceber que o movimento é expressão de uma potência, de um vir a ser. Em outras palavras, ilustra-se aí a imagem da dinâmica ordem/desordem. Em todos os organismos vivos este fenômeno acontece: uma dada ordem – forma organizada – pelo movimento vai se desfazendo e compondo novas organizações. Nós mesmos estamos continuamente nessa dinâmica, embora aparentemente tudo pareça igual e só de vez em quando percebamos que algo em nós mudou.

Vejamos um exemplo no âmbito social: quando só o homem votava, a mulher submissa marcava uma ordem eminentemente patriarcal. No momento histórico em que houve um despertar da consciência para que a responsabilidade social fosse dividida entre homens e mulheres, o movimento sufragista começou um processo de transformações em que a paridade entre homens e mulheres pôde ficar mais aparente, desejada e buscada. Isso trouxe à vida social outra dinâmica, mais complexa, na relação entre os sexos. A princípio, a mudança de usos e costumes deu a sensação de implantação de desordem, enquanto hoje isso já se configura como uma ordem mais estabelecida, mas não acomodada, portanto em movimento, que segue sofrendo suas alterações, pois temos aí apenas a evolução humana alcançando transitivamente outros patamares de configurabilidade.

Do mesmo modo que isso acontece na composição da vida social, em seu conjunto, acontece no organismo humano, que continuamente passa por metamorfoses, não só no físico e no fisiológico, mas também na cognição, na emoção, na afetividade e na subjetivação. Assim são as crianças, que no dia a dia vão sofrendo mudanças próprias do processo de desenvolvimento, provocadas também pelos estímulos que os ambientes social, familiar e escolar oferecem.

É por isso que, ao pensar na possibilidade de se transformar a escola em espaço desejante, postulamos o desejo como uma potência pulsante no sujeito que pode produzir, tal qual o caleidoscópio, a orquestração de novas vicissitudes: a variabilidade, a instabilidade e as mudanças comportamentais promotoras de novos rumos no social. Essa orquestração nos permite mergulhar na questão do ritmo, tão fundamental para a pulsação da auto-organização de qualquer organismo vivo. Orquestração tem tudo a ver com ritmo.

Ritmos e regências

O ritmo é a base da vida, em todos os reinos. Não existe organismo vivo que em seu processo dispense o ritmo para que ocorra sua auto-organização. Podemos tomar como exemplo o reino vegetal, mas o mesmo acontece nos reinos animal e humano. Se o adulto pode às vezes quebrar seus ritmos, aguentando as consequências, para a criança isso é prejudicial. Quanto mais rítmica é a vida da criança, mais ela tem um desenvolvimento saudável. No transcorrer do dia, o ritmo na organização das atividades e das tarefas deve acontecer na família e na escola.

Por isso, repensar a escola para o século XXI é colocar-se diante da vida em movimento e de seus ritmos. Há movimentos e movimentos. Há aqueles de ritmo lento, os de ritmo rápido e os que seguem ritmos intermediários. É bom lembrar dos movimentos caóticos, e na escola, assim como na sociedade, costumam aparecer esses casos, que são os mais difíceis de se trabalhar porque são mal interpretados, na medida em que são vistos como aqueles que devem ser reprimidos e jamais ganhar expressão. No entanto, a expressão do caos é fundamental para que novas formas surjam.

Muito há para se dizer sobre a vida e seus movimentos. Muito além do ritmo na visão musical, tomamos como referência o ritmo do movimento do universo. O ritmo que diz respeito ao que está intimamente relacionado à organicidade orquestrada que produz vida. Portanto, muito ligada às regras e à auto-organização da vida subjetiva, individual ou coletiva. Assim, escolhemos focar a importância dos ritmos pelo seu papel na auto-organização da estruturação e dos movimentos do corpo, começando por explorar a ideia de que, para a auto-organização, é preciso adentrar o campo da sintonia.

A sintonia acontece em vários planos, desde a interioridade do sujeito até suas manifestações nas relações sociais, que ocorrem também no espaço escolar. Isso indica que toda a dinâmica da escola precisa ter um ritmo e uma regência organizada, bem como a vida familiar.

Toda composição do organismo vivo tem como intenção/propósito a integração/desintegração. É nesse sentido que todas as células executam suas funções. Quando isso não acontece, há quebras de ritmos com consequências na saúde física e também na organização da subjetividade, conhecidas como cisões. Nós, humanos, somos células organizadoras da vida social e temos funções que, quando não bem articuladas, rompem com o seu equilíbrio. Vejamos o caso da agitação que passou a tomar conta do nosso cotidiano.

Os ritmos que atuam nos organismos vivos

Podemos falar de ritmos endógenos e exógenos. Para exemplificar os endógenos, usaremos o organismo humano.

Temos os *ritmos rápidos* do sistema nervoso, que, ao longo de vias neurais, excita respostas e controla os impulsos elétricos responsáveis pela modificação no aspecto rítmico de excitação/diminuição das respostas aos estímulos do ambiente. Experiências de estresse – traumas e *bullying*, por exemplo – podem influenciar, prejudicar ou até destruir esses ritmos. Diante de um susto, o batimento do coração dispara (ver Ruf, 2014, item 2.3).

Há também os *ritmos mais lentos* do sistema metabólico, que concorrem para os processos de nutrição e excreção: o ritmo peristáltico do estômago e do intestino precisa de mais tempo para a execução de suas funções, que também podem ser perturbadas por experiências estressantes promotoras de ansiedade – a gastrite é um exemplo comum –, tudo fazendo parte da movimentação dos fluxos. Estes ocorrem no cotidiano da vida e da vida escolar; por exemplo, as atividades em sala de aula têm um ritmo mais lento que as atividades do recreio.

Por fim, temos os *ritmos de frequências médias*, como o batimento cardíaco, a respiração, a circulação, a pressão arterial e as atividades motoras. Distúrbios circulatórios, dos batimentos cardíacos e do sono revelam perturbações nos ritmos típicas de ansiedade e estresse. Os trabalhos em grupo ou uma aula de educação física podem ter movimentos dessa qualidade.

A esses ritmos endógenos se sobrepõem os ritmos exógenos da natureza e do meio ambiente social, que devem se afinar para uma vida em movimento saudável: *o ritmo circadiano* (dia e noite) tem influência na energia física e mental, na respiração, na tolerância à dor, nos hábitos de alimentação diurnos, nas tarefas diárias, entre outros; o *ritmo semanal*, das mudanças de lua, que marca as pausas entre atividade e repouso, entre estudo e lazer, os processos de doença e cura; o *ritmo mensal*, ligado aos ciclos hormonais e de excreção de ácido úrico, às tarefas típicas de cada mês; e o *ciclo anual*, o mais considerado, relacionado às estações do ano, a nascimento e morte, às festas anuais e escolares, às férias, às moléstias sazonais, à composição do sangue, entre outros. Tudo isso diz respeito a fluxos.

Para uma boa organização biopsíquica, é preciso haver harmonia nos ritmos endógenos e sintonia com os ritmos exógenos naturais e culturais. Na espécie humana, tudo isso tem efeitos sobre o processo de simbolização, razão pela qual, na vida escolar, o ritmo atua na subjetividade dos alunos.

O ritmo propiciador de integração e combate à cisão psíquica

Como na família, na escola pensada como espaço acolhedor com função educativa, o ritmo é fundamental para a produção da subjetividade. Um ritmo alucinante, como o que a nossa sociedade atual produz, pode contribuir para que as crianças e os jovens se percam nas referências auto-organizadoras. Cabe ao professor funcionar como filtro e estabelecer a ponte entre a agitação que impera na cultura, com todas as suas intensidades, e um ritmo mais lento, para que o aluno possa, junto com ele, nessa báscula, produzir o conhecimento necessário à formação requerida como integral. Um exemplo é a intensidade dos momentos de recreio, ou de outras atividades como práticas de educação física e esportes, após os quais devem voltar a um ritmo mais lento para os momentos de aprendizagem em sala de aula, ou tarefas de planejamento das atividades e de estudo na escola ou em casa.

Na escola, espaço acolhedor e desejante, o desejo enquanto potência pulsante no aluno pode e deve produzir formas de agir que orquestrem novos rumos no ambiente. Um bom exemplo é produzir novas formas de agir sobre o desejo compulsivo pelo consumo socialmente estimulado. A orquestração harmônica do seu ritmo é fundamental para a pulsação da auto-organização do ambiente escolar e para a auto-organização dos alunos, pois, repetindo, não existe auto-organização sem ritmo favorecendo a sintonia em vários planos, desde a interioridade de cada aluno no pensar, sentir e agir e em suas manifestações nas relações sociais que ocorrem no ambiente. Esta é a razão pela qual a escola tem de estar atenta à regência organizada do ritmo das atividades programadas. Isso sugere a importância da rotina bem estabelecida, porém não necessariamente rígida, para a auto-organização do *ser pessoa.*

A questão do ritmo/rotina tem sua importância na construção da auto-organização psíquica, na medida em que propicia a integração de elementos díspares da personalidade, como seu lado mais iluminado - as qualidades - e o seu lado mais sombrio - rotulado como as não qualidades. E todos nós somos portadores de qualidades e não qualidades.[2] Pensemos no aluno com a *qualidade* de ser bom em língua portuguesa, mas apresenta como *não qualidade* não ser bom na parte literária. Ou aquele que é bom em português, mas não é bom em matemática.

O ritmo funciona como um amálgama que facilita também as conexões entre o pensar, o sentir e o agir. Por exemplo, necessitamos de um tráfego entre os sentimentos extremos de amor e ódio, pois não existe um sem o outro. Eles fazem parte da ambivalência afetiva do ser humano, que se constitui de fluxos de emoções, de sentimentos, de pensamentos. Nesse contexto, não valorizamos o amor como positivo e o ódio como negativo, mas ambos como intensidades/vetores que podem tomar diversas formas dependendo do modo como são vivenciados e trabalhados a cada circunstância. Há momentos em que a criança, que ama os pais, os odeia. Ambos precisam fundir-se para que a criação do ser integrado possa acontecer. Lembremos ainda que todas as emoções têm muitas dimensões: em certas situações, o medo nos ajuda, em outras, atrapalha.

Como temos enfatizado, no ambiente escolar, a responsabilidade de lidar com o processo educativo não deve recair apenas sobre o professor, mas sobre todos os elementos do coletivo da escola, incluindo funcionários, pais e sociedade/cultura, da qual faz parte o poder público. Em se tratando de cultura, apontamos para as dimensões que vão da produção da subjetividade até suas expressões na coletividade. Nesse sentido, a dimensão "entre", ou seja, a dimensão vinculadora, salta para o primeiro plano, pois é nesse

---

2 Na psicanálise junguiana encontramos a expressão "luz e sombra".

espaço "entre" que pulsa a criação, o novo, o aprendizado. Portanto, na escola são necessárias condições para que esse processo articulador se desdobre, quer na organização curricular entre os conteúdos, quer nas atividades, quer nas relações pessoais. Daí a importância da criação, no ambiente escolar, da dimensão afetiva propiciadora das relações respeitosas aos ritmos, aos fluxos e às diferenças que possam vicejar. Na atualidade, essa dimensão é fundamental na relação professor-aluno, bem como entre pais e filhos, na medida em que, se não bem observada, possibilita o processo de cisão dos elementos da subjetividade.

Ritmo e cisão

Na ausência de boa integração psíquica entre o pensar, o sentir e o agir, bem como entre os elementos díspares - ser bom em português, mas não ser bom em matemática -, estados dissociativos rompem a integração do sujeito. Nesse processo, observamos a possibilidade do aparecimento de diversos tipos de cisões que se caracterizam pela dificuldade de agrupar os elementos constituintes da personalidade. Este tema diz respeito a muitas características de crianças e jovens que chegam à escola nos dias de hoje, que manifestam comportamentos de dificuldade de controle da agitação, de dificuldade de aprendizagem, de não observância às regras. E há experiências diversas de natureza estressante ou traumática vivenciadas na própria escola que podem contribuir para os estados dissociativos ou agravá-los, como: as notas baixas, as imagens humilhantes que os professores constroem de seus alunos, o não respeito às diferenças, a prática do *bullying* entre os colegas, entre outras. Essa é a razão pela qual a educação escolar tem papel relevante na busca da integração do *ser*, que nunca chega ao fim.

Esses estados dissociativos compõem os fenômenos de cisão. E o que são esses fenômenos?

Na psicopatologia, eles podem ser descritos como dissociação de diferentes áreas do desenvolvimento com reflexos na maturidade orgânica, intelectual e socioemocional. Na maturidade orgânica podemos perceber alterações psicossomáticas. Por exemplo, se o ambiente é extremamente opressivo e o aluno não consegue simbolizar essa opressão, isto é, passar dessa dimensão opressiva para a dimensão corporal, isso pode manifestar-se como asma brônquica, ou como cefaleias, entre muitos outros aspectos psicossomáticos. Na maturidade intelectual, atraso no desenvolvimento cognitivo é um sintoma até certo ponto frequente. No aspecto socioemocional, a ausência de regulamentações ou regras, muitas vezes associada a alunos que provêm de famílias desestruturadas – de qualquer posição socioeconômica –, pode gerar, como consequência, aspectos de anomia que produzem psicopatias. Se na escola essas crianças não encontrarem espaços criativos e afetivos eficientes, esses fenômenos podem se agudizar.

Antropologicamente falando, dissociações/cisões levam as pessoas a experienciar o tempo e o espaço de forma diferente. E a vitalidade do sujeito está intimamente relacionada com processos relativos a tempo e espaço (contexto), como desenvolvimento, ritmo, organização, regeneração. A nossa força anímica se baseia na interdependência natural e inconsciente entre as forças do pensar, sentir e querer. Caso contrário, há perda de sintonia da organização rítmica.

O neurótico vive num tempo como se estivesse estagnado e com muitos tropeços. Às vezes, até um simples roer as unhas nos sinaliza um sintoma de transtorno obsessivo-compulsivo (TOC), em que toda a intensidade psíquica é utilizada para manutenção desse sintoma – um comportamento que se manifesta repetidamente, como lavar as mãos várias vezes, mesmo sem estarem sujas (isso não vale para este nosso momento de pandemia), mostrar ansiedade a cada início de nova atividade, repetir certos movimentos físicos, exibir tiques etc.

Nesse quesito, percebemos que a economia psíquica não é inesgotável. Se o professor e o aluno gastam a energia em aspectos psíquicos conflitantes, evidentemente faltará energia/intensidade para a vida saudável na escola, com consequências no aprendizado. E, no sentido amplo, fora da escola. Na escola, o coordenador pedagógico pode intervir para trazer à tona os conflitos e produzir novas direções.

Já no psicopata, aquele que vive em estado de anomia e não considera as regras presentes e fundamentais para o funcionamento escolar, essa economia psíquica funciona de forma diferente. Ele vive no mundo da ação, praticamente sem intervenções simbólicas capazes de produzir mediação. Um exemplo pode ser aquele aluno que não consegue seguir o ritmo colocado pela escola, e os motivos podem ser diversos, inclusive por característica de temperamento ou de algum bloqueio emocional, como carência de afeto.

Outro exemplo que gera psicopatia são os filmes de ação, extremamente comuns na contemporaneidade, que demonstram que o universo de produção de simbolização está ficando cada vez mais carente, na medida em que, dadas a velocidade e a desconexão das cenas, a simbolização de quem está assistindo o filme é praticamente impossível, pois, em geral, o enredo é muito incipiente e as cenas de grande violência e sem sentido tomam a maior parte do tempo. O que se leva para casa é muito mais a intensidade, que mexe com a adrenalina, do que a possibilidade de criação de um tempo lento em que o universo simbólico possa ser orquestrado.

Isso já acontece inclusive com os desenhos infantis. Neles, as cenas muito rápidas e intensas dificultam, já no nascedouro, a produção da simbolização infantil. As crianças atuais já nem percebem mais o tempo lento, porque o simbólico delas traz uma deficiência nos seus anos de formação. Assim, tanto pelo lado externo, na vivência com os pais e na cultura, quanto pelo lado interno, na vivência consigo mesmo que está começando a se constituir, uma falha simbólica vai se instalando, o que gerará a forte deficiência na sua auto-organização como sujeito.

Um estudo realizado nos Estados Unidos, que analisou cinquenta DVDs supostamente educativos e dirigidos a crianças menores de 3 anos, identificou a média de 7,5 mudanças de cena por minuto, algo impossível de ocorrer na vida de uma criança fora da tela (L'Ecuyer, 2015). É nessa ambientação agitada que a criança está sendo formada. Este é um aspecto da atualidade que produz a sensação de que não se tem tempo para nada e tudo fica tomado por intensidades pouco geradoras de significados, ou por atividades caóticas que poderão ser construtivas ou não.

Rituais diários com boa estruturação rítmica são eficazes

Os processos de cisão aqui descritos podem conduzir a diversas patologias: ideias fixas, adições a drogas e tecnologias (algo que antigamente não existia), impulsos volitivos e instintivos, o que pode levar à desorientação dos pensamentos. Todos esses comportamentos, de certa forma, são cristalizações na tentativa de se defender e de se contrapor às turbulências da contemporaneidade. Quanto aos efeitos desta era da separabilidade, também chamada de era da fragmentação, em todos os domínios do saber, ocorre a geração de um mundo dividido em blocos compactos e independentes, quando a realidade não funciona dessa maneira. Tudo está interconectado.

Entre as principais divisões operadas por esse modelo, duas se destacam:

- A divisão dualista sujeito-objeto, que se forma no primeiro ano de vida, momento em se deve reforçar a existência integrada de um eu e de um mundo exterior sólidos, e de uma boa relação/percepção objetiva. Da ocorrência dessa divisão emanam os principais fatores psicológicos geradores de traços de ansiedade, podendo evoluir para estresse, responsável pela maioria das doenças psicossomáticas: asma, bronquite, cefaleia, distúrbios gastrointestinais e muitos outros. E com a criança indo à creche nessa fase, é possível que este fenômeno ocorra.
- A dualidade corpo-espírito, ou corpo-mente, que no campo da medicina levou ao modelo biomédico e na educação escolar, à separação razão-emoção, aspecto que já vinha se formando a partir do Iluminismo, quando a ênfase era o império da razão: aí se deu a cisão entre razão e emoção. Hoje, a ciência já aponta o grande erro dessa visão simplificadora de mundo. Em outras palavras, a visão mecanicista desconsidera a visão do organismo em sua totalidade – as partes em funcionamento integrado, para bom funcionamento do todo.

A importância das regras para a organização dos ritmos

Importante consideração a se fazer no âmbito da escola, como também no da família, é compreender que a criança desabrocha continuamente em seu processo de desenvolvimento e, entre outras variáveis, os ritmos têm um significado especial na auto-organização biopsíquica e social e, assim, na construção do sujeito. O ritmo faz parte da organização da função vital, ou seja, da vida. No organismo vivo e, portanto, na criança, tudo pulsa de forma rítmica. E os ritmos orgânicos infantis são potenciais, mas precisam de cuidados próprios, ou treinos, para que se formem adequadamente. Na escola, as crianças estão assimilando e criando novas coreografias da vida, pois o ritmo é a forma que o tempo encontra para promover uma auto-organização no espaço.

Do ponto de vista pedagógico, isso sugere que a educação infantil, bem como o período destinado à educação básica I e II, precisam ocorrer em ambientes espacial e temporal bem estruturados, em ritmos e processos ritualizados. O que significa cuidado com a rotina e com as regras.

Os rituais têm sua importância desde que ofereçam regras claras e bem definidas de comportamento e que proporcionem limites, acolhimento e proteção, sempre com o cuidado de não bloquear a expressão criativa e a possibilidade de viver experiências novas e positivas. Quer coisa mais regrada que uma sinfonia? E, no entanto, uma sinfonia é riquíssima em complexidade e beleza.

Por que o ritmo é tão importante? Porque o próprio universo é uma dança. Os planetas giram em torno dos sóis com órbitas bastante regulares e obedecendo a cadências precisas. Os organismos vivos se organizam com base em ritmos. Os ritmos endógenos, como já vimos, quando se apresentam em ritmos rápidos acima do desejável ao sistema nervoso, podem levar a desajustes como o TDAH; enquanto o ritmo mais lento do sistema metabólico nos leva a pensar na metabolização dos saberes, como sempre enfatizou Rubem Alves; e o sistema rítmico que tende às frequências de ondas médias, que envolve funções ligadas ao sono, é importante alimento na organização psíquica. No texto "Formulações sobre os dois princípios do funcionamento psíquico", Freud (1911) também fala deste ritmo lento na gênese do pensamento.

Por que o organismo precisa de movimentos e intensidades lentos?

Porque nele ocorre o sistema metabólico, um processo químico que transforma moléculas em substâncias vitais ao organismo: os açúcares produzidos se transformam em fonte energética, as proteínas fazem parte da estrutura do organismo e as gorduras serão reservas energéticas a serem usadas quando for necessário. Metaforicamente, também no processo formativo do sujeito, que envolve os âmbitos cognitivo e afetivo, a "metabolização" ou "transformação" é um operador fundamental que deve ocorrer preferencialmente em ritmo lento nos espaços afetivos criados nas relações do sujeito com o meio ambiente. Na escola, isso tem importância para o processo de simbolização, que ocorre em tempo lento e é de vital importância para o "eu", na medida em que a simbolização atua como um elo entre o mundo interno e o mundo externo – entre a experiência concreta e sua representação interna –, não só no âmbito cognitivo, em suas operações mentais, como no afetivo, em suas representações simbólicas.

Quando o ambiente é vivido de forma muito acelerada, como nos filmes de ação citados, isso dificulta o trabalho da ação de simbolizar a vivência concreta que está ocorrendo naquele ambiente. Isto é, de transformá-la em algo abstrato internalizado de modo a fazer sentido, algo que tenha possibilidade de significância. Este é um diagnóstico aplicável à cultura contemporânea, que se encontra extremamente acelerada pelo excesso de estímulos e informações, com consequências comportamentais: transtorno do déficit de atenção, hiperatividade, abuso de drogas, indisciplina, impulsividade e até a violência.

Quando as expressões de afetos tanto carinhosos como agressivos são reprimidas, a tendência é o seu retorno na forma de sintomas, tanto na subjetividade quanto no coletivo. Um exemplo pode ser a criança com dificuldade de reconhecer limites, por falta de afeto expresso pelo tato. E é fato facilmente observável que a sociedade ainda hoje cultiva o hábito de rejeitar qualquer comportamento agressivo como se fosse indesejável, confundindo rebeldia sadia com rebeldia sem causa. Crianças e adolescentes que acabam sendo interpretados como mal-educados, quando especialistas apontam serem sujeitos com muita energia que precisam de tarefas que usem sua capacidade criativa. Esse modo estereotipado de ver os alunos mais energéticos acaba levando ao uso de medicamento para controle do comportamento, como revela o aumento do consumo de remédios à base de metilfenidato para TDAH. Porém, a simples mudança de práticas pedagógicas pode resolver esses desafios. Essa leitura equivocada do comportamento infantojuvenil e o não cuidado devido podem levar às anomias.

Assim, constata-se quanto cabe à escola em termos de formação da subjetividade associada à formação objetiva racional do conhecimento. Isso nos leva a pensar a escola como espaço de educação, não só de ensino, como abordamos a seguir.

10. A escola desejante educa e ensina

Saúde se aprende, Educação é que cura!

Elaine Marasca (2009)[1]

Sob essa epígrafe, queremos salientar aquilo que defendemos: integração das áreas da educação e da saúde, com destaque à importância da educação, na família, na escola e em outras instituições sociais, na construção da subjetivação do ser pessoa – saudavelmente integrada.

É a partir dessa valorização que postulamos que a escola deve voltar-se à formação do sujeito desejante, e não apenas do sujeito cognoscente, com o propósito de fazer desabrochar o *tornar-se pessoa* no século XXI, sobretudo após a pandemia de covid-19, em um mundo sempre a caminho de maior complexidade. Vemos aí a necessidade de a escola aprofundar a reflexão sobre seu papel na composição orgânica da vida social, com maior propriedade agora

1 Este é o pensamento de Rudolf Steiner, criador da pedagogia Waldorf, que a dra. Elaine Marasca trabalha em seu livro.

diante da experiência de ser afetada em seu *modus operandi* pela pandemia causada pelo coronavírus, que nos convoca a imaginar um novo modelo de civilização no qual a escola terá suma importância.

Até este momento, perdida no cenário turbulento em que vivia, a instituição escola apegou-se à representação: "a família educa e a escola ensina". E por ensinar entende-se transmitir aos alunos os saberes que compõem a grade curricular, conforme os livros didáticos e as orientações estabelecidas pelos órgãos superiores – os conhecimentos tidos como úteis. Mas úteis sob qual critério? Sob qual visão de mundo, de ser humano e de sociedade? Levantamos esse questionamento pois entendemos, por exemplo, que a criança precisa ter contato precoce com a ciência e gosto por esse saber não apenas observável, mas também dinâmico, pois caminhamos a passos largos para um mundo em que as pesquisas científicas estão sendo desacreditadas por pura ignorância sobre seus métodos e sua eficácia.

Revendo a lógica "a família educa e a escola ensina"

Neste momento, e já pensando no período pós-pandemia, mais do que nunca se faz necessário que retomemos a contribuição de Sara Paim (2012) de que a escola deve se preocupar não só com o *sujeito epistêmico*, cognitivo/racional, mas com sua completude, integrando-o ao *sujeito desejante*, isto é, aquele que responde aos estímulos com seus desejos, seus afetos e suas emoções, enfim, com sua subjetividade. E aqui entramos no universo da essência de cada ser humano. Para formar o sujeito que integra essas duas dimensões, e que abarca todas as demais, a escola precisa ser responsável pela educação do sujeito na sua integralidade – *tornar-se pessoa*. Isso aponta para outra visão de ser humano, de sociedade, de mundo. Portanto, aponta para a participação na formação da subjetividade dos sujeitos, algo até agora não conscientemente elaborado na ação prática. Isto é, os profissionais da educação parecem não ter muita clareza sobre o fato de que suas ações/práticas pedagógicas têm reflexo na subjetividade dos alunos.

Nosso propósito é trazer algumas considerações que questionam esse pensar e esse agir pedagógicos, pois acreditamos que, neste contexto atual, escola e família estão podendo rever seus papéis frente à formação de crianças e jovens. Enquanto todo avanço do conhecimento aponta para o *princípio da unidade* da espécie humana no enfrentamento dos problemas para salvar o planeta e a si mesma, assiste-se à instituição escola fazendo opção pela separabilidade entre os termos "educação" e "ensino". Essa separabilidade expressa, de um lado, a falta de compreensão da unidade na organização do projeto educativo frente à vida em sociedade e, de outro, a cisão entre as ações da família e da escola, ambas tão importantes na formação da criança.

É de se perguntar: por que essa opção face às grandes mudanças que vinham ocorrendo em nossa sociedade e no mundo, e mais ainda agora, com os efeitos da pandemia do covid-19? Ela se justifica?

Neste momento histórico em que a violência impera no cotidiano das cidades e no espaço escolar, essa opção deve ser repensada/questionada por todos nós, sobretudo por educadores e alunos. O episódio trágico ocorrido em uma escola na cidade de Suzano, em 13 de março de 2019,[2] demonstra que atingimos um grau preocupante. Como lidar com esse afeto? Neste livro, algumas respostas são discutidas no tocante às altíssimas intensidades que estamos

---

2 Ver https://g1.globo.com/sp/mogi-das-cruzes-suzano/noticia/2019/03/13/tiros-deixam-feridos-em-escola-de-suzano.ghtml.

vivendo diante desse acontecimento, isso sem mencionar as violências mais corriqueiras que acontecem no espaço escolar. O momento é propício para a escola retomar-se como lócus de reflexão e assumir sua singularidade.

A nossa defesa contra a dissociação perversa e perniciosa entre essas instituições fundamentais à formação do sujeito toma como base a contradição na qual se vê mergulhada a educação escolar – e familiar –, espelhada na representação de que "a escola ensina e a família educa". Nela, a escola demonstra desconhecer, ou ignorar, que a Constituição Brasileira, no seu artigo 205, estabelece: "A *educação*, direito de todos e *dever do Estado e da família*, será promovida e incentivada *com a colaboração da sociedade, visando ao pleno desenvolvimento da pessoa*, seu preparo para o exercício da cidadania e sua qualificação para o trabalho".

Os grifos são nossos para salientar que a educação é um *dever* não só da família, mas também do Estado e da sociedade. O Estado cumpre esse dever por meio da criação de agências de educação, em especial aquelas conhecidas como escolas ou estabelecimentos de ensino. É ainda notório que a lei, em vários outros artigos, emprega ambos os termos, ensino e educação. Um exemplo é o artigo 206, que fala do *ensino*, mas no seu item V fala da valorização dos profissionais da *educação escolar*... A Constituição diz "profissionais da educação escolar", e não do ensino – o que podemos inferir daí? Que esse documento legal entende o profissional que atua na escola – o professor – como um educador. Por essa redação, pode-se subentender que a nossa Constituição reconhece, de fato, a escola como o espaço que o Estado constitui para cumprir sua função de educar, e a cumpre por meio do ensino.

Educar e ensinar: palavras são palavras, o que elas têm a dizer?

A partir do que estabelece a Constituição, sentimos necessidade de amparar a reflexão sobre *educar* e *ensinar* no âmbito dos termos, associando-a ao papel da sociedade e da cultura na tarefa de construir seus significados. Não é preciso percorrer caminhos filosóficos e antropológicos sofisticados para mostrar que, desde tempos remotos, as comunidades, ou sociedades, sempre se organizaram – sem separar ensinar de educar – com o propósito de transmitir às gerações seguintes suas ideias e seus conceitos, suas técnicas, suas crenças, seus valores, enfim, o conjunto de sua cultura. Uma tradição que persiste ainda hoje, mas que atualmente enfrenta um contexto que difere muito das organizações sociais de tempos atrás. Se naqueles tempos o cabedal de tradição a ser transmitido às novas gerações era praticamente estável e conciso, isto é, sabia-se o que as gerações seguintes precisavam saber, que valores cultivar, isso tudo tornou-se de enorme complexidade diante de um mundo de incertezas, alimentado pelo desejo contínuo de inovação, sobretudo nos centros urbanos mais populosos.

Vivemos em uma sociedade cujo ritmo de vida passou de um tempo lento e mais localizado, de escolhas mais direcionadas, para um tempo intenso de transformações em períodos cada vez mais curtos, com excesso de informação e um espectro amplo de escolhas e tomadas de decisões. Acrescenta-se a isso tudo o atual modo de organização social, pós-moderna, globalizada e estilhaçada,[3] que amplia sobremaneira a complexidade da vida e a comunicação entre seus membros. A expansão do conhecimento e a evolução da ciência e da tecnologia levaram a cultura do mundo a uma complexidade jamais experimentada. E a presença da pandemia é um testemunho

3 Para melhor entender o significado dessa expressão, ver Bauman (2008).

disso. E com ela chegamos à *era da pós-verdade*: as *fake news*, que de certa forma sempre existiram, ganham agora *status* de verdade.

Isso nos coloca diante da indagação: o que *passar/transmitir* para as crianças e os jovens de hoje, sobretudo após a experiência do recolhimento social devido à pandemia de covid-19? Este é um momento de muitas perguntas ainda sem respostas. A *memorização* é hoje suficiente para dar conta da rapidez com que os saberes se multiplicam e se transformam? Que valores trabalhar? O *individualismo* é suficiente para agir em um mundo que se organiza em rede? E o respeito à *diversidade*, que desponta como dado de realidade, em contraposição às *fake news*, e é deixado de lado, como mera banalidade, deve ser estimulado pelo medo e pela repressão ou pela conscientização?

Que habilidades cognitivas, emocionais, psicanalíticas e sociais serão necessárias às crianças, os adultos de amanhã, para se tornarem pessoas integradas, e não apenas profissionais do mercado de trabalho? Embora haja aquelas que continuam valorizadas, outras clamam por novas formas de ação, como o *aprender a aprender*, as *relações de respeito mútuo*, a *formação do cidadão*, o *tornar-se pessoa num contexto turbulento*, o *pensamento criativo*, a *inteligência emocional*, entre outras. As competências exigidas nesse contexto turbulento são outras, e novas marcas culturais estão por surgir.

Na ânsia de enfrentar essa dinâmica, não serve mais buscar na simplificação de estratégias aquelas que não mais condizem com um mundo em movimento acelerado e, assim, seguir apegando-se a polarizações que não atenuam, mas, ao contrário, acentuam o que por natureza é complexo. Estamos assistindo às consequências. A busca por soluções pede que nos debrucemos sobre o que acontece à nossa volta, ou seja, o contexto: *flexibilidade* para acompanhar o ritmo das mudanças e *estabilidade* para levar um projeto avante.

A escola tem como tarefa articular-se ao novo, que passa a ser produzido de forma cada vez mais rápida, porém sem se deixar seduzir pela novidade. A difícil combinação exige a arte do equilíbrio. Na venda, pesar 1 quilo de arroz pede equilíbrio entre o peso e a quantidade do produto e, para alcançá-lo, basta o vendedor acrescentar ou diminuir a quantidade de arroz até a balança encontrar estabilidade. Infelizmente, ajustar o equilíbrio de ações educativas – colocar mais ou menos atenção – não é assim tão fácil, pois o equilíbrio orgânico é dinâmico, isto é, sempre transitivo: equilibrando/desequilibrando.

Para dominar essa arte do equilíbrio dinâmico pode ajudar a análise dos termos *educar* e *ensinar*, ponto importante para compreender por que é inadequada a expressão "a família educa e a escola ensina". Acreditamos que essa expressão não cabe mais.

Educar e ensinar, palavras que remetem uma à outra

Embora haja diferenças de interpretação, é possível ver semelhanças entre educar, ensinar e instruir. E, tomado pelo grau de complexidade que atinge a conjuntura social e cultural, o tema acaba por tornar-se polêmico. Porém, trata-se de termos intimamente relacionados à natureza dinâmica e polissêmica da linguagem. E considerando que a evolução caminha no sentido de maior complexidade, é bom estarmos preparados para tratarmos das questões educacionais não pela via simplificadora, mas pela ótica da integração/desintegração, em movimento.

Portanto, é pela ideia da complexidade que analisamos essas palavras. Tomamos aqui duas características do pensamento complexo: a ideia de circuito recursivo (Morin, 2012a) e a ideia de complementaridade entre opostos. Os termos educar e ensinar, construções sociais tomadas em seus significados, guardam entre si a possibilidade de ser vistos como diferentes e até opostos. E há quem pense assim. Mas ressaltamos que a diferença que pode existir entre essas palavras é extremamente sutil. Essa diferença, que pode sugerir ambiguidade ou mesmo oposição entre elas, reside no fato de educar pressupor *atividade-fim*, e ensinar, *atividade-meio* – o meio para se atingir a finalidade de sua ação, que é garantir ao sujeito *tornar-se pessoa* em seu processo de formação como sujeito/cidadão para viver compromissadamente em sociedade.

Assim, analisados minuciosamente, vemos que os termos guardam entre si a qualidade de uma mutualidade inclusiva. Portanto, não podem ser vistos como excludentes; ao contrário, devem ser considerados mutuamente pertinentes, implicando-se um no outro. Fazem parte de uma totalidade de sentidos intercambiados que coexistem simultaneamente como necessários para a constituição de um propósito comum: *quem ensina educa, e quem educa ensina.*

Vejamos: na definição de "ensinar" do dicionário *Aurélio* (Novo Dicionário da Língua Portuguesa, 2009) encontramos "ensinar boas maneiras". Constata-se aqui a relação de indissociabilidade entre os termos: dizer "muito obrigado" é uma boa maneira, um valor ainda presente em nossa cultura efervescente, que faz parte da pessoa educada, que muitos estão entendendo como obrigação da família apenas. E à escola, não cabe ensinar boas maneiras? Sim, boas maneiras devem ser ensinadas tanto na família quanto na escola e nas demais instituições sociais, como é o caso também das instituições esportivas, culturais, entre outras.

Nos dias de hoje, a expressão "boas maneiras" pode parecer antiquada e/ou antiga. Porém, sem elas aumentam e muito os afetos de ordem agressiva. Na verdade, estes são sublimados pelas boas maneiras, que funcionam como diques que desviam esses afetos agressivos e antissociais para outros rumos. Entendemos que um episódio como o da escola estadual de Suzano tem raízes complexas e múltiplas, porém, no momento da tragédia, esses jovens agressores tinham perdido todos os valores que possibilitam a vida. Valores esses que, repetimos, devem ser cultivados tanto pela família como pela escola, enfim, pela sociedade em todos os seus âmbitos.

No ensino das boas maneiras está expresso que o ensinar é ação voltada a *transmitir*, no sentido de passar para as gerações que se sucedem aqueles significados, qualidades e virtudes valorizados pela cultura. Ou seja, é a ação voltada a preparar – educar – o sujeito para viver/conviver eticamente em sua cultura. Assim, a família educa e ensina no seu ambiente e no ambiente circundante. A escola ensina e educa no seu espaço formalmente pensado com esse propósito. As duas juntas ensinam e educam *na* e *para a* vida em sociedade, ao mesmo tempo produtora/reprodutora/reorganizadora do social, isto é, das construções na família, na escola, na religião, no esporte, na mídia etc.

Todavia, depois da família, é à *instituição escolar* que cabe ação mais direta na formação do sujeito em construção/desconstrução: *ela é o grande instrumento do Estado com a finalidade de educação*. E se há queixa de que nossas crianças não estão sendo bem educadas, não importa a classe social, ao Estado cabe repensar as condições das políticas públicas. Não é a sociedade que produz o sujeito? Mas quem é que produz a sociedade, senão os sujeitos organizados em Estado, famílias, escolas, igrejas e outros tipos de associações? Essa dinâmica interatuante mostra que família e escola estão mergulhadas no mesmo caldo cultural que as constitui e que, ao mesmo tempo, não devem apenas reproduzir o que assimilam como processos recorrentes, mas reelaborá-los. Este momento pede justamente que escola e família se unam para reelaborar o que vinha sendo vivido até então, pois a família acusada de não saber educar é vítima das mesmas contingências e dos mesmos padrões que envolvem a escola, acusada de não saber ensinar, e que acaba contribuindo para alimentar esse círculo contraproducente.

É outra a lógica entre essas palavras

Não se trata da lógica "isso *ou* aquilo" - ou educa, ou ensina -, mas da lógica inclusiva "isso *e* aquilo" - educa e ensina, ensina e educa. Por isso, família e escola devem estar em permanente contato/diálogo. Educar e ensinar são palavras e, como toda palavra, abertas à multiplicidade de significados. Por isso, ambas comportando complexidade, não podem ser tomadas como sendo uma mais simples - ensinar - e a outra mais complexa - educar. A escola, por comodidade, ainda decide optar por aquela que lhe parece a mais simples. No entanto, na simplicidade - diferente de simplificada - também reside a complexidade, que não é devidamente percebida.

Em suas singularidades essas expressões são complexas, pois ambas se ligam a uma mesma identidade e expressam a mesma lógica da interconectividade: aparentemente opostas, elas se complementam na unidade de sua identidade educar/ensinar, ensinar/educar. Educar contém ensinar e ensinar diz respeito a educar, e as duas palavras comportam expressões como aprender, capacitar, habilitar, treinar, instruir, explorar, descobrir, experimentar, criar, preparar, desenvolver, adquirir, memorizar, conhecer, desconhecer, entre muitas outras correlatas.

O que dizem seus sentidos etimológicos

Etimologicamente, o termo ensinar vem do latim *insignare*, traduzido por *transmitir* conhecimento: uma tarefa do educar. Aqui, cabe uma digressão sobre a noção de conhecimento,[4] outro conceito complexo. Uma digressão rápida, apenas para focalizar a atenção na noção de conhecimento como conhecer não apenas conteúdos específicos relativos às diferentes áreas do saber, mas todo o conjunto da cultura, entendida como patrimônio da sociedade constituído por saberes sobre o ambiente físico/natural, social e espiritual, visão de mundo, habilidades e técnicas, crenças, valores, regras e normas de convivência. E isso vem ao encontro do que expressa o termo educação.

Termo originado do latim *educatio*, educação consiste em ação voltada à formação de ideias/conceitos, hábitos, atitudes, valores e crenças e denota ação processual que se ocupa do desenvolvimento de capacidades/habilidades do aluno em suas diversas dimensões: física, motora, social, cognitiva, afetiva/emocional, moral. Um aprendizado que contribui para a formação integral, o que se faz por meio da arte de ensinar. Assim, a expressão "ensinar boas maneiras", além do significado das palavras e da expressão em si, trabalha também hábitos, atitudes, valores e assim por diante. Desse modo, ensinar a ler e gostar de ler vai muito além de ensinar algo útil. Tem efeitos sutis na formação da subjetividade.

Agora, é oportuno refletir sobre os sentidos que a nossa cultura está atribuindo a esses conceitos.

Ensinar como transmitir

Por ensinar, entende-se comumente *transmitir*. Porém, muitas são as palavras sinônimas do verbo transmitir: enviar, transferir, deslocar, remeter, expedir, noticiar, propagar, entre outras. Todas elas

---

4 Um bom autor para ajudar a pensar o conceito de conhecimento é Edgar Morin, em sua série sobre o método.

exprimem o sentido de fazer passar ou de fazer chegar a outrem uma informação ou outro dado qualquer. Com esse sentido, todas elas sugerem um ato unilateral: alguém enviando algo a outro alguém, este um mero recebedor.

O termo ensinar tomado como *literalmente transmitir conhecimento*, na sua acepção rasa de transmitir os saberes disciplinares, é, a nosso ver, o papel mais pobre que hoje a escola, e mais precisamente o professor, pode assumir. Porém, como Rogers (1977), admitimos "que *o professor é uma pessoa, não* a encarnação abstrata de uma exigência curricular ou *um canal estéril* através do qual o saber passa de geração em geração" (p. 265). Nesse sentido, o professor jamais será substituído pelas tecnologias de comunicação, mas elas têm muito a colaborar nas relações professor-aluno, sem nunca as ultrapassar.

Ao se manter nessa prática, a escola demonstra ainda estar presa ao modelo superado de comunicação conhecido como *modelo de mão única*, no qual o canal transmite, é um mero veículo. Enquanto isso na atualidade, entende-se o ato de emitir/receber inserido no modelo da comunicação, revisto pela cibernética, como um processo de mão dupla, cuja dinâmica é *interativa* em contínuo processo de re/alimentação. Melhor diríamos, de *interconectividade*. Nesse novo modelo, cada componente do processo desempenha papéis múltiplos. Se cabe ao *canal* a função de transmissão das mensagens, ele também assume ser fonte, ser receptor, ser a mensagem. Na dinâmica comunicacional, o jornal é um veículo/canal, mas a gazeta do bairro é fonte, receptor e mensagem.

A imagem pensada por Rogers lembra-nos metáforas mais recentemente construídas representando o professor como um *despejador de conteúdo* (Machado, 2005) em cabeças ocas que precisam ser preenchidas como se fossem receptáculos vazios. O que sugere que o professor segue como um mero *canal estéril* na rica e complexa tarefa educativa que compete à escola, que é a de promover a interação, o diálogo professor-aluno. Estaria, portanto, sendo apenas um veículo, uma máquina comunicante. Contudo, nessa condição, o professor perde ainda mais para as máquinas tecnológicas, que hoje captam quase de modo irresistível a atenção de crianças, jovens e até mesmo adultos. Mas se essas máquinas são atraentes no que se propõem, é porque têm por trás pessoas que sabem como organizar uma mensagem para atrair o interesse de cada tipo de público.

Os comunicadores dos meios tecnológicos sabem que, na comunicação humana, por trás da transmissão, existe um ser pensante que *emite*, e esse ser é a fonte que deve ter uma intenção e um propósito ao elaborar e emitir as suas mensagens. É a intenção/propósito que deve mobilizar a organização da comunicação, sempre tendo em consideração o canal a ser usado e os receptores: por exemplo, na aula expositiva, são as ondas sonoras que levam aos alunos as palavras enunciadas pelo professor. E como as suas palavras chegam aos ouvidos dos seus ouvintes?

No ato comunicativo, é ponto-chave considerar a quem se destina a mensagem, os seus receptores. No caso do jornal, consideram-se os leitores; na escola, a preocupação recai sobre os alunos: sua origem, sua história, suas experiências e seus conhecimentos prévios, mas também suas habilidades, suas limitações e seus estilos de aprender, demonstrados no dia a dia, isto é, no decorrer do processo. O professor é ele próprio também a mensagem. Conforme seu modo de se comunicar, seu corpo, sua voz, sua atitude, enfim, sua presença, comunica. Não parece, mas tudo isso está associado ao comunicado verbal/visual/gestual que os alunos captam, quase que inconscientemente.

E a dinâmica não para por aí. É preciso pensar nos possíveis ruídos que podem interferir nesse processo, e não só aqueles do ambiente físico, como os subjetivos, que prejudicam a recepção de suas falas e suas explicações. O professor-fonte sabe que muitos desses ruídos se originam no modo como comunica, isto é, tem origem nele mesmo enquanto fonte? E que muitos deles estão dentro do aluno, como alguma deficiência visual ou auditiva, algum distúrbio psicológico passageiro ou não, bem como o esquema operacional diverso em cada um, e que por isso requer cuidados ao elaborar e comunicar suas aulas? Na sua condição de fonte[5] – professor/emissor –, ele tem consciência de que é o responsável por organizar as mensagens em função do propósito e dos alunos que tem? Ele considera as diferenças?

Para tanto, além de fonte, ele precisa saber e assumir o seu papel de receptor, isto é, estar atento e saber ler/ver e interpretar os retornos emitidos pelos alunos, seja por expressões faciais, corporais/gestuais ou verbais. Observar com objetividade para encontrar em cada um o que tem dentro de si como expressão.

É, *ensinar*, mesmo no sentido estrito de *transmitir*, não é tarefa tão simples. A menos que seja um processo mecânico de dar a matéria programada sair da classe e, após um certo período, ritualisticamente, verificar se o que foi transmitido foi recebido. Isso demonstra um processo assumido no sentido estritamente linear, enquanto o processo de ensinar-aprender é não linear. Ou melhor, é circular, espiral, isto é, complexo.

O ato comunicativo é um ato pedagógico, e vice-versa

Na escola, o ato comunicativo que ocorre dentro de uma sala, ou fora, é um ato pedagógico, portanto, educativo, e pressupõe interatividade. Tem por amparo e orientação a pedagogia: ciência que trata

---

5 Mais adiante falaremos do professor muito mais que fonte: uma ponte entre os alunos e a cultura.

da *educação* de crianças e jovens, a partir de estudos dos problemas relacionados ao seu desenvolvimento como um todo. Tem como preocupação central o emprego de métodos e técnicas que assegurem a relação recíproca entre o que comunicar – o conteúdo – e os sujeitos, o que se deseja formar – visão de ser humano, cidadão.

Pedagogicamente, em vez de ser um mero canal, este professor, ao pensar-se como fonte e receptor, é um mediador – aquele que faz a *ponte* entre os alunos e a cultura, cuja função é inserir a criança e o jovem no mundo, como diz Hannah Arendt (citada por Almeida, 2011). Isso aumenta a riqueza de sua função. E se sua atividade ainda deve acontecer pela exposição de um conteúdo, ao fazer o planejamento de suas aulas, ele tem de se preocupar com todas as questões do professor comunicador que, hoje, extrapola o âmbito da didática tradicional, linear.

Na visão menos linear e mais complexa, o conhecimento, para ser singularizado e integrado ao aluno e ao conjunto da classe, incluindo o professor, passa por um processo que, *grosso modo*, podemos descrever desta forma: primeiro, o conhecimento passa por um metabolismo, ou seja, está sendo construído/desconstruído, e, ao chegar aos polos professor/aluno, precisa ser incorporado por ambos, introjetado, identificado ou não, e finalmente singularizado. O professor precisa se ver nesse movimento espiralado.

Vejamos: implicitamente, o *quando* e o *como* se ensina um conteúdo veicula ideias que, longe de serem neutras, carregam valores. As ideias veiculadas, ao saírem da pessoa que fala, escreve ou usa outra forma de expressão, caem no domínio público e podem ser interpretadas de *n* maneiras. A ciência nos mostra que a percepção da realidade não acontece como uma representação do real, mas como construção mental. A linguagem, tomada no seu todo, é multiforme e relacionada com vários domínios – físico, fisiológico e psíquico (e aqui entram os afetos), com pertencimento aos domínios individual e social. Na comunicação, não interessam apenas os signos em apresentação sintática, mas a sua semântica - o sentido -, que não é nada linear. A palavra "professor", por exemplo, pode ser vista de inúmeras maneiras conforme o contexto em que aparece e o sentido que tem para quem a recebe.

Ademais, em seu artigo 206, a Constituição estabelece que, entre vários princípios organizadores do ensino, estão a liberdade de aprender, ensinar, pesquisar e divulgar o pensamento, a arte e o saber; o *pluralismo de ideias e de concepções pedagógicas*; e a coexistência de instituições públicas e privadas de ensino. Isso ilustra que a nossa Constituição sabe da impossibilidade de uma ideia ter valor neutro e que a comunicação não é ato simples. Na verdade, é complexo, no sentido de que ela é geradora de inúmeros entendimentos.

Os sentidos veiculados pela linguagem - palavras, que não são apenas palavras - expressam valores estruturados em conceitos, crenças, hábitos e atitudes que alimentam e/ou realimentam valores; nessa dinâmica, imersa na linguagem cultural, a criança/aluno vai se auto-organizando psiquicamente no ambiente onde vive, em núcleos que se inter-relacionam recursivamente: a sociedade, a família e, lógico, também a escola.[6] Não estamos gostando de como as crianças estão sendo formadas? Querer que se mude a criança não resolve. É preciso mexer em todas as peças que compõem a organização social, inclusive as peças da escola.

---

6 Vale lembrar que na escola, ao lado do currículo explícito, sempre caminha em paralelo um currículo oculto. Por exemplo, se o professor ensina só por obrigação, e não por compromisso e prazer na sua autorrealização, essa sua postura é percebida pelos alunos e introjetada de modo a entender que, para ser professor, não precisa ser um profissional compromissado. E essa percepção pode levar o aluno ao desrespeito à figura do professor.

Educar ou escolarizar

Quando entendida na função de escolarizar, entende-se que à escola cabe a educação, mas a educação intelectual, voltada à cognição, isto é, a aquisição dos saberes que compõem a realidade. Uma função que a família não tem condições de assumir, e o recolhimento social, obrigando ao isolamento e, consequentemente, ao fechamento das escolas, deve ter mostrado muito bem aos pais o significado e a importância do ambiente escolar, bem como aos educadores. Espera-se que, na retomada das aulas presenciais, o diálogo escola-família ganhe outra dimensão. Freud (1920), em "Além do princípio do prazer", utiliza o exemplo de uma experiência científica sobre a reprodução de protozoários, no qual ele ressalta um aspecto muito importante. Se colocarmos em uma placa protozoários que só se alimentam de seus próprios infusórios, em determinado momento todos morrerão; se trocarmos os infusórios em outra placa, eles se reproduzirão indefinidamente. A alegoria que podemos pensar a partir dessa experiência é a importância de a criança e o adolescente trocarem de ambientes para melhor se constituírem como sujeitos.

Nesse sentido, parece caber o conceito de escolarização. No entanto, caímos no mesmo círculo se tomarmos escolarizar apenas como ensinar – transmitir conteúdos –, sem considerar que ensinar é parte do educar no complemento da educação geral pelo saber das áreas do conhecimento. Indo além: a ciência nos mostra hoje que a cognição não acontece sem a conexão com a afetividade, com a emoção, com a atividade motora, com a sociabilidade – enfim, com a totalidade do *ser em seu devir*, ou seja, com a sua subjetividade. A subjetividade se produz no *sendo* (*on*, em grego) e está sempre carregada de um sentido de alteridade, segundo Heidegger (2007).

Ilustrando: o professor que ensina conteúdos aritméticos e matemáticos, da Educação Infantil ao Ensino Médio, não ensina apenas os saberes específicos dessa área, há muito mais a ser trabalhado. Portanto, conscientemente, deve ter como objetivos, entre outros, levar o aluno a: despertar seu gosto em aprender esses conteúdos, aspecto afetivo que envolve a subjetividade e determina a atenção; apropriar-se do significado desses saberes para a vida; despertar a curiosidade e o interesse por esses saberes; ter atenção e se concentrar – foco – nos assuntos da área; querer – ter vontade de – *aprender a aprender* matemática, suas habilidades e suas competências para usar e aplicar os ensinamentos na solução de problemas da sua comunidade. Tudo isso, e muito mais, faz parte da tarefa do professor.

Todas essas questões mostram como o ensino está voltado a formar hábitos e atitudes favoráveis ao aprendizado dessa área do saber e a trabalhar as habilidades cognitivas relacionadas a esse tipo de conhecimento; as habilidades socioemocionais (tão propagadas no discurso pedagógico) que essa área de ensino deve promover; o autoconhecimento de aptidões e limitações para esse saber, o que por sua vez contribui para o autoconhecimento e a autoestima; o respeito às diferenças de talentos, ritmos e experiências; o respeito mútuo e a cooperação em atividades de grupo na sala de aula e no ambiente escolar; bem como o respeito às regras de boa convivência no seu intramuros, que é de sua responsabilidade, bem como do conjunto de docentes, coordenadores e gestores. E tudo isso é educar! Tudo isso, e muito mais ainda, diz respeito a aspectos diretamente ligados ao ato de educar, isto é, a aqueles que não se ensina por transmissão verbal, e sim pelo conjunto de ações – vivência – de todos na convivência diária.

Educar/ensinar na construção da subjetividade

Numa sociedade que privilegia a dimensão racional na formação do sujeito, a subjetividade tem sido desprezada, como denunciam Paim (2012), Rogers (1977), Cury (2014), Byington (2003), Damásio (2018), entre outros. Felizmente, a dimensão afetiva/emocional vem ganhando cada vez mais espaço para sustentar a importância de se pensar o *ser*, o *devir*, o *sendo* em sua alteridade consigo mesmo e com o mundo.

Em seu livro *A estranha ordem das coisas*, Damásio[7] (2018, p. 196) apresenta sua investigação que revela ser o *afeto* o mecanismo "responsável por mobilizar impulsos e motivações e por responder emotivamente a diversos estímulos e cenários". Experiências mentais subsequentes são os sentimentos. O cenário de uma aula (chata) sem entusiasmo, por exemplo, não vai produzir motivações e interesses, mas falta de atenção, agitação, indisciplina e outros comportamentos que são vistos como problemas do aluno, aos quais de fato assistimos no tocante à construção da subjetividade. Se colocada em prática, tal descoberta deve revolucionar o processo de ensino-aprendizagem, ainda muito preso ao desenvolvimento da cognição despida de emoção.

Vimos que o educar e o ensinar estão conectados em atos/ações, ou seja, inseridos em um universo pulsional. Suas consequências desembocam no campo da *simbolização do sujeito*, sendo esta o pilar fundamental para que a cultura possa se estabelecer e ganhar uma feição. Quando os atos e as ações nascem do movimento por meio de vivências pouco ou nada significantes para as crianças e os jovens, podem criar marcas que, quando estabelecidas e articuladas,

---

7 Lembramos que Antonio Damásio é o autor do livro *O erro de Descartes* (2012), que é o erro abissal que separa a razão da emoção. Agora ele revela que é a emoção, e não a razão, que constitui o impulso do processo inteligente.

compõem o universo simbólico do sujeito – *o significado que aquela experiência, que pode ser boa ou ruim, vai ter para ele.* Se as crianças e os jovens ficarem só no movimento e no ato, estarão em um universo de descargas pulsionais anárquicas, pulsões de morte, quando é por meio da produção simbólica que se ganha a possibilidade de auto-organizações de funções menos intensas, com arranjos mais congruentes no âmbito do social.

É preciso articular o simbólico como o elemento central a fim de que comportamentos como hiperatividade, impulsividade e agressividade ganhem outros caminhos, através de vasos comunicantes, pois, para se chegar ao diálogo, o simbólico necessita estar desenvolvido, para que a intensidade, que recairia sobre o corpo físico ou se manifestaria como confronto entre corpos físicos, possa ganhar expressões mais suaves, cooperativas e solidárias que aquelas do universo da pura ação.

À escola cabe, portanto, a gestão das intensidades que podem e devem ocorrer em seu espaço. Cabe a função de educar, porque educar é tarefa de toda a sociedade, não só da família. Educar é uma tarefa complexa? Sim, mas a de ensinar, de fato, também o é.

No entanto, o professor tem de falar/agir desde a sua própria subjetividade, pois é com ela que, mesmo no ato de transmitir os saberes de forma objetiva, poderá conquistar os afetos desejáveis dos alunos. Cabe ao professor ouvir as cores, as intensidades enrustidas nas colocações dos alunos, por exemplo, escutar o vermelho berrante e ouvir a tristeza de uma fala cinzenta. E não podemos esquecer que no ato de ensinar e educar também se aprende. Nesse entrelaçamento, o aluno apreende o que o professor e o contexto da aula estão produzindo, se alimenta disso e depois faz a digestão/assimilação. Portanto, o que foi transmitido – não só por palavras, mas por todo o cenário – e captado durante a vivência sofre o metabolismo e doravante contém elementos da subjetividade para todos – professor e alunos.

Todavia, se o professor transmite o conhecimento exigindo que este seja decorado, isso vai ficar como cisto, provocando cisões, e jamais será incorporado ao universo simbólico dos alunos. Por outro lado, se o conteúdo trabalhado desperta a curiosidade e o interesse como enzimas catalisadoras que são, isso ajudará a digerir e assimilar os conhecimentos, que passarão a fazer parte de sua subjetividade como algo singular. Essa é a dinâmica do processo de simbolização. Se no ato de ensinar-aprender essa simbolização não ocorre, ficando-se apenas na memorização mecânica, perde-se a possibilidade de o aluno encontrar nos conteúdos ensinados os elementos que lhe deem a noção de integralidade de si. Por isso, vivemos hoje a ideia de educação integral, da qual falaremos a seguir.

11. Escola espaço/tempo de educação integral

Professor, em uma observação mais consciente, você pode pensar que o movimento de erguer um de seus braços ocorre só no plano físico, desarticulado do seu corpo todo. Numa observação mais profunda, que envolve o sentir, vai perceber que seu organismo todo participa dessa ação. Ao perceber isso, você está bastante próximo de entender o que vamos tratar aqui, pois aprender uma fórmula matemática, por exemplo, também ocorre de forma articulada com o corpo todo, uma vez que no organismo vivo, seja ele do reino vegetal, animal ou humano, nada funciona de modo desarticulado.

Assim, pensamos que é momento de assumir a importância de a educação escolar ver o aluno como uma organização viva, pulsional, e não mais como uma máquina fragmentada de aprender. Seus componentes cognitivos funcionam como um todo integrado, e não de modo independente do conjunto do sistema orgânico. Um todo cujas partes são inter-relacionadas por conexões invisíveis, nem sempre fáceis de compreender, sendo algumas quase imperceptíveis.

O aluno do século XXI precisa criar possibilidades de descobri-las. Elas não estão nos livros.

Para o propósito de pensar a *educação escolar* voltada para o *tornar-se pessoa* num mundo acelerado, precisamos entrar em sintonia com essa ideia deste novo tempo. Ideia que, como já mencionamos, a nossa Constituição[1] contempla em seu artigo 205, ao enunciar a educação como direito de todos com vistas "ao *pleno desenvolvimento da pessoa*, seu preparo para o exercício da cidadania e sua qualificação para o trabalho" (grifo nosso). A menção da qualificação para o trabalho é apenas uma redundância, pois a formação integral para a cidadania pressupõe também essa dimensão do ser. Fazer uso das palavras é fácil, difícil é interpretá-las e aplicá-las adequadamente. Na prática, observa-se muito mais a preocupação com a qualificação para o trabalho e a orientação para a formação do sujeito produtivo, no lugar da formação do aluno em sua integralidade, na medida em que se ocupa da profissionalização sem o embasamento do despertar de uma vocação consciente. Observa-se, portanto, uma ideia esgarçada de educação integrada, mal alinhavada, necessitando de melhor elaboração. Ou, para usar uma expressão trabalhada neste livro, que necessita ser devidamente simbolizada pelos profissionais que tratam da educação escolar, em seus diferentes níveis de atuação.

Uma tarefa difícil, mas importante, consiste em pautar a organização escolar pela busca do equilíbrio, sempre dinâmico, entre separação e integração, assumindo a qualidade autocriativa. Aqui apontamos a necessidade de pensar e arquitetar a integração do sujeito epistêmico e do sujeito desejante, duas dimensões que devem

---

1 Além da Constituição Federal de 1988, ver o Estatuto da Criança e do Adolescente (ECA), que referenda a noção de educação integral, além de outros instrumentos legais, como a Lei de Diretrizes e Bases (LDB) e o Plano de Desenvolvimento da Educação (PDE), que engloba ações do Programa Mais Educação, de 2007, infelizmente modificado em 2016, estreitando a ideia de uma educação integral.

estar em concomitância na formação do *ser* em seu devir, as quais remetem à integralidade das conexões múltiplas que operam na realização das ações de pensar, sentir e agir.

Para que aconteça a integração entre essas dimensões objetiva e subjetiva do processo de formação do ser pessoa, começamos por invocar a conexão entre as ações de educar e ensinar, tão intimamente relacionadas. É preciso que a escola, bem como a família, pense nas implicações de sua observância para a organização psíquica, de modo a evitar cisões. E até mesmo para sua reorganização, uma vez que sempre há a presença de cisões, pois o sujeito perfeito/pleno não existe. O problema reside na formação de cisões comprometedoras, como a do caso extremo, já mencionado, da escola de Suzano, que aponta para uma cisão exuberante entre um mundo desejante e bastante vivo e o universo mortífero dos sujeitos e que mobilizou a tragédia. No cotidiano, observam-se situações menos comprometedoras, mas que revelam problemas de organização subjetiva, como agredir o professor ou um colega. E aqui pode-se incluir a prática do *bullying*, que mostra como a escola, e a sociedade em geral, afasta-se de seu compromisso de formação de um ser ético, mas quer que ele seja ético: um paradoxo do nosso tempo.

Mostramos a analogia dessas conexões com a teia de aranha. Explorando um pouco mais, pensemos na analogia de uma bola de bilhar que, ao bater em outra, atinge as demais modificando a dinâmica das bolas na mesa, podendo até mesmo uma delas chegar à rede. Assim também acontece se você levar uma topada no dedão do pé: você sente a dor no pé porque a topada percorre um caminho para chegar ao cérebro (centro da percepção), que responde com a sensação de dor. Você pode não ter noção do trajeto percorrido, mas vai sentir e pensar no que fazer para aliviar a dor.

Algo semelhante acontece quando um estímulo apresentado pelo professor chega ao aluno. Se o estímulo chamou a atenção do aluno, é porque atingiu sua percepção visual ou auditiva. E para cada aluno vai haver algo diferente que chama a atenção, e nem sempre o que é o foco do professor é o foco do aluno. O professor deve estar atento a isso, pois se algo despertou o interesse do aluno, é porque esse estímulo mexeu com sua emoção. Ocorreu aí um sentimento favorável que vai mobilizar todo o seu sistema cognitivo para o aprender, estabelecendo uma conexão afetiva/cognitiva, e só assim o aprendizado acontecerá. Essa descrição simples mostra que, hoje, a concepção de educação a sustentar o trabalho pedagógico não deve ater-se apenas à dimensão racional ou cognitiva – a formação do sujeito epistêmico –, mas deve considerar o processo interno ocorrido no organismo do aluno que ativou sua atenção e seu interesse e, assim, ressaltar a associação à qualidade subjetiva a fim de garantir a formação do sujeito desejante, ou a integralidade do ser. Concepção que, na contemporaneidade, precisa entrar no campo das reflexões sobre a condução da organização da vida social, da família e da escola e de seus componentes, em especial os alunos. Porque, quer consciente ou inconscientemente, as ações vividas na escola influem na formação da subjetividade, com repercussão para pensarmos a organização social futura.

Assim, ver conscientemente o aluno como organismo vivo significa deixar de vê-lo como pura engrenagem – metáfora predominante da visão racional, segundo a qual é possível tratar os componentes do todo como partes desconectadas, de funcionamento independente, em dinâmica mecanicista. A ordem agora é vê-lo em articulações sistêmicas, complexas, tudo funcionando em interconexão, de modo interdependente, continuamente responsável pela manutenção da vida, que se desenvolve a partir de aprendizagens que ativam o desejo epistemofílico. Portanto, aprendizagens que só ocorrem porque despertam o desejo de aprender, que extrapola o simples arquivo da informação na memória.

A ideia de corpo e psique como campos independentes, que perdurou pelos últimos séculos, separou a razão da emoção e do corpo, levando ao entendimento de que o cognitivo independe do afetivo, do motor, do meio ambiente natural e cultural. Isso sustentou, e ainda sustenta, esse modelo de prática social excludente do campo dos impulsos intensivos que permeiam o universo que se vê presente na escola: modelo que valoriza o domínio do raciocínio, da técnica e da eficiência, e não leva em conta que a atividade mental reflete o corpo todo, o tempo todo, e responde aos estímulos do ambiente como totalidade de percepção e ação, um modo próprio de ver e compreender a realidade. Porém, como revela o neurocientista Damásio (2018), é no sentir no corpo que a operação racional entra em ação. Se o aluno levou uma topada no dedão do pé, seu corpo todo sente e com certeza a sua dor não vai deixá-lo prestar atenção no que o professor expõe em sala de aula.

E o que isso significa?

Significa que se uma criança passa por uma experiência de condições precárias na família, ou vivencia a experiência de um trauma, isso afeta seu campo racional, porque afeta seu campo afetivo/emocional e, dependendo do quanto ele é afetado, isso pode, e na maioria das vezes é o que acontece, criar um bloqueio ao bom desempenho cognitivo. Infelizmente, essa criança é ainda tomada na escola, ou na sociedade, como pouco inteligente, desinteressada, preguiçosa, mal-educada, e com isso fica mal vista pelo professor e pela gestão pedagógica. É bom lembrar que uma criança tímida, que não consegue expandir seu universo pulsional, fica cristalizada em vivências traumáticas pretéritas. Vemos nessas des/qualificações um modo estereotipado que exime da busca por estratégias metodológicas estimuladoras para ajudá-la a se descobrir em sua motivação para a ação de aprender. Ignorá-la ou puni-la são algumas das práticas que não mais condizem com a evolução do conhecimento científico sobre o desenvolvimento humano. Os novos ensinamentos mostram que dificilmente um aluno vai se interessar por um conteúdo apresentado se isso não mexer de modo favorável com sua sensibilidade, pois é por essa via que nasce a curiosidade e dela vem o interesse.

Em ambientes de educação integradora, torna-se princípio e prática diária ver o aluno como uma totalidade de percepção e ação, como um organismo vivo em seu devir, em sua singularidade, em sua complexidade.

Educação integral vê no aluno o seu devir

É chegado o momento de abrir espaço para a aceitação do ser humano como organização muito mais complexa do que se imaginava. A sua arquitetura composta de várias dimensões, que extrapolam o corpo físico, fisiológico, motor e abrangem dimensões vibracionais, como uma sinfonia, como as dimensões emocionais, vital e espiritual (esta pouco ou nada considerada), todas de funcionamento integrado, de relações interatuantes, foi aos poucos mostrando o ser humano – o organismo vivo – como totalidade de difícil e até mesmo misteriosa decifração. Exige, portanto, a constante busca por sua compreensão. Um exemplo é a formação religiosa, tema presente e dirigido por escolas confessionais. Se não cabe à escola pública, ou particular, isso não justifica ignorar a formação da espiritualidade, aqui não pensada como termo religioso, mas como identidade/singularidade cósmica, humanitária, social e cultural, ou seja, a formação da consciência do sujeito como cidadão do mundo, também responsabilidade da escola. Trata-se de formação/construção da identidade,[2] que se torna cada vez mais complexa

---

2 A TV Cultura apresentou uma série denominada "Desafios da identidade no mundo contemporâneo", no programa *Café Filosófico*, no mês de agosto de 2019.

neste mundo de intensas mudanças, o que tem tudo a ver com a questão da liberdade e da ética. O respeito ao outro e às diferenças, um grande problema hoje, se encaixa na questão da espiritualidade,[3] pois exige ver *humanidade* em si e no outro. O que não acontece na prática do *bullying*, que se instalou no seio das relações escolares, um caminho contrário ao que se almeja como formação integrada do ser pessoa.

Primeiro, é preciso compreender o aluno como um *todo*, a pedir atenção globalizada, nos seus diferentes âmbitos: físico, motor, cognitivo, afetivo, social; âmbitos mais comumente citados e presentes em muitas definições, apenas partes da substancialidade profunda do humano, e não faz sentido pensá-los como campos a serem trabalhados sem inter-relação entre suas camadas ou esferas constitutivas. Por trás desses âmbitos, ou dimensões, encontra-se uma intricada rede de movimentos internos, não visíveis – conexões ocultas –, responsável pela construção/desconstrução da subjetivação que continuamente desenha e redesenha a personalidade, na busca da integração de sua essência. Uma ação/operação no plano da cognição – um pensamento ou raciocínio – não se faz sem a participação do plano emocional, da ação, que, por sua vez, conta com o apoio do plano da ação motora e tem tudo a ver com a fisiologia, que depende da nutrição – o que comemos e bebemos – e da influência do ambiente físico, social, cultural e humanitário, pano de fundo para a atmosfera de participação criadora que deve ocorrer

---

Este é um tema que deve fazer parte do conteúdo a ser trabalhado na formação de professores.

3 Lembramos aqui o físico brasileiro Marcelo Gleiser, que ganhou o Prêmio Templeton, considerado o "Nobel da Espiritualidade", em 2019, com sua afirmação da dimensão espiritual da vida. Ele é um dos cientistas brasileiros mais conhecidos no exterior e, há muito tempo, propõe a importância do diálogo interdisciplinar entre ciências, humanidades e estudos religiosos. Ver também Morin (2012b).

no espaço escolar. E toda essa organicidade esconde os mistérios da criação.

Todo ser individual, único e singular, compõe a pluralidade dos membros constitutivos dos microcosmos – a família e a escola. Seu modo de organização das relações sinérgicas tem efeitos na socialização, que, por sua função, vai influir nessa troca invisível de intensidades da subjetivação. É no modo como são pensadas e como se efetuam as relações de respeito mútuo, de respeito ao planeta, de valorização do ser, como flui a afetividade/amorosidade entre todos, principalmente entre professor-aluno, e como acontece a vivência das práticas diárias que a criança e o jovem sentem a possibilidade de auto-organização psíquica para a boa convivência no social.

Lembramos que as crianças, principalmente na primeira infância, aprendem por imitação. Assim, elas absorvem o que vem do ambiente. Toda essa construção ocorre pela vivência na cultura, nos espaços vivos de influência sobre as experiências individuais e coletivas. E um desses espaços, sem dúvida, é a escola, que não pode mais ser vista como espaço intramuros, a trabalhar conteúdos que nem sempre se conectam com a realidade das crianças.

É, portanto, a consideração do aluno como um *ser inteiro* – visão sistêmica para alguns, visão holística ou humanista para outros – o primeiro fator no qual se funda o pressuposto de uma educação integral para formação de um ser de percepção integrada da realidade, isto é, que só percebe e atribui significado ao que recebe do ambiente quando apreendido como um todo, uma *Gestalt*, que faz sentido. O segundo fator que sustenta a prática integrada é o seguinte: *a realidade é um todo* e precisa ser percebida pelo sujeito que aprende como tal. Isso se dá pela ocorrência de *insights*, o que exige um ambiente estimulador de percepções da intrincada rede interna subjetiva que, se não é visível, pode ser percebida/inferida pela sensibilidade do olhar, da escuta e dos contatos abertos do professor com os alunos. Em geral, tendemos a ver apenas os comportamentos das pessoas, sem considerar o que está por trás e o que os motiva: o processo interno que elabora as respostas aos estímulos do ambiente. No entanto, para uma efetiva educação integral, é preciso ir além do superficialmente verificável, o que se faz por meio de técnicas e instrumentos de acompanhamento e práticas de observação da evolução do indivíduo e de sua inserção no grupo.

Educação integral vê no aluno um ser singular

Um ser dotado de potencialidades/qualidades, capaz de desenvolvê-las, o que pede respeito ao ritmo e à intensidade em diferentes áreas do saber. Isto é, educação de qualidade - aquela que leva cada aluno a desenvolver sua capacidade de aprender. Ser diferente não pede igualar o sujeito em níveis estabelecidos para todo o conjunto, pois cada um traz consigo limitações que só o conhecimento, a compreensão e a aceitação possibilitam ver numa abrangência maior.

É a partir da fusão devidamente bem resolvida entre *potenciais* e *limitações* que é possível alcançar o equilíbrio dinâmico da auto-organização psíquica do *devir pessoa*. Nessa dinâmica, de nada serve a comparação com os outros, mas é de muita importância a comparação constante do sujeito consigo mesmo em diferentes momentos e fases. Somente um projeto educativo de mão dupla - que coloca o educando como sujeito de direitos, mas também de deveres, que contracena com professores e gestores no compromisso com a escola e com o seu próprio processo evolutivo - oferece as condições favoráveis para a integração do sujeito constitutivo do social.

Educação integral vê no aluno uma totalidade

Totalidade de percepção e ação, trazendo cada aluno seu próprio modo de atribuir sentido ao que se lhe apresenta a partir da integração entre os estímulos que vêm de fora e a sua rede de significação organizada com base em referências oriundas de sua ancestralidade e de suas experiências na família e na cultura. Em outras palavras, a integração do saber ocorre internamente no sujeito, e a escola deve proporcionar atividades e práticas estimuladoras para que esse trabalho interno de construção de significados aconteça, não como fruto de simples transmissão de conteúdos que valoriza a memória, mas como proveniente do processo interno de elaboração pessoal – de simbolização. Isso faz do aluno um ser ativo e participativo em sua aprendizagem. Um ser que aprende.

Destaca-se como relevante a proposta de educação que pense a escola como um microespaço, parte do espaço social mais amplo, onde vivem as famílias e de onde os alunos trazem seus saberes já vivenciados. E, mais, que considere um projeto pedagógico que veja no aluno não o centro, mas um protagonista e coautor do processo educativo, e que tenha como eixo articulador a interação entre as áreas do conhecimento e entre os saberes espontâneos e formais.

Educação integral vê no aluno um autor de aprendizado vivo

Aprendizagem pela vivência real (não apenas livresca ou virtual), portanto, valorização de muito mais que apenas os conteúdos supostamente úteis para a vida profissional e adquiridos pelos livros didáticos ou por transmissão do professor. É a própria vida de cada um se desenrolando no ambiente escolar que integra o contexto em que se inserem os sujeitos da aprendizagem, o que a torna ainda mais real no diálogo da escola com a família e a comunidade, ambientes que se intercomunicam e possibilitam vivências integradoras do si com a complexa dinâmica da realidade.

Educação integral vê o aluno em tempo de convivência escolar

O que não depende de educação realizada em período integral, isto é, que ocorre em dois períodos de convivência contínua no ambiente escolar, embora para muitos esta seja uma concepção de educação integral que procura dar atenção aos direitos da criança. A educação integral que visa a todas as dimensões do educando independe do tempo destinado às relações professor-aluno, entre colegas, e entre os demais componentes do ambiente escolar, mas tem tudo a ver com o tempo/espaço. O que importa não é necessariamente a quantidade de tempo e o espaço onde as interações ocorrem, mas a qualidade da vivência que acontece nesse tempo/espaço, pois aí está a garantia de uma subjetivação harmoniosa. A escola que organiza o processo educativo em período integral não garante uma boa educação integral se não forem previstas e respeitadas as condições necessárias às relações de ensino-aprendizagem favoráveis à constituição de uma auto-organização psíquica do sujeito a caminho de *tornar-se pessoa*.

O que importa é ver o aluno e a realidade na qual se insere. Ver o educando na perspectiva de educadores, também seres integrados – substrato para se pensar a educação integral. Outro fator importante consiste em considerar a realidade da qual os sujeitos educadores e educandos fazem parte. Isso significa observar a sociedade em que eles vivem, e na qual toda a escola se insere, com sua organização em movimento, cuja interconexão sujeito-ambiente representa um jogo dinâmico atuante na construção/desconstrução da subjetividade do sujeito tornando-se pessoa.

Nessa consideração, observa-se que sua rápida evolução ocorrida nos últimos tempos caminha no sentido da complexidade, e entender a vida dos organismos vivos, bem como a sociedade, na sua complexidade requer a apreensão da sua interconectividade; não basta conhecer suas diversas áreas sem capacidade de análise e compreensão de suas presenças no conjunto, em redes interconectadas. Isso pressupõe um novo tipo de pensamento: o pensamento complexo.

Educação integral vê o aluno como um ser de percepção integrada

No século XX, a sociedade ingressou naquela que passou a ser conhecida como era do conhecimento, com explosão na produção de informações e na criação de fontes distributivas para fazer circular as novidades no âmbito da produção do conhecimento, com ênfase na informação: elemento básico nesse processo de construção dos saberes. Isso apresenta vantagens e desvantagens.

Porém, para construir o conhecimento com base na obtenção de informações, há, de um lado, um sujeito que percebe/recebe o que está acontecendo à sua volta e, de outro, fontes que informam ou veiculam os fatos. Isso significa que é preciso um *sujeito* capaz de integrá-las num todo que faça sentido e um ambiente escolar que propicie as condições para que essa percepção integrada ocorra: a organização integrada do currículo e o trabalho por projetos em grupo na busca e na investigação de soluções para problemas fundamentais da vida no planeta são apontados como condições favoráveis no contexto de um mundo em mudança, de incertezas, e atualmente dominado por *fake news*, em que as palavras perdem sentido. Neste caso, o trabalho de pesquisa e investigação da informação passa a ser objeto de preocupação do ensino.

No entanto, uma comunicação efetiva nas escolas busca garantir as condições de tempo/espaço para que esse processo perceptivo aconteça com base em seus fundamentos físico e psicológico. Compreender o fenômeno da percepção humana significa entendê-lo como instrumento de criação de significados, e não apenas como registro factual da realidade, em que a memória acaba sendo privilegiada, mas com a devida abertura de espaço para a compreensão da realidade transitiva, processual. Isso muda, e muito, o modo de pensar o papel da construção de saberes pelo sujeito – o ser que aprende. E, de certa forma, isso acontece nos espaços fora da escola. Trata-se de aspectos a serem valorizados e merecedores de atenção dedicada aos projetos escolares, como garantir o domínio da leitura, da interpretação de textos escritos e de outras linguagens, incluindo a leitura da realidade a fim de pensá-la em sua dimensão globalizada e a indispensável presença da realidade virtual.

Paradoxalmente, a multiplicação tecnológica responsável pela veiculação das informações não está sendo capaz de criar as condições para transmiti-las de modo a favorecer a compreensão integrada dos objetos do conhecimento, dado o excesso de informações produzidas e veiculadas de modo *apressado e fragmentado*, sem a contrapartida do tempo de observação para *interiorização e simbolização*. Isso sem falar na sua participação pouco louvável na disseminação de *fake news*. Da parte do sujeito receptor, este só consegue perceber o todo se for capaz de compor os pedaços de informações e estabelecer relações que lhe permitam formar um conjunto que faça sentido. E isso se tornou difícil de concretizar em uma sociedade "apressada" e em organizações educativas como a escola "aligeirada", que, para dar conta de sua tarefa de transmitir, fragmenta os saberes sem a possibilidade de instrumentar as crianças e os jovens no exercício de análise e síntese do que é trabalhado, o que exige momentos de interiorização que permitam a auto-organização com a simbolização do que é recebido. Nesse sentido, a escola se vê tomada pela necessidade de se conectar com a sociedade em intenso movimento de transformação, de dar respostas adequadas ao contexto e de incluir na sua pauta práticas pedagógicas integradas e incentivadoras da pesquisa.

Educação integral e práticas integradoras

Começa-se pela integração dos conteúdos disciplinares[4] - organização integrada do currículo. Cabe também o emprego de metodologias como o trabalho com projetos - e estratégias que captem a atenção do *ser que aprende* na sua integralidade, de modo a mobilizar o *desejo* de aprender aquilo que a escola se propõe a ensinar.

Uma estratégia é reinventar o uso do espaço/tempo, expandindo-o não só dentro própria estrutura escolar, como salas ambientes, oficinas, teatro, laboratórios, mas também para o ambiente externo, que, lembramos, é um vasto laboratório a ser explorado na composição de um projeto de educação capaz de acolher e envolver crianças e jovens em um espaço/tempo no qual se percebam como sujeitos de direitos - por exemplo, o de aprender –, mas também de deveres, cocriando e se responsabilizando por sua organização espacial, temporal, enfim, um caminho de vida onde aconteça o aprendizado

4 Em virtude do propósito deste livro, não falaremos aqui sobre organização do currículo, metodologias e técnicas; remetemos o leitor para Rovai e Lima (2015). Abordaremos mais adiante apenas o componente da avaliação pela sua estreita ligação com o tema que trazemos, como chave na mudança para uma escola desejante.

de conteúdo, de habilidades cognitivas, afetivas e sociais, portanto, de convivência humanizada.

Na expansão do espaço/tempo, devem-se agregar espaços fora dos muros da escola, locais próximos que podem e devem ser objeto de conhecimento vivo e experiencial, do cotidiano dos alunos. Trata-se de uma forma de *conhecer o meio, bem como a si próprio nele integrado*, pois a estruturação do sujeito e o seu autoconhecimento se dão por mediação da interação com os outros.

Outro fator de enriquecimento já experimentado por várias experiências pedagógicas é trazer pessoas da comunidade, que podem contribuir não só ensinando artes e ofícios, mas também proporcionando um ambiente de convivência social agradável, pois a escola é espaço para ensinar e aprender a conviver. Isso faz parte do educar. Crianças e jovens gostam de ver seus familiares e seus amigos fazendo parte da escola, e isso favorece o respeito mútuo. Neste momento em que o adulto não está sendo valorizado como referência por crianças e jovens, essa estratégia tem se mostrado um recurso altamente significativo.

Todas essas estratégias para introduzir a criança/adolescente em seu tempo/espaço têm a ver com a contemporaneidade, que está se tornando cada vez mais virtual. Estamos vivenciando isso neste momento de pandemia, em que o isolamento social está presente. Consequências virão, pois essa quase exclusividade do tempo/espaço virtual nesta etapa da vida exclui o corpo a corpo das vivências. Isso cria corpos distanciados de experiências reais, e ainda vamos precisar de um tempo para observar os resultados desse acontecimento na produção da subjetividade desta geração.

12. Escola espaço de afetividade

Da escola chata à escola desejante!

Desejante não por ser encontro de amigos, ou pela merenda, ou porque os pais obrigam, mas pelo seu poder atrativo ao mundo do conhecimento, do autoconhecimento e da autorrealização.

Há muitas escolas, com propostas pedagógicas em prática, que são ilustrativas nesse sentido. Exemplos marcantes, como a proposta do Instituto Baccarelli, em plena favela de Heliópolis, em São Paulo, pautada no ensino da música e no aprendizado de instrumentos musicais. Ela atrai as crianças para esse espaço com sua *pedagogia do entusiasmo*, a qual transforma a difícil tarefa de aprender a ler partituras, solfejar e tocar um instrumento de sua escolha, que exigem muito esforço e dedicação, em algo de encantamento. E isso tem efeitos em seus percursos de formação na escola pública. Outro exemplo é a proposta pedagógica da Casa do Zezinho, com sua *pedagogia do afeto*, onde alunos com dificuldade de aprendizagem na escola pública sentem o prazer de aprender em seu ambiente acolhedor. Um exemplo de escola pública é a Escola Municipal de

Ensino Fundamental Desembargador Amorim Lima, na região oeste de São Paulo.

Por tudo que apresentamos até agora em termos de inovações no campo das ciências e da busca por integração entre a ciência e a espiritualidade, bem como pela constatação de todo o processo de degradação que vem sofrendo o planeta, a sociedade e a escola, em especial a escola pública, sobretudo na relação professor-aluno, partimos da premissa de que a escola precisa se ver como um ambiente que exerce influência estruturadora na formação da subjetivação, portanto, do *ser pessoa*, por meio do respeito à condição humana e de ações que derivam do ambiente interno, e não de ações meramente externas.

Assim, do ambiente chato em que a escola se transformou nas últimas décadas, é chegado o momento de voltar-se para o presente, deixando de lado o passado – tempo em que a escola pública era considerada boa: "Ah! A escola não tem a mesma clientela de antes!". Trata-se de um saudosismo inconsequente, e insistir em mantê-lo é anacronismo. É preciso recriá-lo.

A escola, enquanto instituição de educação e ensino, hoje tem como tarefa debruçar-se sobre si mesma e pensar a complexa dinâmica dos tempos atuais, em que as crianças *são* e *não são* mais as mesmas, mas nada mais é como antes. E agora, com a pandemia causada pelo coronavírus, é possível perceber com mais clareza como o mundo de hoje já não pode ser mais o mesmo, apenas a escola parece insistir em permanecer a mesma.

É momento de despertar para uma nova realidade. Tudo está em movimento, mudando. É momento de dar um salto qualitativo de grandeza especial para esta geração que vive a pandemia. E essa dinâmica exige a criação de uma nova ética – ética da boa convivência em um mundo complexo. Temos de enfrentar ainda outro paradigma que está no horizonte: vivemos em uma sociedade em que um dos valores fundamentais é a competitividade; precisamos criar condições para uma grande mudança em que caibam em concomitância competição e solidariedade.

Assim como a medicina tradicional começa a render-se à ideia de que as emoções e os sentimentos afetam a organicidade da vida, é chegado o tempo de o sistema educacional reconhecer a importância do afeto, seja positivo ou negativo, fluindo nas relações entre os atores do processo educativo, incluindo aí a família e a comunidade. Isso aponta para a necessidade da busca por uma sinergia favorável no coletivo da escola, como deve acontecer em qualquer grupo social.

Portanto, é momento de cada escola ficar atenta às emoções que fluem no seu ambiente, para se transformar em um ambiente receptivo, acolhedor, com a certeza de que, além dos conteúdos disciplinares, os conteúdos afetivos importam para a formação das entranhas do ser que aprende. Pois não temos um corpo somente para receber representações do mundo em que vivemos; nosso corpo também se apresenta neste mundo e a vida também pulsa nesta dimensão. Grande parte do aprendizado escolar depende fundamentalmente da boa organização da subjetividade, responsável por integrar as ações físicas, fisiológicas, cognitivas, motoras, sociais, entre outras, num todo harmônico e dinâmico, já que o organismo humano opera como um todo. E isso não é de responsabilidade apenas da família.

É preciso ter presente que a questão da subjetividade está intimamente ligada ao universo da emoção, da afetividade, dimensão esta que, apesar de todo o avanço científico na compreensão do desenvolvimento humano, ainda não é devidamente reconhecida na sociedade, na família e na vivência escolar. Dizemos devidamente porque se percebe ainda a confusão que existe no que tange à questão da emoção, do desejo, da vontade e do prazer de aprender na escola. Já mostramos vários exemplos de como essa confusão ocorre, mas, para esclarecer este ponto, lembramos como uma nota baixa mexe com a autoestima do aluno, como o não respeito às diferenças pode resultar em discriminação, em *bullying* e em outras formas de fluxo de afetividade no seu lado negativo. Vemos que programas para trabalhar definições sobre *bullying* ou treinar os alunos para o não *bullying* não surtem efeitos, pois isso depende de uma proposta pedagógica que compreenda um novo modo de pensar a escola enquanto espaço de convivência e vivência das relações que nela pulsam.

Esse modo de entender a educação escolar tem tudo a ver com a importância vital da criação de uma ordem/desordem favorável ao processo construtivo/desconstrutivo de ensinar e aprender. Temos enfatizado, conforme a visão da complexidade e da psicanálise, que uma ordem emerge da desordem e da dispersão – essa dinâmica é autogenerativa. Quando uma ordem começa a ficar coagulada, necessita-se de uma *perturbação* por meio da qual são promovidas transformações. Essa ideia transformativa é recorrente, desde que se esteja aberto a transformações, desdobramentos e metamorfoses. Isso aparece em Freud claramente a partir de 1920, quando ele tentará dar conta dos traumas que não são de origem sexual. Nesse momento, ele cria o conceito de pulsão de morte observando os traumas de guerra, que têm origem nas intensidades mecânicas e emocionais vividas nos campos de batalha pelos soldados durante a Primeira Guerra Mundial.

Assim, saber lidar com as intensidades traumáticas salta para um primeiro plano. Nossas cidades são palcos delas em nosso vivenciar cotidiano, e nossas escolas precisam estar aparelhadas para lidar com estas questões.

Estará a escola percebendo agora estes sinais de modo mais evidente? Não estaria a ordem pedagógica coagulada, sem perceber a *perturbação* decorrente do reconhecimento da "escola chata", que indica a necessidade de movimentar-se em outras direções para transformá-la? Agora é o momento.

Fazer o que se faz com prazer move energias proporcionadoras de entusiasmo – o entusiasmo como algo a ser produzido, provocado – e também de alegrias que criam o desejo de alimentar esse processo, isto é, de querer aprender mais sobre si e a vida.

Adentrar o campo dos afetos, na medida em que a afetividade modula as intensidades facilitadoras de ações direcionadas ao que se deseja – seja para o melhor ou o pior –, é exigência no mundo atual, a fim de formar sujeitos preparados para enfrentar a turbulência, a perda das certezas e o caos de forma criativa. Já falamos sobre isso, mas aqui enfatizamos a complexidade enquanto prática a ser adotada também na escola.

O desejo: uma arma de dois ou múltiplos gumes

De um lado, ele é um impulso para a ação. Não é possível viver sem esse impulso, para tudo é preciso haver um desejo, um querer, uma vontade. Sempre há algo no ambiente que nos atrai e cria um anseio que nos convida à ação. Porém, se não bem administrado, pode nos colocar numa cadeia que nos aprisiona na ânsia de saciedade, de satisfação imediata de tudo que almejamos. Este é um dos fatores de produção da síndrome de ansiedade, característica de nossa época.

O entorno que nos cerca é produtor e estimulante à formação dessa cadeia insaciável de desejos pelo que está fora do espaço escolar, porém vemos acontecer o prazer de aprender em várias escolas com propostas inovadoras, uma constante que deriva de um ambiente capaz de atrair o interesse dos alunos pelos saberes que ela tem a oferecer:[1] o conhecimento da realidade. Não apenas a realidade apresentada pelos livros didáticos, ou exposta pelos professores, mas a realidade em que vivem os alunos, em um clima de participação e construção coletiva. E essa realidade é a própria escola, o próprio ambiente/território onde a criança e a família se situam, o mundo virtual que a rodeia.

Aqui entramos na formulação do *desejo* como espaço de afetividade, vivido no social: por que a escola não consegue criar nos alunos o desejo pelo que ela tem a oferecer – o conhecimento do mundo onde vivem? Falta de fundamentação? Falta de preparo? Falta de interesse?

Apostamos na falta de fundamentação. Por não compreender o significado de afeto – tudo aquilo que afeta tanto para o bem como para o mal –, a escola não sabe lidar com a questão da afetividade na construção da subjetividade. De um lado, afetos como abraços parecem não cair bem, mas afetos como humilhar o aluno chamando-o de preguiçoso são bem-vistos.

No entanto, como o entusiasmo mora em *espaços afetivos*, e sendo ele a mola propulsora do *desejo de aprender* os conteúdos ditos como necessários à formação dos jovens, há necessidade de uma atenção especial ao que sugere Morin (2000): os conteúdos relacionados à identidade terrena, à compreensão intersubjetiva, ao respeito, ao enfrentamento das incertezas, à ética do gênero humano, bem como à forma de trabalhá-los nas relações afetivas no ambiente escolar. Caso contrário, compromete-se a elaboração do conhecimento, que não é só ter acesso a informações, pois somente pela racionalidade – objetivo do Iluminismo – não se chega ao conhecimento, ao saber dos conteúdos disciplinares em sua abrangência,

1 Sugerimos aqui a leitura de Almeida e Pederiva (2019).

nem mesmo à formação do caráter, na qual a escola tem sua participação.

O assunto da formação do caráter é uma das questões mais candentes da atualidade, pois ainda é possível lidar com certo sucesso com a anomia que está na base da formação das psicopatias (distúrbios do caráter) nesta época escolar.

A indisciplina e a violência como sintomas

Além da pouca motivação para o aprender na escola, chama a atenção o aumento da indisciplina, chegando-se ao fenômeno da *violência* no social, que se tornou também questão crucial da educação escolar. A violência é uma forma de afeto, aliás, muito importante na elaboração do aprendizado – observe-se o poder criativo dos criminosos, infelizmente voltado para resultados destrutivos. Ao ficar no polo exclusivo da racionalidade, a escola praticamente nega o valor da afetividade como participante na produção do conhecimento. Abolindo-a da educação, criou o caldo de cultura para a violência vicejar. Cabe à escola e ao professor criarem condições para catalisar essa emoção, quando destrutiva, e propiciar uma nova vicissitude para ela: usar o próprio impulso destrutivo da violência como fonte de novas formas de criação, buscando reconhecer os desejos latentes e manifestos de alunos e professores. As atividades escolares precisam casar-se com os *desejos* dos alunos ligados à realidade dos espaços onde vivem, porém não apenas os desejos imediatos, lembrando Arendt (citada por Almeida, 2011), mas, a partir deles, estimular os desejos por valores mediatos e profundos, a fim de formar pessoas socialmente comprometidas com esses espaços.

Para que tudo isso aconteça, é preciso transformar o sintoma de não gostar de ensinar e de não gostar de aprender em afetos positivos, que vão propiciar o aparecimento do entusiasmo na escola. O não gostar de ensinar e o não gostar de aprender são sintomas políticos, sociais e culturais de nosso momento histórico: um mundo desertificado, com raros oásis de relações humanas autênticas, no qual se vive a medicalização dos afetos. Milhares de diagnósticos de hiperatividade, falta de concentração, depressão – a taxa de suicídio aumentando –, algo que se tenta tratar como doenças individuais, quando na verdade são patologias do social. Não que elas não existam nas subjetividades, mas por que será que estão tomando grandes proporções em números de diagnósticos?

Acreditamos que se trata do mau manejo das intensidades das emoções violentas na sociedade, na família e na escola. Como, em geral, elas são rejeitadas nas instituições, extrapolam para fora desses muros atingindo o social e, concomitantemente, a partir do social, voltam a atingir as escolas, as famílias e outras instituições que acreditavam ter se livrado delas apenas rejeitando suas expressões. É momento de repensar a repressão como instrumento de controle e, em seu lugar, colocar a liberdade de expressão e o aprendizado do autocontrole, da autodisciplina na convivência com adultos e colegas.

A questão, porém, é mais complexa: não só a violência, mas toda forma de expressão inadequada necessita ser detectada no interior das instituições sociais, inclusive escolas, e também processada, o que depende de um trabalho transdisciplinar envolvendo várias esferas do social. Uma delas é a questão do *desejo* como força criativa e transformadora na vida cotidiana. Nesse sentido, a psicanálise tem muito a oferecer para compreendermos a contemporaneidade, pois Freud (1900), em seu texto basilar *A interpretação dos sonhos*, parte do desejo para tentar dar conta de sua importância na formação do psiquismo.

Por isso, vemos o desejo como uma ebulição que ocorre no sujeito/objeto e quer ganhar expressão. Por ebulição nos referimos aos movimentos e às possíveis formas de suas flutuações que possam plasmar a organização da vida escolar. O desejo que se produz em seu contexto é participante de uma usinagem que busca dar consistência a formas que podem vir, ou não, a se esboçar. Tudo depende de aspectos afetivos que estão em jogo. Nesse caldeirão pode estar pulsando um grande entusiasmo, ou um grande pessimismo. Assim, as formas que serão produzidas levarão essa marca, pois desejo nem sempre tem a ver com positividade; muitas vezes as produções podem ser bastante destrutivas e/ou violentas. Cabe ao ambiente ter condições de avaliar que direção essa pulsação está tomando. No caso da escola, entendemos que o *pulsar* deve voltar-se ao objeto do conhecimento escolar e à sua formação como ser integrado.

A falta do espaço adequado para a afetividade

É ao projeto pedagógico da escola que compete prever o espaço de afetividade provocador das condições para que os alunos esbocem desejos. Essa questão deve receber muita ênfase, pois é o desejo que vai dar a direção para a descoberta das vocações – chamados interiores diferenciados de cada um, matéria-prima fundamental para a formação do sujeito que participa da construção do social. Estamos, pois, falando de desejos bem coordenados, e não meramente impulsivos.

Como deixamos claro em vários momentos deste trabalho, *afetividade* é algo mais que a simples manifestação de carinho e atenção com as crianças e os adolescentes. Trabalhar a afetividade não é concretizar a satisfação imediata das vontades. Na afetividade incluem-se as frustrações, força propulsora para a afirmação de limites que podem sempre ser rompidos, mas que precisam ser marcados. Trabalhar a afetividade como firme, positiva, autêntica, disciplinada, pautada por atenção, cuidado e respeito à singularidade dos alunos, com aberturas e limites claros e definidos para todos, é a tarefa do ato pedagógico. Afetividade com função emancipatória, um trabalho que auxilie o educando a caminhar da ação para a simbolização. Mas o que significa isso?

Da ação à simbolização

Traço que vem se tornando marcante na cultura atual é o fato de o ser humano estar muito ligado à busca pela satisfação de desejos cada vez mais imediatos, portanto, superficiais. Assim, está o sujeito mais ligado à *sinalização* que à *simbolização*. A sinalização está ligada à ação de pautar-se pela informação imediata sem nenhum metabolismo, sem elaboração interna. Isso faz do ser humano atual um ser da ação, do movimento. Todavia, quando isso se intensifica sem a devida percepção do seu significado, passa a ser fonte de problemas. Isso indica a necessidade da simbolização como forma de integrar e internalizar a ação e permitir que se sedimente o vivido, o experimentado.

Não seria oportuno, de certa forma, a escola pensar em criar um tempo lento, mais calmo, que permita esse processo de simbolização? Um momento de elaboração do vivido que pode ser um momento de síntese, de formulação de conclusões, de debates e trocas entre os colegas, com apresentações individuais e/ou em grupos, ou mesmo de recolhimento para sentir o significado do que foi aprendido. A prova pode ser um bom exemplo: de uma situação pavorosa a algo que possa se assemelhar a um momento de recolhimento em si mesmo. Lembramos que esse recolhimento faz parte da prática da meditação, hoje já presente em muitas escolas, até mesmo infantis.

Quando o homem é puro movimento – acelerado –, significa que não conseguiu criar um espaço interior fundamental para que se dê a sua própria simbolização. Ou seja, quando uma ação operacionalizada no concreto é em seguida operacionalizada internamente e ganha sua singularidade. Assim, podemos dizer que um *espaço de afetividade* criado no ambiente escolar é também criado na subjetividade do ser que apreende e aprende.

A criação desse *espaço de afetividade* na subjetividade do aluno é uma das grandes funções da escola na atualidade, em todos os níveis. Esse espaço também deverá ser desenvolvido na subjetividade do professor, do coordenador pedagógico, do diretor e dos funcionários que atuam na escola e têm consciência da responsabilidade do seu trabalho.

Isso é fundamental para que a escola, em sentido amplo, possa alcançar a consciência do nosso momento histórico. O que se observa neste momento crucial são as perdas de referências, consistências e consequências na sociedade e na subjetividade. A escola tem de se tornar o espaço propiciador dessas três categorias, a fim de auto-organizar o caos, ou seja, as turbulências, as dispersões, as desagregações e as cisões. Em "Além do princípio do prazer" (1920), Freud postula essas manifestações como expressões da pulsão de morte.

Tomemos mais uma vez o exemplo da indisciplina/violência. É importante que se faça uma análise microscópica para localizar a violência na esfera docente e nos demais atores do processo educativo, pois esta não se encontra apenas na indisciplina e na rebeldia das crianças mal-educadas e dos jovens, mas também está incrustada na má qualidade da formação profissional, na sua má remuneração, na sua falta de reconhecimento na vida social, fazendo com que o professor não tenha mais uma *posição de autoridade*[2] frente à classe, o que faz parte da crise de perda de *referências* da autoridade. Isso tem *consequências* gravíssimas no social, na medida em que a perda da simbolização da autoridade, que acontece também na família – fruto do modelo de sociedade da era moderna pautada no modelo cartesiano/newtoniano –, está levando à corrosão das figuras de autoridade, o que se refere à perda de *consistência*. Isso não significa voltar ao passado, pois para tal precisaríamos recriar o seu contexto, o que é praticamente impossível. Porém, é possível ressignificar o presente.

Fundada na racionalidade, a escola, ao querer perpetuar o mesmo modelo de ensino através das gerações, não dá mais conta de responder às demandas de hoje, pois a racionalidade funciona apenas para sistemas fechados e deterministas em que não cabe a afetividade (embora hoje se preveja que as máquinas também poderão ser afetivas). Na noção de movimento e de vida que trabalhamos, essa repetição do mesmo já não é mais possível, pois o novo está sempre pulsando, portanto, a criatividade é a busca principal, sem deixar de fora o trabalho das gerações precedentes. Isso implica uma superação do idealismo, ou de uma clientela ideal, que sugere a perfeição e o inatingível. Porém, existem forças no âmbito social, tanto no poder público quanto nas instituições acadêmicas, que insistem em mantê-lo. Esse é o anacronismo.

Se a mudança do paradigma deve ocorrer na sociedade, evidentemente ela deve caminhar para uma nova ética que, a nosso ver, está sempre ligada à simbolização, capacidade que o ser humano está perdendo em virtude da aceleração excessiva do cotidiano. Na cultura, a pequena ação de clicar na tela lança o sujeito à instantaneidade de acessos e propicia multiplicidades de movimentos que

2 Coisa que não acontece em escolas com uma pedagogia bem arquitetada para a formação da pessoa na perspectiva da integralidade humana.

ele não consegue dar conta de internalizar. A consequência a que assistimos são sinais claros de anomia em que cada um acha que pode fazer o que quer, sem levar em conta o outro, o coletivo.

O que não é simbolizado vai ser entulhado no psíquico e no somático, como uma quantidade de intensidades geradoras de estresse, e, consequentemente, o indivíduo não vai a fundo nas suas questões, ficando apenas na superficialidade, bloqueando assim a possibilidade do desdobramento, que consiste em alcançar a profundidade. Ou seja, o metabolismo ou a elaboração do acontecimento não ocorre. O câncer da atualidade é o grande miasma a bloquear o metabolismo que deve propiciar a interioridade de todas as emoções, dos raciocínios e das expressões estéticas. Fica-se apenas na superficialidade abstrata expressa pelo racionalismo, não se chegando à profundidade, à característica principal do processo de desdobramento que é o trânsito, o movimento afetivo contínuo entre a superficialidade e a interioridade. Nessa movimentação é possível a vida se subjetivar nas pessoas por meio da apreensão deste fluxo.

Essa movimentação excessiva pode ser apreendida pela imagem de uma geração do *homem multitelas* – o ser humano que vive em tempo real, manejando "várias telas" ao mesmo tempo. Isso gera consequências como o aumento dos transtornos psicossomáticos, o estresse, a drogadição, as anorexias, as bulimias e todas as demais patologias ligadas à metabolização das intensidades. Estamos vivendo e presenciando este processo durante a pandemia, estamos intensamente nos expondo às telas.

Nesse contexto, a criança muito ativa, quando não percebida como inteligente, passa a ser confundida com uma criança doente, hiperativa, quando na verdade trata-se de uma alteração no social que, na escola, pode ser analisada como falta de motivação adequada. Isto é, falta de desejo direcionado aos conteúdos e às atividades da escola.

O que fazer face a essa questão? Como podemos querer que a criança ou o jovem *multitelas* fiquem quietos, sentados, ouvindo o professor com informações muitas vezes sem sentido ou repetitivas para seu contexto atual? Na contemporaneidade, temos de juntar o racional e o afeto. Isso só é possível pelo processo de desdobramento, que cria um jogo de movimentação entre o superficial e o profundo, como já mencionamos.

Entendemos que a resposta poderia estar na criação de movimentos em que a simbolização propiciada/propiciadora ocorra. Isso pode acontecer na arte, na leitura, na ciência e até na matemática, em todas as áreas do conhecimento, constituindo-se em motivos de uma grande aventura na vivência escolar, rica e enriquecedora.

Que respostas a escola deve dar para este mundo contemporâneo tão cindido a pedir uma educação articulada e articuladora para dar rumo às intensas demandas deste nosso momento histórico? O que se pede a ela é uma pedagogia autogenerativa.

13. A pedagogia autogenerativa e a formação do sujeito desejante

Retomando as questões do século XXI, lembramos que o ritmo do final do século recém-findo, um tempo de intensos movimentos transformativos, atinge agora um ápice e chega até a provocar a imaginação: como será o mundo daqui a vinte ou trinta anos, ou seja, quando chegarmos aos anos 2050?

O que as crianças de hoje, então adultos, enfrentarão diante da promessa de que a inteligência artificial (IA) seguirá sendo aperfeiçoada em amplitude e velocidade cada vez maiores? A robótica dispensará a força e o trabalho físico e mental do homem? O que substituirá o nosso atual computador e ocupará o lugar do modelo mais avançado de telefone celular? Como estarão as ruas já superlotadas de veículos automotivos? O automóvel como o conhecemos será o veículo mais desejado? Como será a medicina nesse futuro tão próximo, diante dos indícios de que será guiada pela robótica? A relação médico-paciente será substituída pela máquina? Como ficarão nossos jovens diante de tantas transformações? Existirão ainda escolas como as que conhecemos hoje? Ou predominará o ensino a distância, isto é, por meio de metodologias midiáticas? Quais serão os desafios adaptativos que os adultos terão de enfrentar quando se aposentarem (se é que isso vai vigorar)? Serão como os de hoje, que não conseguem acompanhar a evolução dos recursos tecnológicos? Quais as descobertas científicas que nortearão os rumos das novas organizações sociais? A organização em rede ainda será o modelo? Enfim, como será a existência na Terra nessa velocidade com que caminha a evolução do universo e, por conseguinte, da humanidade, num mundo de total incerteza?[1]

Isso nos lembra o filme *Assim caminha a humanidade*, de 1956, em que o jovem ator James Dean faz o papel de filho que vê o pai exibindo a ele o que a humanidade deixava como herança: o cenário de uma sociedade tomada pelas chaminés do progresso industrial e, assim, contaminada pela poluição (Stevens, 1956). Hoje, um pai exibiria uma parafernália tecnológica com inúmeros dispositivos, com todos mergulhados em um mundo virtual olhando para a tela do celular ou *tablet*, ou com óculos virtuais que se ligam ao mundo distante, porém, como um sintoma de nossa época, desligados do seu ambiente próximo. Será este um mundo de relações cada vez mais fluidas, termo cunhado por Bauman (2008), em que tudo se dissolve na rapidez das mudanças, dominado por pressa, ansiedade, agitação, *ritmos* desiguais, violência, autocentramento ou individualismo, no qual se configura a busca por uma organização mais horizontalizada, com seus acertos e seus múltiplos desacertos, introduzindo nova dinâmica de autoridade, antes baseada na hierarquia vertical? O patriarcado, por exemplo, já entrou em crise há algumas décadas.

---

1 Autores como Bauman, Morin e Harari, entre outros, falam sobre essas questões. Ver Prigogine (1996).

Aquele tempo em que os profissionais se formavam e tinham a certeza de se aposentar na profissão escolhida, com nenhuma ou pouca alteração no seu itinerário, já se tornou passado. Na segunda metade do século XX, o panorama começou a mudar. Quem terminasse seu período de atividade na profissão escolhida já não encerrava a carreira como começara. Muitas mudanças obrigavam à atualização profissional contínua para assimilar as novidades. No final do século, a dinâmica passou a impor novos movimentos transformativos, provocando até mesmo alterações no campo das profissões. Cabe perguntar para o futuro: quais serão as profissões em vigência? Como será a organização do mundo do trabalho com o avanço contínuo dos processos de automação? Haverá ocupações para o homem? Ou haverá uma revolução pós-humana?

Se até aqui pensávamos o mundo no ritmo em que vinha evoluindo, diante da pandemia temos de refazer nossas perguntas: *como repensar a escola a fim de que seja capaz de preparar as crianças e os jovens para o tempo pós-pandemia, um futuro totalmente aberto e incerto?*

Como inserir os educandos num mundo que nos põe em contato com uma realidade de intensos movimentos disruptivos? Movimentos estes que são, por sua natureza, caóticos, mas a partir dos quais o novo pulsa, na medida em que anunciam que o que foi se esgotou. E diante do esgotamento mais rápido do que se esperava, a sociedade e as nossas escolas estão preparadas para as turbulências que se esboçam no horizonte? Com a robótica substituindo a inteligência humana, o homem dará conta de uma sociedade mais humanizada? A pedagogia, com seus modelos tradicionais de transmissão e de avalição de conteúdos memorizados, ainda tem espaço?

A pedagogia tradicional, que até o momento sustenta a prática de ensino assentada em fundamentos de um modelo pensado para um mundo lento, quase estático, há tempos vem mostrando o *descompasso* com essa realidade quase volátil. Além de preparar os jovens para este cenário, dando a eles a possibilidade de construção de uma narrativa que os constitui como sujeitos desejantes, ela terá de se pensar como espaço que caiba nesse devir. E como será?

Estamos agora diante de uma surpreendente tragédia que atinge o mundo e pede mudanças, algumas até drásticas, como repensar o modelo político e econômico para outra organização social solidária e apta a cuidar do planeta e promover a organização de uma sociedade humanizada, que supere a grande questão: como educar o ser humano num mundo desumanizado? Como será o ritmo fundamental na organização da vida nesse outro tipo de escola que há de vir?

Pensando nessas questões e em função da evolução do conhecimento científico e tecnológico, configurado sobretudo na década de 2010, o sentido de uma pedagogia a fundamentar a educação escolar para o século XXI deve considerar a escola como um *organismo vivo em contínua metamorfose*. Portanto, um sistema social aberto que considere a complexidade do momento, o que requer a compreensão do conceito dinâmico de ordem/desordem/caos.

Essa relação tem no diálogo, no sentido amplo que abrange novas relações na busca de entendimento e consenso, a sua grande estratégia: a dialógica traz uma ampliação da visão dialética - tese, antítese, síntese. Considera a relação todo-partes, não a separabilidade, e pressupõe a compreensão do princípio de complementaridade. Entendemos que uma pedagogia em sintonia com esses novos parâmetros deve estar apta à rápida organização/desorganização/reorganização diante do entorno em transformação, sem perder de vista o equilíbrio dinâmico entre o novo e o que deve permanecer como valor para a formação do ser humano em sua natureza essencial/existencial.

Denominamos essa pedagogia *autogenerativa*, que vem do termo *autopoiese* (do grego *autopoiesis*, *auto*: "próprio", *poiesis*: "criação"), adotado na década de 1970 pelos biólogos e filósofos chilenos Humberto Maturana e Francisco Varela (2001) para designar a capacidade dos seres vivos de produzirem a si próprios, o que traduz a *capacidade de autocriação* ou autogeração. Em outras palavras, uma pedagogia que faça da escola um espaço capaz de se auto-organizar ante o novo, que chega em períodos cada vez mais curtos e abala suas configurações institucionais, estruturais e curriculares, e que saiba incorporar com bom senso os elementos que são quase uma extensão do nosso corpo, como o celular. O que virá no futuro? Tudo indica que os robôs ocuparão um lugar de destaque nessa perspectiva, mas o que ficará para o homem? Chips implantados serão possíveis? Estamos diante de uma questão pós-humana?

Essa pedagogia se impõe diante da realidade que se revela processual, isto é, em processo de contínua transformação, que não se faz sem a desconstrução do que não serve mais e a reconstrução necessária aos ajustes ao novo que se apresenta em confronto com a tradição. Trata-se da proposta de uma pedagogia em que essa dança de construção e desconstrução aconteça simultaneamente, como um processo metabólico, à semelhança do que propõe o construtivismo piagetiano, que coloca a aquisição do conhecimento como um processo digestivo – em que o corpo assimila os nutrientes para acomodá-los em novos componentes (Piaget, 1967) –, e possa assim construir todo um novo modo de pensar o sistema cognitivo e a natureza da inteligência. Freud (1911) usa essa mesma metáfora metabólica para compor sua segunda tópica sobre o funcionamento do aparelho psíquico.

Esse processo digestório é conhecido como metabolismo, e sugerimos que a escola, um organismo social vivo, e vida é movimento, tem de ser uma instituição metabólica – isto é, transformadora –, ou *autopoiética/autocriativa*. Nesta não cabe mais a repetição pela repetição de conteúdos e modelos superados, congelados, que não se coadunam com a realidade e a contemporaneidade. Este é o sentido de uma pedagogia que ultrapassa a concepção construtivista ou desconstrutivista, no seu sentido restrito, e se caracteriza pelo movimento de *construção/desconstrução/reconstrução* sempre em recorrência, ou em metamorfose.

Nesse sentido, o projeto pedagógico da escola precisa ser concebido como o nosso organismo humano: cada célula tem sua função e coopera com o funcionamento do organismo todo. Ou como na metáfora da teia de aranha: quando um componente é tocado, todos os demais respondem em concomitância a esse impulso/vibração, repercutindo em toda a rede. Na escola, esse estímulo pode ser o propósito de toda a ressonância do que se quer alcançar, por exemplo: ensinar a ler, ensinar noções dos diferentes saberes, bem como ensinar bons hábitos, valores e atitudes que serão a base de uma nova ética para formar o ser pessoa. Isso mobiliza todos os nós da teia, o que mostra o sentido de articulação entre elementos díspares. Nós, seres humanos, conhecemos com o corpo inteiro, não só com a razão. Esse é o sentido da transdisciplinaridade. Isto posto, apontamos para a *transição da disciplinaridade para a inter- e a transdisciplinaridade*, uma exigência da cultura atual.

Inter- e transdisciplinaridade: uma exigência

Após mais de trezentos anos de uma visão racionalista do universo, concebido como máquina segundo leis mecânicas, o avanço da ciência revela-o como um organismo vivo, uma rede de relações interconectadas entre seus componentes – o todo e suas partes, e vice-versa. Uma mudança de paradigmas.

É nesse contexto de novos paradigmas que a escola precisa continuar a se inserir para entrar em consonância com as sutilezas das transformações que foram acontecendo e continuam pulsando no âmbito da sociedade e da cultura. A começar por assumir mudança no paradigma da pedagogia conservadora de tradição expositiva para uma pedagogia autogenerativa – autopoiética, autocriativa –, que estabeleça nova compreensão das relações professor-aluno e ensino-aprendizagem e da avaliação. Assumi-la significa reconhecer a sua capacidade de auto-organização a fim de acompanhar essa movimentação intensa que a sociedade humana vivencia na atualidade, que de um lado soa promissora, mas, de outro, ameaçadora, com a perspectiva do domínio da máquina. Em outras palavras, rever os paradigmas antigos que ainda insistem em estar presentes nas organizações escolares, porém buscando o equilíbrio entre o velho e o novo, através de contínuos desdobramentos (Rovai & Lima, 2015). Essa é uma tarefa das políticas públicas, com projetos de educação que contemplem a todos ao acompanhar a dinâmica da sociedade e da cultura.

A grande mudança: da genética à epigenética

Células inteligentes! Essa é a mensagem da epigenética, que leva ao que se chama hoje de inteligência, entendida como capacidade de adaptação/criação a situações novas. Não mais um quociente de inteligência (QI) geneticamente determinado, mas que sofre a influência das condições do meio ambiente. Postulado conhecido desde que Piaget (1967), ao estudar os moluscos no início do século XX, percebeu que ocorria neles mudança de cor e de comportamento em diferentes ambientes e, a partir dessa ideia, desenvolveu sua teoria da inteligência como construção pelo processo de assimilação/adaptação. Diga-se de passagem, adaptação não como um processo passivo, mas dinâmico, em que um desequilíbrio provocado pelo meio leva o organismo a buscar um novo equilíbrio. Todo movimento pulsional é ativo, mesmo que a finalidade seja passiva. Às vezes, precisamos ouvir muito (posição passiva), mas isso no fundo produzirá consequências criativas no ambiente, apontando que nem sempre a posição passiva é inerte.

O termo "adaptação" sempre teve significado negativo, ligado a um conservadorismo retrógrado. Porém, advindo da ideia do mundo em movimento, em que a necessidade de adaptação às mudanças tornou-se um imperativo – diante do entendimento de que as transformações/mudanças são perenes e sempre recorrentes –, o termo ganha um sentido dinâmico, como sugerem Goethe (2004) e Piaget (1967).

A pedagogia autogenerativa/criativa possibilita aos profissionais da educação, em especial o professor, e também aos pais *observar e constatar* o que acontece com uma criança humilhada/envergonhada, que muda o seu semblante facial para uma cor avermelhada quando determinados afetos são mobilizados, ou sua atitude rebelde ante uma nota baixa.

Para melhor entendermos isso, é boa a metáfora das *células inteligentes*, porque têm vontade própria, têm um propósito de vida, procuram ambientes que sejam adequados à sua sobrevivência, evitam aqueles que são tóxicos e hostis, e são capazes de aprender com as experiências vividas em seu meio ambiente (Lipton, 2007). Pensemos no exemplo do grão de feijão que busca a luz, ou do aluno que busca algo no celular quando a escola não consegue atrair o seu interesse, haja vista a ocorrência de múltiplos estímulos físicos atraentes no ciberespaço.

Por fim, células inteligentes têm a capacidade de se tornarem cada vez mais inteligentes, graças à interação cooperativa entre os organismos e o meio ambiente dinâmico e desafiador e à mediação do humano. Deduz-se, portanto, que a inteligência individual ou grupal cresce e se desenvolve por processos *perturbadores* ou de *desequilíbrio e busca por reequilíbrio.*

Aprender com as células: somos células da sociedade

Assim deve fazer uma pedagogia autogenerativa promotora da inteligência individual e grupal ao conceber o ambiente escolar como estimulador, que tem nos motivos e nos interesses despertados por um desafio, ou certa dose de tensão, o elemento necessário para criar o desejo de aprender/apreender o novo. O que se coloca como desafio é, na verdade, o desejo de superar esse nível de tensão, como vetores de intensidades em constante articulação produzindo resultantes nos campos físico, biológico e psicológico. Neste caso, os conteúdos recorrentes e transmitidos devem estar sempre articulados com o universo vivencial dos sujeitos, produtores de subjetividade. Percebe-se assim a importância de o currículo estar articulado com a vida do espaço geográfico onde a escola se encontra instalada, o seu ambiente ampliado.

Saber dosar esse nível de tensão, de desequilíbrio, é uma das importantes tarefas de uma pedagogia autogenerativa e uma competência do professor e dos gestores. Maturana e Varela (2001) apontam a necessidade de haver um encontro entre o *novo* (aquilo que o meio ambiente apresenta) e o *existente* (aquilo que já está presente no sujeito) para mobilizar o sistema cognitivo.

Essa ideia encontramos em Piaget (1967), bem como em Vygotsky (1989) e em Freud (1920), ao tentar mostrar que, no campo da subjetividade, precisamos nos compor em coletividade com trocas efetivas para que os sujeitos possam se desenvolver com soltura. Ela acrescenta a orientação para uma adequação do que se vai ensinar/

aprender ao desenvolvimento do aluno, ou à *organização* de sua estrutura cognitiva no momento da aprendizagem: os conhecimentos e as experiências que os alunos trazem para dentro da sala de aula. Não se assimila o que o organismo não tem condições de assimilar, nem quando o organismo não sente necessidade, interesse e, consequentemente, vontade de adquirir. Decora-se sem apreender o sentido!

Destaquemos alguns princípios para repensar a pedagogia.

Conhecendo o conhecer

Isso tornou-se um princípio de aprendizagem no processo de auto-organização que vai determinar a resposta a ser dada aos estímulos que surgem e são oferecidos aos alunos: um jogo de organização/desorganização/reorganização – Piaget (1967) chama de *equilibração/desequilibração/reequilibração* – assentado na proposta de que os seres vivos se caracterizam por produzirem continuamente a si próprios. É essa dinâmica que Maturana e Varela (2001) denominam *organização autopoiética/autocriativa*.

Essa é a contribuição de Maturana e Varela sobre *conhecer o conhecer*, em que o fenômeno cognitivo é gerado como resultado da *ação* do ser vivo. Para esses autores, não há descontinuidade entre o social, o humano e suas raízes biológicas no processo evolutivo da humanidade. O fenômeno do conhecer é um todo integrado e está fundamentado da mesma forma em todos os seus âmbitos. Como já dissemos, damos ênfase ao fazer como base do conhecer, pois todo conhecer é um fazer e nós conhecemos com o corpo todo, e não apenas com a razão, como pensam os adeptos do racionalismo. *O conhecimento vivido não é esquecido*, em nítida contraposição ao conhecimento mecanicamente armazenado na memória.

O conhecimento compreensivo, domínio da experiência vivida, constitui base sólida da pedagogia autogenerativa, em contraposição ao conhecimento meramente explicativo. Hoje isso está surgindo com a denominação "cultura *maker*", mas essa ideia não é nova. Ela vem de Dewey, que traz a importância do aprender pelo fazer (Doll Jr., 1997). É apenas uma nova maneira de pensar o agir do aluno na escola diante de uma realidade que pede uma nova cognição.

Outro conceito de cognição

Um que considere a integração entre razão e emoção e sua interação complexa no pensar, no fazer e no sentir. Pelo que nos ensinam os autores citados há pouco, percebe-se que a noção de inteligência com acento em base biológica é reconhecidamente modulada pelos estímulos presentes no ambiente. Como consequência, vários são os conceitos de nossa organização biológica revistos por essa mudança de foco da ciência epigenética. O princípio do QI, que, em determinado momento, podia garantir previsibilidade do desempenho futuro dos alunos, encontra-se ainda presente na fala de muitos profissionais da educação e permite que, a partir de certos comportamentos apresentados pelos alunos, a escola emita pareceres do tipo: "este aluno não tem jeito"; "não há nada que se possa fazer com ele". São imagens preconcebidas e estereotipadas que povoam o imaginário escolar e impedem que outras imagens sejam formuladas a partir do acompanhamento vivencial com os alunos e suas diferenças no decorrer do processo de ensino-aprendizagem interativo diário, uma vez que *todos são capazes de aprender.*

Hoje, a evolução do conhecimento mostra que a inteligência é muito mais do que o teste pode medir; ela é fruto de uma rede infinita de interconexões internas e externas – estimuladas pelo ambiente. No entanto, é comum ver o professor, a escola e a própria família começarem logo cedo a marcar o destino de alunos, que passarão a ocupar um lugar onde sua inteligência não pode aparecer ou se manifestar. Com essa atitude, demonstram que a "medição" por testes à moda antiga, que não consideram múltiplas variáveis - emocional/afetivo, falta de interesse, desmotivação, o porquê das dificuldades, o contexto, entre outras –, pode ser bastante enganadora. Essa ocorrência, mais comumente conhecida como rotulação, leva à criação de estereótipos que, na psicologia, explicam a profecia da autorrealização.[2]

Na perspectiva do processo de construção da cognição, que sofre influência do meio ambiente e da cultura, o espaço escolar, em sua conexão com a família e a comunidade, precisa ser pensado como um ambiente estimulante do desenvolvimento global, que faça desabrochar, em vez de aprisionar, as qualidades intelectivas/afetivas dos alunos.

Essa mudança de olhar traz várias consequências que caracterizam o antigo paradigma linear na prática educativa, conhecido como instrucionismo, já que hoje todo esse fenômeno acontece em uma rede e em articulações de redes simultaneamente, a exemplo da interatividade entre a Lua e a maré. No modo de aprender transdisciplinar já fica caracterizada a superação do pensamento causal e, rompendo essa linearidade, desemboca-se em múltiplas possibilidades de abertura para o aprender, atendendo a todos em suas diferenças na capacidade para aprender - aptidão.

---

2 Profecia autorrealizadora refere-se ao processo de crença que contribui para que ela de fato se concretize. Trata-se de processo inconsciente que pode acontecer com crenças negativas e positivas.

Todos têm capacidade para aprender

Porém, nem todos têm igual capacidade para aprender tudo igualmente. Aí entra a diversidade: uns se revelam com capacidade em algumas áreas, enquanto outros se destacam em áreas diferentes. Quebra-se o mito do primeiro aluno da classe, aquele que se destaca entre os demais sob o tratamento da homogeneidade, virtude ainda alimentada por muitos!

Retomemos um exemplo anterior: aqueles com capacidade para o aprendizado da língua portuguesa. Ainda assim, uns vão revelar capacidade para a parte literária, e mesmo aí revelam capacidade para diferentes gêneros literários, enquanto outros manifestam interesse pela parte gramatical, espaço no qual transitam com facilidade, o que não acontece igualmente com todos. Com essa diversidade de interesses, nenhum aluno terá condições de se destacar em todos os campos, mas, em contrapartida, todos terão a possibilidade de ser reconhecidos como bons em sua área de interesse. Isso facilita muito o processo de subjetivação dos alunos, pois cada qual vai ter o reconhecimento das suas próprias produções interiorizado/simbolizado, o que vai contribuir para sua autoestima e sua auto-organização. E também para sua escolha vocacional/profissional em nossa época caracterizada por uma mutação constante que mostra a plasticidade do ser humano em novas aquisições e aplicações, portanto, a capacidade de adquirir novas aptidões. É isso que deve ser levado em conta no processo educativo e não se justifica padronizar as notas – o mínimo para passar de ano. Esse pressuposto é hoje confirmado pela neurociência.

A plasticidade do cérebro

Confirmada por pesquisas na área da neurobiologia, diz respeito à capacidade de o cérebro modificar suas estruturas diante dos estímulos do meio ambiente. Em outras palavras: as estruturas que surgem como fixação de repetidos estímulos podem ser reorganizadas diante de novos. É preciso do novo para romper com o estabelecido, superá-lo ou redimensioná-lo. Se isso não acontece, caminha-se para a rigidez mental.

Tome o exemplo de quem aprendeu uma dada língua durante um certo período e se vê diante da necessidade de aprender outra. Ou de um aluno indígena cujo conceito de números adquirido em sua cultura difere do modo adquirido pela criança na cultura urbana. Para algumas tribos indígenas, um grupo de coisas iguais conta como uma unidade. Por exemplo, diante de um grupo com três homens e duas mulheres, se for perguntado ao indígena quantas pessoas são, ele vai responder duas, pois contará o conjunto de três homens como um e o conjunto de duas mulheres também como um. Pela neuroplasticidade, todavia, ele pode reconstruir seu canal neurológico adicionando um novo ramal para aprender o conceito de número por unidade de pessoas, e não apenas pelo conjunto, ficando assim com dois conceitos válidos, cada qual decorrente de culturas diferenciadas. O mesmo é válido para os alunos da cidade. Isso importa ao professor para entender o raciocínio de uma criança da cultura indígena, bem como para organizar o seu modo de trabalho com esta e com os demais alunos não indígenas, que passam a ter um novo canal neuronal em que o conceito de número de sua cultura não é único.

O mesmo acontece com estruturas neurais que se organizam em função de traumas (Ruf, 2014), criadoras de bloqueios à aprendizagem, mas que, diante de estímulos apropriados, podem ser reorganizadas, às vezes até mesmo de modo profundo e criativo. Esse é um ensinamento extremamente oportuno hoje, diante da concepção de educação inclusiva que recebe no interior do espaço escolar alunos portadores de sérios problemas causados por traumas, muitos experienciados desde a vida intrauterina, ou após o nascimento, e muitos até na própria escola, como são os casos apontados por Ruf (2014) e por Cury (2017) de traumas provocados por notas baixas, depreciação pelo professor e situações como *bullying*.

Traumas são ferimentos da alma que destroem a organização interna do indivíduo, prejudicam a organização *rítmica*, bem como a unidade bio-psico-sócio-espiritual, diz Ruf (2014), em consonância com Freud (1920), que atribui ao trauma uma quebra do aparelho psíquico. Essa quebra só poderá ser recomposta mediante trabalhos em que o ritmo é fundamental e/ou com ajuda terapêutica. No âmbito pedagógico, segundo Ruf, do ponto de vista neurobiológico, a ideia de atenuação de experiências traumáticas pode ser explicada pela plasticidade do cérebro. Redes neurais se fortalecem pelo uso, ao passo que sinapses que não são utilizadas regridem e são perdidas. "Usá-las ou perdê-las" é o que diz a lei neurobiológica. É por essa razão que experiências traumáticas podem tomar novos rumos!

Eis a mudança significativa a ser colocada em prática pela pedagogia escolar autogenerativa: "É possível substituir as experiências negativas de impotência pessoal ao oferecer às crianças a possibilidade de experimentarem sua própria competência e de verem que são capazes de realizar suas intenções. Vivenciar a própria eficácia é curativo!" (Ruf, 2014, p. 130).

Aptidão: capacidade inata ao ser humano

Se o cérebro tem plasticidade e se *todos* têm capacidade para aprender, isso significa que *todos* somos dotados de uma *aptidão básica* para aprender. Isto é, todos somos capazes de *adquirir* muitas aptidões de acordo com as vivências no decorrer da vida. O ser humano é o único animal com condições de *adquirir* uma amplitude de novas aptidões. Se assim não fosse, o que seria de quem perde um emprego na sua profissão e se vê na contingência de adquirir outra?

Freud, em 1920, já mostrava que mesmo traumas graves como os de guerra poderiam ser abordados por meio de recursos psicológicos, possibilitando às pessoas simbolizações de seus traumas e reintegração em seus ambientes sociais. Nesse sentido, ele foi um precursor inclusive de muitas descobertas neurocientíficas.

Esta aptidão desfaz a oposição entre os termos "inato" e "adquirido", que passam a ser vistos como complementares, interatuantes, recursivos, e o jogo das ações precisa considerar a complexidade dessa interação em cada sujeito, no seu intercâmbio com o ambiente circundante.

Capacidade, aptidão e habilidade são termos que dizem respeito a uma potencialidade inerente ao ser humano. Para atualizá-la, é preciso que o ambiente as provoque e que permita a provocação. Expor a criança ou jovem a um leque mais amplo de estímulos, de contatos diferenciados para experienciar – currículo diversificado –, é uma forma de favorecer a criação de identificações e a demonstração de preferências e interesses. Em um ambiente pobre, repetitivo, monótono, sem possibilidades de relações polifônicas, é menor a chance de encontrar os conteúdos que despertem essas identificações e reconhecer os caminhos em que se aprende melhor; reconhecer diferentes perfis, ritmos e estilos de aprendizagem; e até mesmo ser despertado por uma situação inusitada capaz de revelar algum outro interesse oculto. Enfim, muitas são as possibilidades. Por exemplo, em língua portuguesa, expor os alunos a diferentes tipos de textos é uma estratégia propiciadora para que encontrem aquele com que se identificam e se singularizem.

Um bom exemplo é o caso do Instituto Baccarelli, na favela de Heliópolis, em São Paulo: crianças oriundas da favela, hoje talentos na área musical fazendo parte integrante de mais de uma orquestra sinfônica, com apresentações no Teatro Municipal, muitos com a oportunidade de aperfeiçoamento de seus estudos em outros países, talvez nunca tivessem a chance de perceber esse talento oculto se não estudassem nesse espaço. Isso derruba qualquer mito de que criança que vem de favela, ou de espaços similares, tem dificuldades de aprender. No Instituto, todas as crianças, a partir dos 3 ou 4 anos, são expostas aos mais diversos *ritmos* musicais e, aos poucos, aos instrumentos musicais, e cada uma vai descobrindo a sua afinidade com aquele que diz respeito ao seu talento.

O ritmo é o grande elo fundador da relação mãe/criança, sem a instalação da qual a criança não consegue alteridade com o outro. Nesse sentido, a musicalidade deve ser sempre desenvolvida para a sociabilização das crianças e dos jovens, e não devemos esquecer das conexões existentes entre música, matemática e filosofia.

Trabalhar com as crianças de modo a estimulá-las na descoberta de suas capacidades exige um novo projeto de escola e uma nova formação dos docentes e dos demais profissionais da educação.

14. As relações na escola: exercício de liberdade e subjetivação

O império do meio constitui para o ser vivo não apenas limitações, obstáculos e ameaças, mas igualmente as condições de sua autonomia.

Morin (2012b, p. 269)

A epígrafe insinua o quão espinhoso e desafiador é falar das relações no ambiente escolar voltado à formação de pessoas cidadãs. Almeida (2011), em trabalho sobre Arendt, a enriquece ao nos dizer que:

> *Um dos principais equívocos presentes na educação hoje é a pretensão de libertar as crianças da autoridade dos adultos, como se fossem "uma minoria oprimida", e, por consequência, isentar os adultos de decisões – que somente a eles cabem – a respeito do processo educativo. Essa postura está vinculada à recusa quase geral de assumir responsabilidade pelo mundo. (Almeida, 2011, p. 43)*

Contudo, apesar de ser uma questão espinhosa, não dá para falar das relações no ambiente escolar sem que haja compreensão do exercício da liberdade, implicando associações entre liberdade, determinismo e autonomia, conceitos recursivos que se interligam em enorme complexidade. Assunto de extrema importância, pois se há nas últimas décadas um ponto muito frágil na organização da instituição escola, e também das famílias, é sua falta de compreensão do que seja liberdade e, consequentemente, do processo de formar pessoas para o exercício da liberdade, no contexto de um mundo em acelerado processo de mudanças que atinge com a pandemia um ápice indescritível, rico em diversidade e possibilidades, que torna muito mais complexa as escolhas e as tomadas de decisões. E como é difícil falar de identificação diante da complexidade do contemporâneo!

Na palavra identificação está contida a palavra *idem*, que significa "o mesmo", mas é preciso dar um passo além diante de um mundo rico em diversidade e em intenso movimento. Ou seja, o contexto atual oferece múltiplas possibilidades de identificação, cuja construção dá origem a outro processo: a possibilidade de esse conjunto identificatório se singularizar, isto é, tornar-se próprio do sujeito, e a liberdade começar a ser exercida.

É possível pensar melhor sobre isso a partir de alguns exemplos. Comprar um carro era escolha fácil no tempo do Ford T, mas atualmente tornou-se mais difícil a escolha entre as inúmeras montadoras e seus variados modelos, que se multiplicaram no final do século XX. Como também se tornou difícil formar opinião sobre qualquer assunto diante do bombardeio de informações díspares que toma conta do cenário cotidiano. Para as escolas, bem como para as famílias, ficou mais difícil lidar com a capacidade de auto-organização para gerenciar a complexidade da realidade multifacetada, razão pela qual é necessária uma pedagogia autogenerativa vivenciada como um processo criativo no desabrochar dos alunos, que se manifesta no dia a dia dentro ou fora do espaço escolar, afetando sua organização intramuros.

É fácil reconhecer o ponto frágil pelas muitas ocorrências nos diferentes níveis de ensino que demonstram a visão distorcida do que seja fazer uso da liberdade no ambiente escolar, ou fora dele, diante da necessidade de lidar com a diversidade de perfis, estilos, experiências e referências. Ao considerar um aluno adulto, constata-se que a distorção que se manifesta já é fruto de um processo de internalização desde os anos da infância, o que nos mostra um reflexo do que está vigente como concepção de liberdade na sociedade, na família e na escola.

Um exemplo pode ilustrar isso. Em 2019, esteve presente nas redes sociais o fato de um professor universitário, na cidade de Recife, que se viu na contingência de tomar a iniciativa de mudar uma aluna de lugar na classe, diante da sua insistência em manter conversa com outra colega, apesar de seus chamados para o silêncio. Não satisfeita com a atitude do professor, por achar que ele não respeitava sua liberdade (ora, ora!?), levou o caso para casa, e sua mãe tornou-o ainda mais dantesco: entrou na Justiça contra o professor por abuso de autoridade. Felizmente, a Justiça deu ganho de causa ao professor. Aqui é possível perceber bem a noção de liberdade que um adulto desenvolve em função de experiências vividas desde a infância, quer na família, quer na escola, além de mostrar como na geração dessa mãe a noção de autoridade já estava sendo distorcida.

É possível identificar ainda um elemento comum nessa visão. Os alunos, crianças e jovens, estão sendo preparados para ver a liberdade como possibilidade de escolha. Observa-se, no entanto, um vazio nessa preparação: eles se veem com direito de escolher, contudo ignoram a contrapartida da escolha – a responsabilidade pelas consequências de seus atos. Ou seja, eles não se veem com os deveres que assumem decorrentes de suas escolhas, pois apresentam dificuldade de aceitar que as escolhas sempre levam a perdas, e isso está na contramão do que se tornou padrão na sociedade contemporânea: poder escolher sem perder.

Esquecida é a noção de compromisso

Nas últimas décadas, as crianças demonstram não estar sendo orientadas para perceber que, ao fazer uma escolha, assumem compromissos com sua opção. Essa distorção implica os pais/família, mas também a educação escolar, que não está sabendo, dentro do seu espaço, orientá-las para fazer escolhas e tomar decisões. E isso deve começar já desde os primórdios da educação infantil: cabe aos pais assumir um compromisso com a escolha e com a organização da escola em benefício do próprio desenvolvimento do filho, bem como orientar a criança quanto a esse compromisso.

Para chegar à dimensão da liberdade, o aluno precisa, desde muito cedo, começar a entrar em contato com o autoconhecimento - o conhecimento de si -, bem como ter mais noção de seus impulsos pulsionais e de suas consequências. O ambiente escolar pode propiciar para crianças e jovens uma experimentação maior desse universo de sensações por meio das artes, sustentáculo de uma pedagogia democrática na sua relação com os outros e com o entorno - território, espaço onde se vive. A importância do outro resulta de ser este um fator estruturante ou auto-organizativo fundamental na construção do autoconhecimento, que diz respeito à convivência nos ambientes sociais em tempo/espaço.

É nessa direção que uma pedagogia autogenerativa voltada para a formação da cidadania deve caminhar: pessoas com auto-organização adequadamente estruturada, porém em perene movimento. Ela necessita de uma concepção pedagógica cuja organização curricular destaque a relação plasmadora de sujeitos capazes de tomar decisões e de sustentá-las, valorizando a inter-relação professor-aluno, com ambos se aproximando de seus anseios/desejos em relação a si e ao social: evidentemente, o si não existe sem o outro e vice-versa, no entanto, vemos predominar no social a ideia de um si sem a intermediação de um outro. Conforme Arendt (citada por Almeida, 2011), sem a intermediação do adulto, o que conduz a uma visão narcísica de mundo. Entendemos como sujeito narcísico aquele que se pretende autocentrado e que não leva em conta o outro. Quando essa situação chega ao paroxismo, temos possibilidades psicopáticas importantes no horizonte, levando ao aparecimento de anomias.

Diante desse preâmbulo, uma das condições para a pedagogia do século XXI é favorecer a formação de sujeitos que saibam lidar com sua autonomia em um mundo em mudança. Portanto, alguns pontos podem auxiliar os profissionais da educação sobre essa questão de como trabalhar a noção de liberdade e de autonomia no cotidiano: o que é liberdade? Ela existe? O que é autonomia? Como relacionar liberdade e autonomia? Essas são questões que precisam de reflexão.

Liberdade: o que ela não é

Seguimos a pista do psicanalista Rollo May (1976) quando diz ser mais fácil entender o significado de liberdade examinando o que ela não é.

Liberdade não é revolta

Porém, revolta é uma etapa normal na conquista da liberdade, que ocorre no exercício da independência/dependência pela criança e pelo adolescente, ou até mesmo por adultos, diante de situações repressoras.

Liberdade não é independência

Quando excessiva, a revolta pode se confundir com a própria liberdade ao dar ao rebelde um ilusório senso de independência.

E de onde vem esse senso ilusório? Da falta de consciência de que a rebeldia pressupõe sempre uma estrutura externa: regras, leis, expectativas, isto é, limites externos e dos quais dependem a segurança, o senso de liberdade e a força da auto-organização interna – a possibilidade de se reconhecer e ter senso de si com o grupo e no grupo. Portanto, o perigo é se deter psicologicamente neste estágio de revolta, por confundir liberdade com independência, e também pela crença de que existe um interno e um externo totalmente separados, um sujeito totalmente separado do objeto, como se pensava na ciência clássica. Isso nos mostra a mudança paradigmática ocorrida.

Liberdade não é ausência de limites

Porque é ela sempre circunstanciada: são as circunstâncias que definem e estabelecem os limites. Por exemplo, no pátio, na hora do recreio, o ambiente permite certos comportamentos que não são aceitáveis no espaço da sala de aula. Aqui os limites são outros.

Na medida em que ser livre envolve escolhas, os limites pressupõem responsabilidades, mas também possibilidades. Entende-se por limite uma zona de bifurcação e de passagem, e não o ponto final de um percurso. E nessa passagem ocorrem potencializações, porque o limite encontra-se nesse ponto bifurcado, situação que nos coloca diante da necessidade de optar e tomar decisões que se tornam irreversíveis, porque o tempo não volta. Pode-se mais à frente voltar a outra opção, mas o tempo que passou, passou. Esse é o sentido da irreversibilidade da flecha do tempo: o momento em que o sujeito depara com dois caminhos a percorrer, em que estão sempre contidas as possibilidades e as perdas que cada um oferece. A escolha produz os acontecimentos e os desdobramentos para opções futuras. Ao escolher um caminho, perdem-se as possibilidades que o outro oferece. Essa escolha gera a direção para a vida, melhor ou não, sem garantias.

No ponto de bifurcação a ética pulsa, e esse é o instante da tomada de decisão. As intensidades pulsionais nessa trama de bifurcações necessitam sempre considerar a estrutura externa – organizadora do social no dado momento; na escola, as normas estabelecidas pelo regimento interno que define sua organização. Ou seja, as instâncias coletivas e políticas, das quais, no caso da escola, devem participar também os alunos e os pais. Nessa participação, o desejo é potencializado pela norma, e não cerceado.

Portanto, na escolha está implícita a aceitação da ética, pois limites são sempre articulações de compromisso, e não apenas imposições. É preciso que se aceite a necessidade ética e se desenvolva o compromisso ético. Assim, a possibilidade de vicejarem as democracias está nesses limites. O autoritarismo não permite a liberdade de escolhas – estas tão fundantes e fundamentais para a humanidade.

Ser livre não é ser tão livre

Retomando a epígrafe, Morin lembra que ser livre não é ser tão livre assim. A pessoa que pensa a liberdade como total ausência de dependência será livre ou prisioneira de seus próprios impulsos?

É bastante conhecida uma frase significativa de Pablo Neruda a esse respeito: o homem é livre para fazer escolhas, mas é prisioneiro de suas consequências. Morin (2012b) também se manifesta sobre liberdade, questionando se ela não é nossa maior ilusão subjetiva.

Como pano de fundo dessas vozes está a grande questão da filosofia e da ciência: as nossas escolhas, as nossas decisões e as nossas ações são realmente livres?

Até o momento, filosofia, ciência e religião não só não nos dão uma resposta clara e definitiva sobre este tema, como são unânimes em nos chamar a atenção para o confronto entre determinismo e liberdade. Apontam-nos, assim, para a complexidade do seu significado.

De fato, pensamos ser livres, mas, numa perspectiva da cultura, salienta Morin (2012b):

> *sofremos limitações de nosso meio natural; somos prisioneiros do nosso patrimônio genético . . .; estamos fechados em nossa cultura, que inscreve em nós, desde o nascimento, normas, tabus, mitos, ideias, crenças; estamos submetidos a nossa sociedade, que nos impõe leis, regras e interdições; somos mesmos possuídos por nossas ideias, que se apropriam de nós enquanto acreditamos dispor delas. (p. 268)*

Como entender a nossa ilusão subjetiva?

A cultura da autonomia está favorecendo uma visão distorcida sobre liberdade, que se confunde com independência. Mas o que isso quer dizer? Existe independência?

A evolução do conhecimento nas últimas décadas nos mostra que somos muito mais *interdependentes* do que pensávamos. Diante da concepção ecológica da vida, segundo a qual vivemos em uma rede interconectada de relações, somos seres interdependentes, ou seja, estamos constantemente em troca. Dependemos do agricultor para termos alimentos, e o agricultor depende de nós para comprar o que ele produz, bem como todos dependemos das condições do meio ambiente para a produção e o abastecimento. O aluno depende do professor para aprender, e o professor depende do aluno para ensinar. Ou seja, a identidade do professor só pode ser reconhecida por ele e pelo social se ele tiver alguém para ensinar. Recorrendo à noção conceitual de *acontecimento*, vemos hoje muitos alunos achando que não precisam do professor para aprender. Isso aponta que algo está errado nessa relação, que precisa ser revista e repensada no devir.

É esperado que, com a pandemia, essa relação de interdependência fique mais evidente, portanto, mais clara e aceitável. Percebe-se que isso está acontecendo em virtude da grande alteração ocorrida na nossa organização externa: o avanço tecnológico que possibilitou habitarmos o ciberespaço, composto pela interseção de inúmeras redes que nos permitem, em tempo real, a conexão com todo o planeta, com fácil acesso aos mais diversos tipos de informação. Essa mudança externa tem mostrado enorme impacto na nossa relação com o tempo e o espaço, isto é, com um entorno dinâmico de múltiplas dimensões e fontes de conhecimento, principal papel do professor no passado. De um lado, isso aponta para a necessidade de reformulação de nossas organizações internas, pois essa alteração pode alargar, e muito, o papel do professor na atualidade. A experiência vivida pelas escolas neste tempo de pandemia parece apontar para essa direção.

Por outro lado, isso nos mostra outra dinâmica entre o que é interno e o que é externo, numa relação recursiva de interação entre um ambiente e outro. Como já dissemos, o externo se torna interno, e o interno torna-se externo, em perene movimento. Essa dinâmica é forte característica da realidade atual.

A liberdade se manifesta nos arranjos do contexto

Na realidade atual, com a imersão no ciberespaço, a subjetividade se produz de forma muito diferente, pois desde muito cedo a criança já tem acesso a computadores e outras tecnologias midiáticas e vive conectada com a vasta rede o tempo todo, o que a afasta de seu ambiente próximo. Evidentemente, nossas crianças tornam-se seres cuja subjetividade já se dá com essa influência, desde os primórdios. A criança já incorpora o ciberespaço numa etapa do desenvolvimento em que ainda não tem a mínima consciência desse universo no qual está trafegando. É uma forma de conectar-se com o distante e afastar-se do que lhe é próximo e, assim, de sua própria interioridade. Isso favorece muito o aparecimento de cisões no processo de subjetivação, tanto na criança como no adulto, e quando chega a adolescência, já se tem distância de quem está perto e muita proximidade daqueles que estão longe.

O que isso pode criar nas subjetividades que estão aflorando? Como isso influencia a nossa compreensão da interdependência? Essa nova forma de subjetividade está dando conta da percepção do sujeito de si mesmo como interdependente? Eis aqui um paradoxo: ao mesmo tempo que ele se conecta com um vasto número de outros sujeitos, até que ponto essa distância física que os separa não o faz, muitas vezes, sentir-se só e perdido nesse mundo? E até mesmo sem perceber o significado dessa experiência?

Depois dessas reflexões, voltemos ao nosso foco: a realidade da escola.

Liberdade e autonomia na vida escolar

Vivemos em sociedade. Ela precisa configurar-se de acordo com leis, regras e normas de organização, o que agora inclui o ciberespaço, cujo uso ainda exige regulamentação. É nesse contexto que o "ser livre", portador de uma auto-organização internalizada, se situa, faz escolhas, toma decisões e age. A escola pensa a liberdade quando oferece à criança as condições para fazer escolhas e tomar decisões e quando dispõe das possibilidades físicas ou materiais para que possa agir segundo a escolha tomada.

Na atualidade, a liberdade caracteriza-se pela maior amplitude de escolhas, o que, por sua vez, pode colocar o sujeito em um estado de indecisão e angústia que, se não devidamente trabalhado, pode ser paralisante. Se por um lado a nossa realidade mutante e multifacetada oferece muito mais oportunidades para fazer opções, por outro, isso aumenta a possibilidade de tensões, de estresse, pois a liberdade só pode ser exercida numa situação que comporte, ao mesmo tempo, ordem e desordem, e até mesmo o caos. Excesso de ordem impede a liberdade; excesso de desordem a aniquila. A desordem, entretanto, quando bem aplicada, pode ser fonte de criatividade, na medida em que no caos, em potência, pulsa uma nova ordem.

Aliás, essa é a dinâmica dos novos paradigmas do conhecimento, na qual podemos ver que a posição e o lugar que o professor ocupa em relação ao aluno, e vice-versa, sofrem grande mutação. Essa relação é vista como recorrente, ou seja, não existe garantia de um lugar fixo nem para o professor, nem para o aluno. Nessa concomitância, em que não existe lugar fixo e muitos paradoxos são trafegáveis, o professor precisa manter algumas referências, bem como os alunos. E se perdê-las, novo rearranjo deverá ser criado.

Muitas escolas, e o professor em particular, estão se vendo diante de uma situação caótica nesse espaço. Com o ciberespaço e toda a tecnologia à sua disposição, o aluno pensa não precisar mais do professor e, consequentemente, não o respeita como autoridade. Mas todo esse novo contexto justifica essa mudança?

Nesse momento caótico, a posição de todos é perceber a potencialidade de recompor e produzir novas formas. Isto é, nova ordem está pulsando e o novo se atualiza. Essa dinâmica revela um processo de recorrência entre ordem e desordem, já apontado, que não pode mais ser desconsiderado na contemporaneidade: momento de intensos movimentos em tempo rápido. Essa recorrência é configurada conforme leis, normas organizacionais e regras de convivência e acontece nos processos de subjetivação em andamento na cultura, que não pode desconsiderar o sujeito em si.

Duas noções em relação recursiva: a auto-organização e, fundamentada por ela, a autonomia viva. Por viva vamos entender que a autonomia não se apresenta em estado estático, mas em dinamismo constante, na medida em que se dá em relação de dependência com o meio natural, o meio social, a cultura, o arcabouço genético: "Não existe autonomia viva que não seja dependente. Aquilo que produz autonomia, produz a dependência da autonomia" (Morin, 2012b, p. 269).

Assim, o ambiente escolar, como qualquer outro espaço, constitui para os sujeitos as condições de sua autonomia, que são circunscritas pela presença de critérios de organização: seu regimento interno, seu projeto pedagógico e sua inserção na constitucionalidade. Suas normas não constituem apenas limitações, obstáculos e ameaças, mas possibilitam igualmente as condições para o exercício de fazer escolhas, ou o treino de opções e, consequentemente, de tomadas de decisão. Um aprendizado que deve começar desde a infância e possibilitar à criança aprender a conviver consigo mesma, conhecendo-se como ser individualizado, mas também como ser coletivo.

Autonomia no aprender

Então, o que seria autonomia na aprendizagem e como ela acontece?

Autonomia significa ter condições em si mesmo (auto) para fazer uso da nomia, que significa lei, regra, norma, valor. Aplicando isso à escola e pensando a aprendizagem para a autonomia e a autonomia no processo de aprender, vamos perceber que o ser aprendente precisa de algumas condições para internalizar regras, normas e valores e transformá-los em regras, normas e valores pessoais. No decorrer da vida, estes vão tomando novas configurações, até mesmo em função do próprio desenvolvimento das qualidades do indivíduo e, sobretudo, por força de um momento de intensas transformações.

Exemplificando: o bebê, para aprender a andar, precisa de maturidade neurológica. Só quando ele atinge essa maturidade vai ser capaz de se sustentar em pé e caminhar sem a ajuda gradativa de outras pessoas. Esse aprendizado não ocorre de uma hora para outra, pois a maturação neurológica precisa não só de tempo, mas de estímulo e exercício para acontecer. Então ele engatinha, fica em pé apoiado por um adulto, anda com outra pessoa segurando suas mãos, até que um dia começa a se equilibrar e andar sozinho, embora ainda com certos cuidados, e com o amadurecimento de seu sistema nervoso e a mielinização dos neurônios.

Aqui entramos em um campo interdisciplinar entre a biologia genética, a epigenética, a psicologia, a neurociência, entre outras, e as suas próprias forças maturacionais, que favorecem o amadurecimento para poder dar seus passos. Assim, só aos poucos vai ganhando domínio sobre seu andar, e podemos dizer que o bebê adquiriu autonomia para andar sem a ajuda de outra pessoa. Adquiriu independência em relação ao adulto? Em parte, sim, pois agora ele se percebe com autonomia para andar sozinho. Em parte, não, pois, na dinâmica da vida, sempre vai deparar com ambientes diferenciados e precisar do outro para aperfeiçoar seu aprendizado, como atravessar uma rua, e assim seguir seu caminhar.

Vemos aqui que, para aprender a andar, o bebê precisa de condições fisiológicas e neurológicas, e o adulto, para ensiná-lo a andar, precisa estimular sabendo respeitar as forças do seu desenvolvimento físico, fisiológico e neurológico nas diferentes fases. Isso quer dizer que autonomia não significa independência, uma vez que acontece em contextos dados. Numa concepção ecológica, nós, seres humanos, estamos sempre em relação ao meio ambiente e, assim como o ambiente estimula o desenvolvimento e possibilita escolhas, de certa forma também impõe limites, como diz a epígrafe de Morin.

Esse exemplo serve para explicar também a aquisição de autonomia cognitiva e afetiva pela criança e pelo adolescente (e pelo adulto), que necessitam de maturidade bio/neurológica para aprender as operações aritméticas, para aprender a escrever, ler e interpretar textos, para aprender noções abstratas, para incorporar valores e lidar com as emoções. O que significa, de um lado, a necessidade de condições biológicas para o aprendizado, que não acontecem em concomitância em todos os alunos – quer em ritmo, quer em tempo, quer em grau –, e, de outro, a necessidade de estímulos do ambiente para tal aprendizado acontecer, no respeito às diferentes etapas evolutivas. Isso sem considerar o tempo de que o aluno precisa para conhecer e reconhecer sua singularidade, o que exige também autopercepção.

O mesmo se dá no plano dos valores ou autonomia moral. Essa autonomia acontece quando a criança, ou o jovem, internaliza um valor. Por exemplo, respeitar os animais, o que ela aprende não com aulas sobre como tratar os animais, mas com o ambiente social – a convivência com pais, amigos, professores e experiências diversas no dia a dia. Esse valor é internalizado e simbolizado – isto é, passa a ser da pessoa, a fazer parte de si, de acordo com suas possibilidades. Simbolizado porque guarda analogia com o processo metabólico – estamos falando metaforicamente das etapas de produção do sujeito, que consistem em: incorporação, introjeção, identificação e, por fim, singularização, isto é, o momento do desenvolvimento em que ele começa a ter a vivência do sentimento de si. Assim, já de posse dessa singularização que a coloca num lugar de especificidade própria, a criança não precisa mais de alguém que lhe diga o que fazer, como agir. Ela já sabe, pois já incorporou dentro de si simbolicamente aquela regra, aquele valor, e reconhece que o ambiente lhe oferece as condições para se expressar segundo suas potencialidades e suas possibilidades. Relembrando o caso da universitária a que nos referimos anteriormente, a demonstração é clara de que ela não internalizou o princípio ético de como se comportar numa sala de aula e de como respeitar o professor enquanto fala.

Isto posto, observa-se que é função da educação/ensino na escola levar o aluno à conquista de autonomia, seja no seu desenvolvimento físico, motor, mental, emocional ou espiritual. Em outras palavras, autonomia para dar continuidade por si só ao seu processo de aprendizagem em outras esferas da vida, em que sempre vai encontrar dependência de outras condições e circunstâncias, sobretudo no mundo atual rico em diversidade e possibilidades.

A conquista de aprender por si só não quer dizer, no entanto, a conquista de independência, pois a autonomia, na verdade, explicita a relação entre independência e dependência. O que significa que não se pode pensar em autonomia total, uma vez que o ambiente escolar, como qualquer ambiente, pressupõe normas e limites que vêm também da comunidade local e universal e que devem ser observados e respeitados, pois os organismos vivos precisam estabelecer trocas com o meio ambiente – se isso não acontecer, fatalmente esse organismo morrerá. E nessa troca há interdependência.

Adquirindo a autonomia, o sujeito é livre?

Sim, para fazer escolhas, mas não deixa de ser responsável pelas consequências de suas escolhas. Se isso não acontecer, o sujeito pode tornar-se cativo de seus impulsos, como já mencionamos anteriormente. Aliás, uma forma sugerida por especialistas para educar para a liberdade é fazer o sujeito perceber que seus atos têm consequências. E refletir sobre elas.

Para ajudar a entender essa ideia de autonomia, vamos citar o exemplo do organismo humano: ele é constituído de aproximadamente 100 bilhões de células autônomas, mas elas são independentes? Não, porque cada uma tem sua função que precisa ser cumprida. Se cada uma fizer o que bem entende, o organismo entra em colapso.

Pensemos na escola: ela é um organismo vivo – isto é, precisa ser pensada como tal –, e tem quantas células, em média? Cem, quinhentas, ou mais? Elas são autônomas? Pressupondo que já tenham adquirido autonomia, são elas independentes? Todas têm suas funções. Agora, se cada uma resolver fazer o que bem entende, a escola vira um caos, contudo, sem que possamos saber para onde esse caos está conduzindo. Aqui, percebemos a importância do ritmo para a auto-organização dos organismos vivos e, portanto, no ambiente da escola. O que infelizmente não vem sendo observado em muitas escolas, sobretudo públicas. Os alunos se pensam como sujeitos de direitos – concepção de autonomia como independência –, mas não de deveres para com o ambiente escolar – princípio ético –, com a qualidade da escola, o que implica assumir responsabilidade e compromisso com sua escolha de fazer parte desse grupo. Isso é uma tarefa que compete também aos pais ao escolher a escola para seus filhos.

Autonomia: aptidões e potencialidades

Pelo que já foi exposto, autonomia na aprendizagem consiste em o aluno ter as condições necessárias para dar continuidade ao desenvolvimento de suas aptidões, suas potencialidades e seus interesses. Só que essas potencialidades precisam ser reconhecidas e nomeadas, e quem vai ajudar o aluno a fazer isso, em tese, é o professor/escola. A família pode também percebê-las e levar sua observação aos professores. O trabalho do professor é propiciar a catalisação das potencialidades de cada um para que possam ser atualizadas. Por exemplo: o aluno ter a tarefa de ler e interpretar um texto indicado, porém ter também espaço para ler um livro de sua escolha.

Autonomia é a liberdade de escolher o que aprender

Em tese, sim, mas sempre dentro dos limites do projeto pedagógico da escola, a menos que o próprio projeto da escola seja totalmente aberto e dê aos alunos total possibilidade de escolher o que aprender. O que é utópico! Nos níveis elementares da educação escolar, como é o caso da Educação Infantil, isso é mais fácil de acontecer, ou seja, dar maior atenção à natureza das características infantis com a escolha de temas mais significativos à idade e aos interesses do momento. Mas, e quando se ingressa no Ensino Fundamental I, em que existe um pré-programa a ser trabalhado com os alunos?

O cuidado consiste em fazer com que o interesse dos alunos seja atraído para o que a escola precisa ensinar, ou em fazer com que os conteúdos a serem ensinados casem com os interesses das crianças. Esse arranjo é sempre possível numa organização pedagógica autogenerativa rica em possibilidades, o que facilita muito a escolha, dada a preocupação maior em estabelecer diálogo com os alunos. Uma pedagogia autogenerativa deve prever a participação deles na definição do currículo, dos programas, das atividades – isso pode e deve ser pensado em conjunto. Os alunos devem aprender a se responsabilizar por suas escolhas, e a escola é um excelente espaço para este exercício do uso da autonomia. Porém, no respeito à autonomia do aluno, é preciso considerar suas características pessoais, suas aptidões, seus interesses e seus ritmos na medida em que ele é singular, isto é, diferente dos demais.

15. Liberdade e disciplina na escola

Liberdade é poder escolher. O problema é que, junto com a escolha, vem a renúncia, e aceitar esse fato requer maturidade.

Eugenio Mussak apud Rovai & Brunini, 2018

Chegar a essa maturidade descrita na epígrafe exige muita disciplina. Mas, somente a disciplina imposta garante o bom funcionamento de um organismo social?

Lembremos o que foi dito anteriormente sobre liberdade: que ela não é revolta, mas pressupõe a revolta como uma etapa ou momento necessário para a conquista da autonomia e da liberdade. Então, não dá para pensar a disciplina sem pensar o que é liberdade. Estamos, pois, diante de dois conceitos de disciplina: um como submissão, outro como autonomia. No primeiro, termos como rebeldia, impulsividade, agressividade e outros similares são reprimidos, porque vistos como carregados de conotações negativas. No segundo, a compreensão é outra: trata-se de impulsos naturais que constituem nossa totalidade humana. Nós somos amor e ódio, ambivalência, e para a organização psíquica ambos precisam de expressão.

Disciplina: submissão à ordem ou opção?

Rebeldia, impulsividade e agressividade: queremos ressaltar aqui a positividade e a potência dessas palavras. Nelas estão contidas a ideia de oposição e resistência a qualquer tipo de ortodoxia, hoje o câncer da nossa sociedade, que insiste em entender ordem como algo estático, paralisante. Porém, outra possibilidade é uma ordem em que caiba o dinamismo, movimentação necessária à não estagnação dos arranjos de qualquer auto-organização. Quando essa organização começa a não mais ser aceita porque percebida como estagnada/coagulada, a rebeldia vai representar um sopro disruptivo para que novas formas sejam pulsadas. Aparentemente, isso pode soar como uma desordem rumo a situações caóticas, o que sempre amedronta qualquer sistema que se prende radicalmente à estabilidade.

Tomemos como exemplo o bambu, que, com suas fibras extremamente elásticas, consegue se vergar sem se quebrar ante uma forte intempérie da natureza, na medida de sua flexibilidade. Estabilidade e flexibilidade são dois contínuos que devem manter um sistema vivo em equilíbrio dinâmico, nunca estático. Assim deve ser pensado nosso aparelho psíquico em perene articulação com a cultura.

Observa-se esse fenômeno na movimentação do universo, na natureza, na biologia, nas mutações que colocam as espécies em perenes movimentos, expondo o organismo a doenças e, consequentemente, ao seu esfacelamento, bem como propiciando a oportunidade de tal organismo lutar contra as adversidades do ambiente onde vive.

Assim, *rebeldia sadia*, desejável, soa como uma mola propulsora para as mudanças, ou seja, para a evolução, mas, quando não aceita, pode gerar momentos traumáticos. Não existe garantia de que o objetivo inicialmente estabelecido de criar uma boa sinergia no ambiente, favorável à formação de pessoas, ocorra sem percalços. Segue-se daí a importância do planejamento pedagógico. Se elaborado como referência para um caminho aberto às ocorrências não previstas e continuamente avaliado e revisto, é possível manter o movimento transformador no sentido de alcance dos objetivos. Quando rigidamente estabelecido e perseguido, a sua própria estabilidade fica prejudicada, um fermento para a indisciplina.

Não se pode ser sem rebeldia

O amor inclui a afetividade e a agressividade. Quanto mais um ser é domesticado como cordeiro, mais ele fabrica um lobo selvagem, mutilado ou perverso em sua sombra, no dizer de Carlos Byington (2003).

Essas palavras nos ajudam a pensar a relação entre liberdade e disciplina no rendimento escolar, e para falar sobre isso nos inspiramos também em Paulo Freire, que expressa bem a realidade "não se pode ser sem rebeldia", característica do despertar para a adolescência, que tem a tarefa de enfrentar os desafios dessa fase e encontrar rumo criativo para eles.

Isso expressa o balanço harmonioso entre autoridade e liberdade. Se o balanço se desfaz em favor da autoridade, não existe disciplina, mas autoritarismo. A experiência autoritária anula a liberdade, mas anula também a própria autoridade. Se o desequilíbrio se desfaz em favor da liberdade, também não existe disciplina, mas um clima licencioso e espontaneísta próprio da anomia, isto é, ausência de regras. Nesse contexto, não há liberdade, mas pseudoliberdade – e a autoridade se esvazia como tal. Qualquer dessas duas hipóteses – o autoritarismo ou a licenciosidade – prejudica o processo de ensino e aprendizagem.

Para quem conhece bem a importância das referências contextuais na organização psíquica do ser humano, é fácil entender esse pensamento freiriano e sua preferência por um professor autoritário a um licencioso. Sabemos que, para ele, uma dose de imposição se faz necessária, a fim de oferecer linhas de conduta que auxiliem o aluno a se organizar internamente. A imposição de regras e limites claros para a interiorização de normas e valores é, muitas vezes, melhor que o ambiente ambíguo criado pelo pai/professor licencioso, em que parece que tudo pode quando há bom humor, mas também nada pode quando se está de mau humor.

Um exemplo até comum: o pai chega do trabalho e, após o jantar, se senta para ver TV ou ler o jornal. O filho pula no sofá. Quando está de bom humor, ele deixa, não fala nada. Quando está de mau humor, grita, fica bravo e fala: "já não disse que não é para pular no sofá?". Isso cria uma dupla mensagem simultânea que em nada colabora para o desenvolvimento da auto-organização da criança ou do adolescente. A dupla mensagem pode ser paralisante e até traumatizante.

Esta postura é fonte de confusão, na medida em que cria alternâncias psíquicas indesejáveis, pouco favoráveis à formação do sentido de autoconhecimento, autoconfiança, autoestima, autossegurança. O caminho torna-se instável, gerando situações pouco estimuladoras à construção de sentimentos que conduziriam a uma auto-organização da subjetividade. Os caminhos sem limites pouco ou nada oferecem em termos de possibilidades saudáveis.

É preciso que pais, professores e gestores se debrucem sobre o clima reinante nos ambientes familiares e escolares, onde o desejável é um clima democrático, de escolhas com responsabilidade e compromisso, de relações baseadas no respeito mútuo, com a presença do afeto adequadamente trabalhado, como colocamos aqui, do diálogo e da possibilidade de situações recuperadoras.

Isto posto, claro está que tanto na família quanto na escola é preciso haver espaço para a revolta, o momento necessário ao exercício da liberdade, em que ela possa ser manifestada na vivência; só assim ela pode ser trabalhada e transformada. A agressividade é necessária para haver transgressão, e ambas são importantes para o processo criativo. Como importantes parâmetros para a ação, sem um mínimo de regras, nenhuma organização pode funcionar bem, porém, na dinâmica da evolução, elas podem e devem ser alteradas. Esta é a ideia da busca por alteridade, a partir dos movimentos das relações hierárquicas – hoje podemos falar de hierarquia entrelaçada do professor em diálogo com os alunos. Nesta dinâmica existente no ambiente escolar, as regras não podem ser inexistentes, tampouco ficar coaguladas. Esta é a ideia de uma escola em movimento, autogenerativa/autopoiética.

A disciplina escolar e as regras

Um exemplo ocorrido com Esméria pode ilustrar o que estamos tentando evidenciar.

> *Recentemente, numa atividade com coordenadores pedagógicos de uma delegacia de ensino de São Paulo, uma das perguntas levantadas por uma participante foi: "Na minha escola a prefeitura dá o uniforme para os alunos. Só que muitas meninas não usam o uniforme, e vão com roupas para se exibir. Como resolver essa questão que incomoda o ambiente escolar?".*

> *A primeira pergunta que fiz foi: "Qual é a regra?". Percebi que as pessoas ali presentes apresentaram um olhar atônito, e inclusive a que fez a pergunta retrucou: "Mas como, precisa de regras?". E eu respondi: "O que estabelece o regimento interno da escola sobre o uso do uniforme?". Não houve manifestação. Pudemos perceber de imediato que não havia ali uma regra explícita sobre o uso da roupa no recinto escolar. A ideia estava solta. Disse então: "Sim, precisa de regras, e regra é regra. E se é regra, tem de ser cumprida. E se não há regra, não há o que cobrar até que isso seja reformulado. Então, não há do que se queixar quanto ao comportamento dessas alunas, quando muito se poderia chamá-las para o diálogo e conquistar sua adesão para outro comportamento".*

Vejamos agora o efeito de um exemplo oposto, também vivido por Esméria.

> *Alguns meses depois, ao visitar a escola do Instituto Baccarelli, na favela de Heliópolis, observei que os alunos, todos da favela, estavam com o uniforme. Comentei isso com a coordenadora que me acompanhava na visita e perguntei se a escola tinha regras sobre o uso do uniforme. Ela me disse "Sim, e os alunos sabem [têm consciência] dessa exigência – se não vem com o uniforme, não entra na escola". E acrescentou, "E essa regra conta com o apoio da família". Aqui vemos um exemplo claro de como escola e família educam. Então, acrescentou a coordenadora: "Como eles querem estar dentro da escola e participar das atividades, ninguém vem sem estar vestido com o uniforme".*

Este é um exemplo de escola desejante, onde as regras fazem parte da formação. O aluno não quer perder a chance de fazer parte dela, isto é, do seu projeto. Este é o poder de uma escola desejante: o aluno *deseja fazer parte* dela. Isso demonstra que regras não são formas de submissão, e sim formas de pertinência a um projeto que está em perene movimento, ao qual o aluno escolhe pertencer e assume compromisso com sua escolha, pela sua consciência.

Como vimos anteriormente, para o caos existir e persistir, nós precisamos da existência e da recorrência de três características: a referência, a consistência e a consequência. O uniforme pode ser uma característica importante para evitar que em uma escola reine confusão em proporções alarmantes e para conseguir resultados auto-organizativos. A palavra "uniforme" significa forma única, apontando para todos que devem pertencer a este conjunto escolar – crianças e adolescentes –; isso produz neles referências. Essa forma única do uniforme dá consistência a um projeto, aglutina a todos nesse ambiente escolar, e isso traz consequências que darão dignidade aos que pertencem a este grupo.

Disciplina: da submissão à conscientização

Adquirir disciplina não é tarefa exclusiva de um modelo de subserviência, isto é, de obediência à ordem imposta. A humanidade encontra-se hoje em outro patamar de compreensão da realidade, e o respeito à ordem deve vir da tomada de consciência do porquê da ordem, do porquê da regra, do porquê obedecê-la e de como participar de sua construção.

Se há na escola esse problema do uso do uniforme, ou outros, a solução pode e deve vir da tomada de decisão da coletividade: reunir todos, inclusive os alunos, para se decidir a respeito da vestimenta a ser usada. Estabelecer regras e critérios claros e bem definidos a serem observados, que orientem alunos, pais, professores e coordenadores para uma ação coletiva efetiva. A regra não pode dar margem à dubiedade, do tipo: "hoje estou de bom humor, vou aceitar que a aluna venha vestida de modo exibicionista; amanhã estou de mau humor, não aceitarei que a aluna venha vestida fora do estabelecido". A dubiedade não oferece parâmetro para a ação e dificulta a possibilidade de auto-organização.

Se regra é regra, é preciso pensar na consistência que as regras devem ter. É preciso levar sempre em conta as circunstâncias da realidade escolar, a fim de definir as regras e as possibilidades de sua abertura. Isto é, os critérios viáveis para dar a devida flexibilidade às regras se a intenção é uma educação democrática, por exemplo: definir as condições nas quais o uso do uniforme pode ser facultado, ou seja, os motivos para se aceitar o não uso do uniforme e o tipo de vestimenta exigido em seu lugar. O aluno tomado como cocriador das normas da escola leva à consciência a importância delas e sua responsabilidade em observá-las.

Os exemplos citados nos dão uma ideia da dificuldade da escola em lidar com os limites que, longe de cercear a liberdade, contribuem para sua construção. E é de sua alçada educar para a liberdade, ou seja, para saber fazer escolhas, tomar decisões e assumir compromissos, pois a liberdade está na aceitação da realidade não por cega necessidade, ou por rendição/submissão, mas por opção, como um ato livre e construtivo (May, 1976). May nos dá um bom exemplo: "se alguém decide escrever um soneto encontra uma série de realidades recalcitrantes nas leis da rima e da metrificação e na necessidade de ajustar as palavras, mas o que se diz no soneto é unicamente escolha da pessoa" (p. 136).

De modo semelhante, Morin (2012b) entende a liberdade como um exercício do ser humano quando ele dispõe das possibilidades mentais de fazer uma escolha e de tomar uma decisão e das possibilidades físicas ou materiais e sensíveis de agir segundo sua escolha/decisão.

Já para Arendt, a liberdade é antes de tudo a capacidade de transformar o mundo, e não a possibilidade de realizar (apenas) escolhas individuais. Isso tem muito a ver com o que pensamos sobre a questão dos desejos: não deve haver apenas a procura pela satisfação da cadeia infindável de desejos individuais imediatos, mas também deve-se levar em conta a construção de valores profundos e essenciais à vida plena, pois eles acabam sendo a matéria-prima de construção da consciência e de sua realização no âmbito social.

Se o que foi dito suscita ainda muitas dificuldades de aplicação prática, isso só mostra a complexidade desta tarefa educativa. Aprender a lidar com a complexidade tornou-se hoje urgência para os educadores. É uma exigência da escola para este século XXI.

E a máxima "é proibido proibir", ainda vale?

Ditada nos anos 1960, em música de Caetano Veloso (1968), seu apelo à liberdade parece mostrar agora suas *consequências*.

A psicóloga Regina Herzog, em programa do *Café Filosófico* de 2017, após falar sobre diferentes modos de enfrentar a dor ontem e hoje, nos dá uma outra faceta do *é proibido proibir*. Diz ela que o homem de ontem, final do século XIX e início do século XX, vivia um contexto de regras rígidas, *a regra da proibição*, causa de doenças como a histeria. O homem de hoje vive a liberdade da escolha – o não proibir –, o que mudou o nosso modo de adoecer: uma em cada oito pessoas tem queixa da patologia "depressão", a doença da autonomia.

Impelido a agir, se o sujeito não consegue, vem a vergonha de si, grande causa da depressão. Com isso, a cultura constitui uma moldura para se lidar com a subjetividade e suas formas de subjetivação, como a dor, podendo conduzir a um tipo de patologia. Ontem, pela proibição, a histeria; hoje, sob a égide do lema "é proibido proibir", ansiedade, compulsão, síndrome do pânico, depressão, lembrando que esta é preponderante em nosso meio atualmente. Dessa forma, observa-se que ainda vivemos os ruídos, desdobramentos, dessa época, cujo contexto já é bastante alterado, não comportando mais um modelo conservador e restrito, tampouco um modelo licencioso.

A função da escola não é preparar para a vida. Ela *é* a própria vida. No seu espaço, o treino para o exercício da liberdade deve acontecer no cotidiano pela vivência de uma nova ética, hoje entendida como a busca de boa convivência social que aceita e respeita as diferenças. Ética é outro conceito de enorme complexidade que precisa ser confrontado pelos educadores, diante da complexidade da vida. As regras são importantes para esse objetivo.

Regras e limites

Para manter a atenção concentrada em algo, é necessário criar limites claros e definidos (na escola, para os alunos). Uma forma de estabelecer limites consiste em estabelecer regras – regras claras, e não dúbias.

É diferente pensar regras universais e regras do cotidiano. As regras tidas como universais são imutáveis – até que se prove o contrário –, enquanto as regras do cotidiano precisam ser revistas em função da realidade em movimento. Isso indica a necessidade de revisões que se façam oportunas, com participação coletiva nas decisões – na escola, incluindo os alunos; na família, os filhos; nas empresas, os funcionários; e assim por diante, pois é uma questão que trata de elemento vivo do social. Isso suscita a reflexão anomia/heteronomia/autonomia/liberdade.

Como último ponto, a questão da anomia, ou ausência de regras. Esse é o maior perigo, porque na adolescência, principalmente, desobedecer às regras faz parte do processo de desenvolvimento emocional e gera muitas consequências, que podem ser boas ou não. É a busca por encontrar a si mesmo e definir a sua singularização. Então, um ambiente no qual não haja regras claras a que o jovem possa se contrapor tem como consequência a dificuldade na criação de referências. Outro perigo é que, não havendo regras claras, consistentes, seja na família, seja nas escolas, os adolescentes podem se refugiar nas ruas ou em ambientes onde as regras são despóticas e acabar capturados pelo mundo da violência, da criminalidade e das drogas. Está nas relações estabelecidas no ambiente escolar a grande chave para um novo modo de pensar a formação de crianças e jovens, sobretudo para o exercício da liberdade e da construção de uma nova ética.

16. Relações plasmadoras no ambiente escolar

O homem se educa porque se relaciona com os outros. Ele aprende a ser porque observa os outros. Ele se desenvolve porque faz com os outros.

Maria Nilde Mascelani (citada por Rovai e Lima, 2015)

O homem é um ser comunicativo. É um sujeito em diálogo. No diálogo se realiza a si mesmo e à sociedade.

Jürgen Habermas

O homem se subjetiva no outro

Ou seja, se auto-organiza nas relações cultivadas no ambiente social. A escola é um ambiente de relações sociais: esse é o fundamento para se pensar a importância da construção das relações sociais na prática pedagógica com vista à formação do ser na sua integralidade – *tornar-se pessoa* em um mundo de incertezas. Aqui, assumimos isso como um dos aspectos centrais a ser repensado e que coloca a escola como um ambiente/espaço educativo. Nas relações que se conformam no espaço/tempo de convivência entre os membros da escola, do qual não estão excluídos os pais e a comunidade no entorno, está a estratégia para a educação que integra o sujeito à sua subjetividade em um mundo transitivo.

Como mostram as epígrafes, a fala em um presente generalizado serve para qualquer dimensão tempo/espaço – presente, passado ou futuro –, no desdobramento do tempo/espaço histórico.

Queremos ressaltar que na concepção de uma pedagogia autogenerativa/criativa, diferentemente da tradicional, são as relações sociais as forças plasmadoras, sobretudo entre professores e alunos, que respondem por toda a possibilidade de concretizar o objetivo de "formar o ser pessoa". E isso pressupõe que o projeto pedagógico tenha essa intenção e a realize no propósito de torná-lo realidade. É necessária essa recorrência no dia a dia. Intenção só não basta, é preciso ação.

Para isso, a pedagogia que sustenta essa prática deve estar voltada ao desejo de abraçar uma relação que compreenda os seus sujeitos como seres humanos – espécie da humanidade –, diferenciados em suas características, seus estilos e seus ritmos de aprendizagem. Nessas relações, o professor e os demais membros da coletividade escolar estão também em perene movimento de *tornar-se pessoa*. Todos, em especial o professor, na medida em que contribuem com a produção da subjetividade dos alunos, estão trabalhando e diferenciando o seu próprio processo de desenvolvimento – a sua própria subjetividade.

O professor – hoje adulto – foi um dia educado por um grupo inserido em uma comunidade, no seu tempo/espaço, com características próprias. Na atualidade, é preciso vê-la expandida, com outras características que abrangem a globalidade e a virtualidade. Temos aí a noção de que o passado deixa marcas que se desdobram diferentemente em um presente perenemente construído, desconstruído, reconstruído.

Essa digressão é necessária para especificar que todo o trajeto político e social tem a ver com desdobramentos vivenciados, aprendidos e apreendidos no decorrer das gerações. No âmbito do conhecimento biológico, as gerações sofrem mutações, fenômeno que ocorre metaforicamente no âmbito cultural, por exemplo, a passagem da época em que tudo era proibido para o "é proibido proibir", hoje em busca de novo equilíbrio dinâmico. Portanto, quando falamos de mutação/mudança, damos ênfase também à herança cultural, pois a subjetivação é um processo que se dá do nascimento à morte. Nesse processo, ressaltamos o papel da escola e do professor participando do rico universo da construção do *tornar-se pessoa*, o mesmo acontecendo na família. Nosso acento é no processo de subjetivação, e não na produção de um sujeito útil constituído e cristalizado, como é o caso quando a escola preocupa-se exageradamente com a formação do sujeito produtivo, visando somente à formação para o mercado de trabalho e esquecendo que se trata de sujeitos à procura de uma realização tanto singular quanto social.

Se hoje vivemos em sociedade cindida, isto é, com os laços sociais esgarçados, é bom ter em mente que a sociedade constrói o homem, e vice-versa. O ser humano se faz na relação com os outros, e é nessa relação que constrói a sociedade. Constrói, portanto, o ambiente escolar. Assim, a família não é por si só responsável pelas crianças que temos, nem mesmo somente a escola: a sociedade inteira é responsável.

A sociedade não é apenas um agrupamento de pessoas que se organizam em redes familiares, escolares, esportivas, de lazer, religiosas, de trabalho, entre outras, mas consiste em um conjunto de ideias, crenças, valores que permeiam as relações sociais, organizadas em teias e entre as teias. A esse conjunto é dado o nome de cultura. Assim, a família não pode ser vista como componente isolado da mesma cultura que predomina e alimenta o conjunto de crenças e valores que cercam a escola, o esporte, o trabalho, a mídia, a religião. Como exemplos, pensemos no individualismo, no egoísmo, na falta de solidariedade, na falta de diálogo, na falta de observância às regras, no desrespeito às diferenças, na violência e muito mais. Essa dinâmica não está produzindo bons resultados? É hora de rever, não de reproduzir o traço comum que afeta a família e a escola, para ficar só nessas duas instituições sociais em nossa cultura: a ausência de boas referências de autoridade.

Como a família, que não sabe lidar com regras e limites, a escola se vê ameaçada no seu *status* de autoridade verticalizada e precisa aprender a trabalhar com referências de autoridade horizontalizada, propiciadora de referências entrelaçadas. Em outras palavras, precisamos começar a pensar numa *hierarquia entrelaçada*,[1] ou intercambiada, entre pais e filhos e entre professor e aluno, por exemplo. Para isso, é fundamental a arte do diálogo.

---

1 Existem vários tipos de hierarquia, sendo as mais conhecidas a vertical e a horizontal. Pensamos que a hierarquia entrelaçada é a que melhor responde ao momento contemporâneo, na medida em que ela pressupõe articulação entre as dimensões por meio do diálogo. Hoje, o diálogo é o instrumento-chave para a construção de entendimento e a solução de conflitos, já que estamos vivendo uma época pós-diálogo, fruto dos avanços tecnológicos e do aparecimento do ciberespaço em nosso cotidiano. Neste momento, já acontecem os poliálogos, que é a forma de expressão das redes sociais. Se não bem gerenciados, os poliálogos podem ser caotizantes. Daí a importância de a escola ser um espaço de cultivo do diálogo, lembrando sempre que é nas relações com o outro, os outros, que o ser humano constrói a si mesmo. Veja o texto "Das sociedades de massas às sociedades de matizes", em que Alcimar Lima (2013) introduz a palavra "poliálogo" para dar conta desse processo no contexto do acontecimento das grandes manifestações de rua de 2013, auto-organizadas nas redes sociais.

É possível considerar essa deficiência uma das principais causas da falta de disciplina, da falta de respeito mútuo e, derivado disso, do aumento do *bullying*. É momento de a escola e a família, em conjunto, pensarem no que podem fazer para rever padrões sociais que tiveram o seu momento, mas não servem mais para o tempo atual, em especial os padrões de liberdade.

Substituir relações verticalizadas por relações entrelaçadas

Isto é, criar uma sociedade com porosidade suficiente para que os diálogos possam ser intercambiados e, com isso, gerar novos processos criativos. Parece não mais haver dúvida de que repensar as relações na sociedade, na família e na escola é questão de extrema relevância. E de urgência.

Acostumada ao modelo de autoridade impositiva, relações verticalizadas, mão única de cima para baixo, a escola começa a reconhecer que esta prática não corresponde aos apelos da realidade atual. E não é difícil entender por quê. Vejamos: desde o pós-guerra, as mulheres foram vagarosamente ocupando espaço no mercado de trabalho e, com isso, quase abrindo mão da função de mãe e dona de casa. Com a saída da mãe e do pai para o trabalho em período integral, aquela imagem da mãe que atribuía uma autoridade vertical na educação dos filhos começa a ser trincada e o indivíduo começa a perder a referência materna como seu único porto seguro no estabelecimento dos laços afetivos na casa. Vejam bem, a mãe tinha autoridade vertical na relação com os filhos, embora em seu discurso o pai permanecesse presente em sua função. Falamos de famílias patriarcais clássicas que não acontecem mais hoje. Com o afastamento dos pais do convívio com a criança, notamos que patologias como hiperatividade e quadros psicossomáticos como ansiedade e pânico ocupam lugar mais destacado do que outrora.

Não estamos querendo dizer que essas formas de organização das famílias eram melhores que as de hoje, elas apenas são diferentes, com reflexos na produção de novas formas de subjetivação pulsando no social. Em muitos locais, a subjetividade baseada nos padrões patriarcais ainda permanece vigente, mas assumindo novos padrões, em que muitas vezes a mãe ocupa um lugar preponderante.

Estamos no momento de reconhecer e aprender a lidar com as novas formas de subjetivação. Trabalhar com as formas de subjetivação sempre fez parte da educação, que cabe também à escola, como é o caso da autoridade verticalizada. Porém, hoje está acontecendo outra forma de subjetivação com base na horizontalidade e em relações entrelaçadas. Ao propormos a escola como espaço afetivo,[2] acolhedor, no bojo dessa ideia está contida a criação de um espaço cujo tempo da família patriarcal - um tempo lento, em que o pai saía de casa, mas tinha sua presença sempre marcada em uma referência de autoridade que funcionava como balizador da organização familiar - precisa ser considerado, porém agora em equilíbrio dinâmico com as novas referências. Com o pai, e agora a mãe, fora de casa o dia todo, a criança passou a ter outro tipo de referência de ambos, acrescido de um fato novo: em muitos casos, a educação começa no berçário, quando outrora isso acontecia por volta dos 6 ou 7 anos.

Com essas grandes transformações sociais e a aceleração do tempo na contemporaneidade, outro fator contribui para mudança nas relações pessoais/sociais: os fenômenos não mais acontecem de forma progressiva e linear, mas interconectados em grande intensidade com dispositivos à semelhança da teia de aranha - a

2 Ideia que lançamos em Rovai e Lima (2015).

organização em rede –, cuja imensidão de conexões produz efeitos inesperados e carregados de incertezas.

Nesse ritmo e nesse modo de organização, os processos de simbolização, tão importantes para a construção de valores e referências, ficam alterados e perdem sua potência. Na passagem do século XX para o XXI, imperam ideias como a de viver de modo intenso, com rapidez, tudo é "para ontem". Uma série de movimentos nos dá a ideia de que essas concepções precisam passar por mutações. Temos aí uma nova onda chegando: *slow school, slow food, slow attitude...* a indicar a busca pelo equilíbrio e pela desaceleração do tempo. Isso até a chegada da pandemia, mas outras ondas estão vindo.

Alcançamos uma estrutura social mergulhada em padrões de imediatismo, egoísmo, consumismo, fragmentação e simplificação do que é complexo na tentativa de busca pelo bem-estar. Nossas crianças e nossos jovens encontram-se mergulhados no individualismo competitivo na busca por recompensas pessoais, afastados de um ambiente capaz de desenvolver a capacidade de cooperação, de solidariedade e de altruísmo. E a escola, em sua prática, vem seguindo esse padrão. A pandemia pede revisão do nosso inconsciente coletivo, uma vez que a pedagogia embasadora da prática pedagógica deve inserir a relação professor-aluno na cultura do aprendizado em conjunto, da convivência grupal, social. Esta é uma necessidade apontada há décadas: o trabalho escolar como um projeto coletivo. Já passou o tempo de projetos pedagógicos que não considerem a integração.

Se desejamos a auto-organização da sociedade em outra direção, na qual haja menos violência, injustiça social, drogadição, solidão, depressão, doenças neurológicas, traumas e pânicos, manifestações da influência do meio impregnado de medo e insegurança sobre o ser humano, cabe pensar no resgate do adulto como outra referência às crianças e aos jovens.

Uma nova referência às crianças e aos jovens

Como pai, que foi perdendo muito da autoridade pelas transformações históricas que ocorreram na cultura, o professor também foi alvo de mudanças no papel de referência para os alunos. Se o professor, no dizer de Bauman (2009), deixa de ser o guardião do saber numa "sociedade líquida", nesse movimento ele surge como catalisador e articulador de relações menos verticalizadas, e mais horizontais e entrelaçadas, que se devem estabelecer no ambiente escolar. Essas relações se dão em diferentes articulações e conexões, não só com os alunos, mas com os pais, com a comunidade e, atualmente, com todas as redes do ciberespaço, em busca de soluções consensuais.

A função de integração relacional surge como a mais importante na organização da vida social na perspectiva da complexidade. Parece-nos que o mundo contemporâneo caminha na contramão dessa perspectiva: a complexidade é confundida com complicação, confusão, caos ou bagunça, quando precisa ser pensada como uma multiplicidade a ser organizada em seu contínuo movimento interconectado de transformação para que as separações possam se intercambiar. O intercâmbio consiste na busca por trocas e entendimento entre os membros de um grupo no sentido de estabelecer normas consensuais que, na prática, sejam assumidas como compromisso pelo conjunto de todos os participantes. Daí a importância de incluir os alunos, de qualquer idade, como coparticipantes nas decisões da escola enquanto sujeitos de direitos e compromissos.

Como foi dito, entre os integrantes da comunidade escolar deve haver nova consonância na forma de se relacionar e, em especial, entre professor e aluno. Nesse contexto, o professor necessita ganhar novas referências para as novas competências exigidas para o exercício da sua função não só como transmissor, mas como articulador e catalisador do interesse na construção do conhecimento. O fato de ter mais experiência de vida, mais anos de escolaridade, um preparo para essa função e, supostamente, uma capacidade de liderança deve dar a ele competência para o exercício de coordenar grupos de crianças e jovens – alunos considerados sujeitos partícipes, com direito a se expressar e a ser escutados, bem como a assumir compromissos com a auto-organização do espaço escolar do qual evidentemente fazem parte e sobre o qual têm responsabilidade.

Uma releitura da escola: espaço de convivência socializada

A escola já é considerada espaço de socialização. No entanto, ela precisa de uma releitura integrada sobre a posição e os papéis dos principais atores do processo de ensino-aprendizagem, uma vez que, por definição, constituem papéis arquetípicos complementares na inter-relação dinâmica entre o educar/ensinar e o aprender, termos que se complementam. Cada qual no seu papel, com a articulação entre eles estabelecida pelo diálogo, pela troca, pelo encontro. É momento para que a arquitetura pedagógica se revista de outra configuração, que rompa com as rígidas dicotomias para entrar em sintonia com os novos tempos do universo como organismo vivo, organizado em rede.

Professor e aluno são os personagens centrais de toda ação escolar. Colocar o aluno como um ator também principal no palco da escola, a exemplo do que acontece no palco de um teatro, não anula o outro ator principal, mas, numa visão dialética/dialógica, permite perceber que é na inter-relação entre ambos que o papel de cada um vai se desenvolvendo e ganhando o devido contorno. E, explorando um pouco mais essa metáfora do teatro, também os atores coadjuvantes, bem como toda a equipe por trás dos bastidores, participam da construção da cena. No cenário da escola, isso significa que também os funcionários têm muito a ver com o que ocorre na sala de aula, de modo que devem ser integrados à proposta pedagógica para dar-lhe apoio.

É toda uma nova orquestração a dar sustentação para que o sistema escolar, em sua complexidade, funcione de modo articulado, a fim de que a relação dialógica professor-aluno seja muito assistida e fortalecida. Nesse contexto, não só o aluno se sente amparado, não só ele sente o desejo de ser desejado e aceito, mas também o professor e os demais membros da equipe pedagógica e administrativa. A escola e, principalmente, o professor precisam de uma rede de apoio às suas ações.

A autoridade do professor na relação mais próxima

O sentimento de partilhar do processo de ensino-aprendizagem, com direito a participar, junto com o professor, das decisões curriculares, é uma das grandes transformações que vêm ocorrendo com mais ênfase desde meados do século XX, mas parece ainda um assunto revestido de muitos tabus, medos e receios. Observa-se, no entanto, que aquelas escolas que ousam mudar seus paradigmas nesse sentido, e são muitas, mostram o valor e o mérito de investir nesse modo de relação mais próxima.

Ao contrário do que se supõe, o clima de abertura dado à relação professor-aluno no modelo de relação democrática, em que se permite maior aproximação entre eles, melhora o exercício da autoridade por parte do professor e, consequentemente, o respeito a ele devido, passando a ser visto com admiração. Claro, isso se a liberdade de ação se dá de forma efetiva em uma relação aberta, o que não se confunde com o modelo *laissez-faire* – o "deixar fazer". O que o conjunto escolar percebe é que esse modo de agir confere maior autenticidade a essa relação, ao ter como base a noção de que o controle não deve ser definido por força externa, mas em termos de controle interno, de escolhas, de compreensão, de aceitação – ou de autocontrole, e, como sabemos, forças externas e internas se intercambiam nos seus desdobramentos.

Aspecto a ser tomado como relevante, de fato, é a relação descontraidamente disciplinada e compromissada que acontece como construção dentro da visão ética de ser humano, com internalização de escolhas, e não na crença de controle externo, de cima para baixo, de caráter punitivo e de humilhação.

Vejamos isso no pensamento de Doll Jr. (1997, p. 183):

> *Outra visão do controle, bem oposta, é aquela encontrada na auto-organização, na Matemática do caos, no naturalismo de Dewey, na Cosmologia de processo de Whitehead, na narrativa de Bruner, na fenocópia de Piaget e na hermenêutica de Gadamer. Todos eles supõem que a autoridade está dentro (não fora) de parâmetros situacionais . . . supõem que o controle é o autocontrole que emerge das interações . . . situacionais.*

Em uma proposta assim arquitetada, o professor não perde sua autoridade, porque ele se coloca sob a influência de novas referências, o que não o leva a ver rebaixada sua competência nem desvalorizado seu papel, como acontece atualmente. Essa é a melhor forma de ressignificar a função do professor neste contexto em que perde a sua grande força de ser a *fonte do saber*, pois ela se revela não só pelo domínio do conteúdo de sua disciplina, mas também por uma visão cada vez mais abrangente do contexto da sua área de conhecimento e da cultura geral. Paralelamente, ele ganha reconhecimento pelo domínio de métodos e técnicas inovadores como sujeito histórico indispensável – guia e orientador do processo de formação dos seus alunos. Ao contrário do que pode parecer, na inter-relação dinâmica entre ambos, a competência do professor tende à expansão e ao aprofundamento, e o desenvolvimento da capacidade de aprender do aluno, razão de ser dessa interação, ganha ritmo e consistência.

Aqui propomos a ideia do *professor-ponte*, a partir do poema de Sá-Carneiro.

O professor-ponte

Com o poema a seguir, de Sá-Carneiro (2004), queremos abordar à luz da estética poética a questão dos novos paradigmas das relações humanas e, em especial, dentro das escolas, apontando para um novo lugar do professor:

> *Eu não sou eu nem sou o outro,*
> *Sou qualquer coisa de intermédio:*
> *Pilar da ponte de tédio*
> *Que vai de mim para o Outro.*

Eu não sou eu nem sou o outro

Se eu não sou eu nem outro, o que sou, então? Eu sou na relação com o outro, pois somos redes, somos relações, somos teias. Isso nos coloca em outro modelo de subjetivação. Não estamos falando mais do antigo paradigma, em que havia um sujeito observador e um objeto a ser observado, completamente cindidos. Hoje, não há mais um vácuo entre sujeito e objeto, e sim uma *ponte* composta por múltiplas redes, vasos comunicantes que produzem um sujeito muito mais complexo do que se pensava até pouco tempo atrás.

Entende-se por ponte a dimensão "entre", o que faz a conexão sujeito/objeto, até então vistos como separados/cindidos, e isso tem enorme repercussão no processo de subjetivação.

Sou qualquer coisa de intermédio

Se não existe um vácuo entre sujeito e objeto, o que existe, então? Existe uma rede, uma teia vibrante, potente, que produz relações múltiplas que contribuem para a construção de novas formas de se situar tanto na vida quanto no mundo do conhecimento: esta é a dimensão "entre".

Pilar da ponte de tédio

Somos conexões, ou melhor, interconexões que estão na base da circulação de valores, que não precisa ser necessariamente o tédio, palavra esteticamente escolhida para expressar a possibilidade de trocas de emoções, sentimentos e lugares. E o professor é aquele que faz a ponte existencial ao inserir o conhecimento na e da vida, bem como os pais.

Que vai de mim para o Outro

O Outro com "O" maiúsculo alarga o sentido do outro com "o" minúsculo, que é muito mais restritivo. O Outro engloba o conjunto da cultura, referindo-se ao coletivo e à ancestralidade, do qual o *eu* também faz parte.

17. O novo lugar do professor

Quando lecionava nunca procurei dizer aos meus alunos, meramente, "o que eu sei". Bem antes, o que ele desconhecia. Por outro lado, esse fato não era o principal, apesar de, por isso mesmo, sentir-me já na obrigação de encontrar algo novo para cada discípulo. Senão, esforçar-me em mostrar-lhe a substância da coisa desde o seu fundamento. Por esse motivo, jamais existiram para mim essas regras rígidas que tão cuidadosamente armam os seus laços em torno do cérebro de quem aprende.

Arnold Schoenberg (1999)

Zygmunt Bauman (2009) aponta que o professor sai do trono, isto é, do lugar de dono de um conhecimento preestabelecido e vivido como verdade absoluta, e vai para um lugar onde incertezas, ruídos o colocam diante de constante busca de atualização e contextualização. O lugar não apenas de quem ensina, mas de que também *aprende* e *apreende*.

A sua formação profissional, concluída em um curso específico, não é mais fechada, pronta e acabada, mas o arcabouço de um conhecimento historicamente datado. Os conteúdos recebidos na universidade necessitam de expansão e atualização, o que caracteriza a chamada formação continuada, que hoje acontece em todas as áreas de saber profissional. A formação não pode mais ser cindida, isto é, fragmentada, estritamente disciplinar, diante de um mundo globalizado. Uma formação que comporte a integração dos saberes deve fazer parte do horizonte profissional e da vida. Os fragmentos poéticos do capítulo anterior foram utilizados com esta intenção: estabelecer uma ponte transdisciplinar entre a poética como linguagem e a construção curricular na multidimensionalidade contemporânea.

Se o lugar do professor muda, naturalmente o do aluno também muda. Outra sinergia ocorre entre professor e aluno. Ambos têm seus papéis, que, embora opostos, são complementares. O que isso significa? Que agora são vistos como polos de potencialidade que interagem. Por que polos de potencialidade? Porque ambos fazem parte de papéis arquetípicos e estão em perene movimento e produzindo novidades. As oposições e os antagonismos, que sempre existiram, mas eram desconsiderados ou até reprimidos, na atualidade precisam ser tomados como extremos que se articulam mediante o diálogo. Agora é momento de professor e alunos se verem na possibilidade de interações transformadoras, na expressão de que nunca devemos ocupar um lugar de forma coagulada, mas em construção/desconstrução intermináveis mergulhadas no devir.

Se no paradigma antigo se produzia uma cisão entre professor e aluno – o conhecimento ficava no polo do professor e o aprendizado no polo do aluno, o que rompe com uma oposição criativa –, na atualidade essa postura muda, abarcando a relação de ambos e trazendo nova configuração, marcada de modo processual pela interatuação dos dois no decorrer do processo, nas trocas que se estabelecem.

Para darmos mais um passo nessa compreensão, assinalamos a mudança qualitativa que houve da comunicação de mão única para a comunicação de mão dupla. Nota-se a diferença: o aluno sai da posição passiva e submissa para uma posição ativa e cooperativa, e ao professor cabe a mediação dessa relação de mão dupla, posição que também pode ocupar o aluno em algumas circunstâncias. Como consequência, no contexto atual, essa cisão tem de ser superada, pois numa democracia – que aspira a muito mais que horizontalidade: uma relação entrelaçada que se coaduna com a dimensão *entre* – já não cabe mais manter a posição passiva e submissa do aluno. Tal condição não é mais condizente com a produção de um sujeito cidadão, participativo. E a produção desse sujeito cidadão é fundamentalmente papel da escola e dos profissionais da educação. Fica claro, portanto, que isso não significa a perda da autoridade do professor, mas que ela se dá em novos princípios.

E nesse novo contexto das transformações nos campos da ciência, da tecnologia e das artes, chega como grande novidade o surgimento das tecnologias de informação – um campo virtual, o ciberespaço. Um campo que atravessa nossas vidas e que está produzindo sobremaneira alterações na nossa subjetivação. Assim, o ciberespaço passa a ser praticamente um "terceiro incluído" nas nossas relações com o meio ambiente, e o professor deixa de ser o único detentor do conhecimento específico na sua área de atuação. No narcisismo do professor, isso pode ter sido um grande golpe, vivido como perda de espaço e de atuação, gerando alunos competitivos que querem, inconscientemente, destituir o seu lugar. Isso concretizado, todo o papel da educação fica comprometido, o que pede releitura urgente dos padrões de relações na escola, hoje bastante desbalanceados.

O professor e um terceiro incluído: o ciberespaço

Nesse sentido, o terceiro incluído "ciberespaço" é vivido como terceiro excluído, muitas vezes sede de conflitos entre professor e aluno, pois em vez de a tecnologia vir a serviço de alargar a complexidade dessa interação em favor da construção/desconstrução do conhecimento em mútuo movimento, ela está sendo utilizada pelo aluno para desmascarar o conhecimento que o professor está oferecendo. Se isso acontece, é porque o paradigma simplificador (não confundir com simples, porque na simplicidade reside a complexidade) está subjacente a essa interação. Se esta distorção está acontecendo, precisamos aproveitar metodologicamente esse terceiro, que é o ciberespaço, e torná-lo o terceiro incluído, ao fazer dele um instrumento de composição de novas configurações criativas, a serviço da pesquisa e da construção de novas realidades.

Como grande parte do acesso a essas tecnologias na escola não está a serviço da integração de novos conhecimentos, e sim da promoção de colagens, estamos diante de um ataque ao pensamento, que, em sua essência, busca as relações entre os saberes, a inter- e até mesmo a transdisciplinaridade. E nas colagens essa operação não acontece.

Cremos que, com a pandemia, esse terceiro excluído mostra muito bem a possibilidade de se tornar parte integrante de um novo modelo de educação, mas não como substituto da figura do professor, na medida em que a construção da subjetividade precisa da presença do outro para sua auto-organização. A partir da experiência vivida nesses meses de isolamento social e fechamento das escolas, foi possível perceber como a tecnologia pode entrar como parceira da educação escolar. É preciso acompanhar e tirar proveito dos relatos que estão sendo produzidos sobre as vantagens e as desvantagens do uso dessa tecnologia nesse período. Nesse contexto, também é importante pensar na relação afetiva professor-aluno.

18. Professor-aluno: relação transformadora dos afetos

Direcionando um olhar criterioso à nossa volta, é possível observar que a sociedade passa por vivências que mostram sua auto-organização embasada em relações de afeto, mas afetos como medo, horror, insegurança, desconfiança, tristezas, incertezas e dependências de diversas ordens, que, por consequência, também pulsam no micromundo das relações escolares e familiares. Quando cindidas e desconectadas, essas relações fatalmente trazem para o universo escolar, e também familiar, uma vivência de desamparo, como acontece na sociedade. Desamparo tanto emocional quanto cognitivo, pois, ao cindir o emocional do cognitivo - emoção/razão -, não se chega sequer a desenvolver os aspectos da cognição dos alunos, a não ser na sua superficialidade, na falsa aparência de que a acumulação de informações leva ao conhecimento. Ledo engano! Hoje, teorias sobre a evolução humana, bem como o avanço da biologia, da neurociência e da psicanálise mostram o poder das reações emocionais sobre o comportamento racional, com repercussão inclusive na manifestação de doenças psicossomáticas.

Na prática escolar vigente, de visão ainda conservadora, sem se dar conta de que a questão disciplinar pede novas configurações, a dimensão afetiva, sobretudo nas relações professor-aluno, está mais voltada para o controle comportamental centrado no metabolismo dos afetos de medo, insegurança, menos-valia. Porém, é possível e desejável transformá-los em afetos de alegria, autoconfiança, segurança, desejo de aprender, pois o forno que aquece a relação com o outro é o lugar onde esse metabolismo se produz. Basta observar propostas pedagógicas em andamento que escolheram essa direção, com excelentes resultados.[1] Portanto, central no projeto pedagógico é pensar a *escola como lócus de transformação dos afetos* que regulam a auto-organização social de fora para dentro e pelo medo e seus derivados, mesmo pela virtualidade de acrescentar novos desafios.

Na atualidade, não há mais fundamentos para se pensar em afetos como sinais positivos ou negativos. Ambos são potencialmente criativos e o fundamental será como orquestrá-los no cotidiano do contexto escolar. No universo da violência, existem planos altamente criativos, o que nem sempre acontece na criação de planos de amorosidade. Portanto, quer na família, quer na escola, quer em qualquer instituição educativa, como a Fundação Casa, prisões, e outras, as manifestações afetivas devem ser levadas em conta e sempre articuladas com os aspectos racionais que estão sendo pulsados. Não se pode dar hierarquia de superioridade ao racional apenas, pois é na articulação razão e emoção, pensar e sentir, que se chega ao conhecimento. O ato de conhecer está mais ligado à percepção que à razão propriamente dita, e a percepção se volta ao que provoca interesse, portanto, ao que emociona.

Acostumada a um padrão de escolarização baseado no racional, a escola dedica até hoje grande espaço ao ensino dos saberes

---

1 Ver alguns exemplos já citados neste texto, como Casa do Zezinho e Instituto Baccarelli. O documentário *Quando sinto que já sei* traz ainda outros exemplos.

disciplinares, porém o professor jamais pode se esquecer de que o conhecimento, para ser produzido, necessita de outros aspectos presentes na formação da subjetividade do aluno. Um deles é o conteúdo a ser aprendido estar relacionado à sua vida e, assim, lhe fazer sentido.

Foco na relação professor-aluno

Como componentes de polos que se complementam, a relação professor-aluno, ambos com papéis, direitos e deveres diferentes, é uma relação recíproca, cujas partes afetam-se mutuamente.

O que significa "afetar-se"? A partícula "se" é indicativa de uma relação de dupla recorrência ou até de múltiplas recorrências. Assim, tomando o afeto como uma qualidade, pois ele é da ordem do sentir, tanto na subjetividade quanto na coletividade, ele diz respeito *às intensidades* em fluxo em qualquer ambiente. E esse fluxo é a matéria-prima que vai plasmar qualquer tipo de relação. Na escola, vai plasmar produção/aquisição/construção de conhecimento e autoconhecimento.

Na concepção de afeto, essas *intensidades* estão contidas tanto na dimensão agressiva quanto na amorosa. Para ficar mais claro, vamos pensar em alguns exemplos: o medo é um afeto que protege o sujeito em determinado nível e circunstância. Então, um aluno pode estudar por medo de ser reprovado, nem que seja um ato puramente mecânico. Em outro, o medo pode criar inibições, fazendo com que não consiga nem decorar. Um olhar terno pode criar confiança, porém um excesso de ternura pode criar fragilizações quando o olhar não for confirmado, pois há aí uma dependência não resolvida.

A afetividade, enquanto moeda única, ganha coloridos pelas suas intensidades no ambiente escolar, onde predominam relações que infundem medo, angústia, baixa autoestima, *bullying*, que produzem marcações indesejáveis nos alunos. Trata-se de um tipo de ambiente em que, com esses afetos circulantes, é praticamente impossível se auto-organizar de modo favorável, pois eles trazem, como consequência, a diminuição da capacidade de apreensão por parte dos alunos não só do que é transmitido, mas também do que é vivido, do que poderia vir a ser.

Quando circulam afetos como alegria, descontração e harmonia participativa, estimuladores da produção de uma auto-organização psíquica equilibrada, o ambiente escolar propicia a subjetivação dos alunos de forma produtiva e criativa, favorável à formação do ser pessoa na contemporaneidade. Quando predominam relações pautadas em emoções perturbadoras, como a baixa autoestima, o ambiente é potencialmente propiciador de transtornos emocionais, não contribuindo para o bem-estar do indivíduo em si, tampouco para o coletivo. O que é difícil de acontecer com aqueles formados em ambientes cujos afetos propiciam uma acuidade mais abrangente dos acontecimentos que vibram na dimensão do social. Nessa perspectiva, a relação professor-aluno ganha dimensão privilegiada.

Professor-aluno: relação recursiva privilegiada

Um professor autoritário, na relação de verticalidade imposta, que ainda pensa manter o aluno na submissão – ideia não mais aceita –, acaba por criar ambiente pouco favorável à formação do ser pessoa, aberto à integração, o que em geral acontece. Quando o agir com autoridade cria espaço à relação participativa, mais horizontal, em que o aluno é coparticipante ativo do sistema de auto-organização do qual faz parte, o ambiente é altamente propício a uma subjetivação integrada, sem cisões. Quando há boa reciprocidade entre ambos, ela se transforma em motivo intrínseco para o desejo de aprender, de se envolver e se comprometer com a escola.

Isso se explica pelo exercício/vivência da influência mútua que um exerce sobre o outro, numa relação entrelaçada. O professor afeta o aluno e este, por sua vez, afeta o professor. Professor e aluno precisam de uma relação de proximidade e de cumplicidade para estabelecer a troca dos afetos e a metabolização dessa troca. Numa classe numerosa de alunos, isso é difícil de acontecer, na medida em que dificulta a produção do processo interativo, a menos que se utilizem estratégias de trabalho por projetos, em duplas, em grupos, possibilidades de que a interação aconteça de modo efetivo, com menos conflitos. Essas estratégias que despertam a curiosidade são portas abertas para o aluno descobrir os seus talentos e, consequentemente, os seus aspectos vocacionais, pois assim ele passa por um processo no qual, na sua interioridade, pode desejar e perceber os seus desejos. Ou seja, o seu processo de auto-organização subjetiva acontece.

Quando não acontece, a personalidade fica caótica, perdida. Sem referências, não consegue formular planos que deem sentido à vida, sem possibilidade de compreender-se em seu papel de cidadão participante em seu momento histórico. Sem a ideia de compromisso, o sujeito não se conecta com aspectos do social que seriam fundamentais para a sua integração com si mesmo. Para conhecer a si mesmo, o sujeito precisa conhecer/pertencer ao meio em que se encontra inserido e, nessa imersão, pulsa a sua subjetividade. A complexidade desse processo consiste exatamente na troca de influências mútuas entre o pessoal e o social. É a isso que nos referimos anteriormente como recorrência/recursividade. Um professor com a qualidade de estimular essa recursividade hoje assume um perfil que extrapola a mera competência de um bom expositor. Ele é agora um profissional na dinâmica da complexidade.

O professor da complexidade: múltiplas competências

Nessa visão transformadora, o professor surge com multiplicidade de papéis que façam dele um catalisador e um articulador da construção/desconstrução/reconstrução do conhecimento nas relações que se estabelecem no ambiente escolar. Relações que se dão em diferentes esferas e conexões, não só com os alunos, mas com os pais, com a comunidade e, atualmente, com as redes do ciberespaço.

No contexto de um mundo em que, como diz Morin (2012a), o conhecimento outrora enciclopédico é agora enciclopedante, e, como diz Bauman (2009), o professor deixa de ser o guardião do saber, numa "sociedade líquida", como fica o professor expositor?

A ação docente hoje precisa se revestir de um conjunto de perfis. Ao professor, isso não deve significar assumir trabalho a mais, mas ter consciência da complexidade de sua profissão. Ele precisa tornar-se essa *pessoa complexa* que sabe ser *catalisadora* de múltiplos estímulos que estão sendo pulsados naquele ambiente, entre uma programação prevista e os assuntos emergentes. Nesse sentido, outras qualidades se acrescem à sua formação, como perceber-se membro do coletivo.

Fazer parte do coletivo não significa abster-se de sua própria subjetividade. Ao contrário, não existiriam coletivos sem o pulsar de cada individualidade, pois ideias criativas surgem nesses pulsares subjetivos que imediatamente são incorporados à coletividade, e vice-versa. Significa que cada um na sua interação se revela cocriador e coparticipante da construção de uma nova dinâmica processual no ambiente escolar. Isto posto, não só o professor precisa lidar/remexer com sua subjetividade, seus hábitos, suas fantasias e suas idealizações, mas toda a rede de conexões precisa se alinhar em nova sinergia. O momento pede abertura, expansão e recolhimento. No coletivo, a exigência é de abertura ao outro, ao ambiente natural, ao social, à cultura, ao que surge como inesperado, e o inesperado está cada vez mais presente no entorno – a pandemia é um grande exemplo perceptível disso. Essa abertura é a sua própria respiração, é o pulsar que caracteriza o universo e a vida.

Outra qualidade diz respeito a perceber-se como sujeito em contínuo aprendizado, isto é, em contínuo processo de transformação. O seu autoconhecimento é também condição necessária para ele poder se sentir imerso na sua atividade docente, com toda a intensidade que os alunos trazem para dentro da escola e da sala de aula. É no calor do pulsar das intensidades que novas formas de conhecimento pulsam.

Assim, pensamos um professor vivo, não apenas referência como fonte de saber. Para isso, ele precisa se manter continuamente atualizado, mas também de referências de outras áreas, na perspectiva plena do *ser educador*. Portanto, um professor não apenas transmissor, mas fundamentalmente *ponte* entre saberes.

Professor-ponte entre saberes

É aquele que promove a ligação entre a escola e a vida que pulsa na comunidade e no virtual.

Pensamos inicialmente em Hannah Arendt (citada por Almeida, 2011), quando diz que a função da escola e, lógico, do professor é introduzir a criança e o jovem no mundo, para se perceberem como partes integrantes da realidade, portanto, como seres que têm um compromisso com o mundo. Mundo que para ela, na sua época de meados do século XX, já caminhava para um "não mundo", isto é, um mundo desertificado pelo processo de massificação provocado pela modernidade. Aí encontram-se os sinais da função mediadora da escola e do professor, que se colocam como aqueles que auxiliam os alunos a conhecer o mundo que os cerca, para tomarem consciência de si como membros dele, participantes e compromissados.

Sinais dessa função mediadora encontram-se presentes na pedagogia social que desponta, com ênfase, na primeira metade do século XX, que começa a ver o ser humano contextualizado, fruto também das modulações do ambiente em que vive. Surge uma nova consciência de que é preciso formar a criança e o jovem para serem conscientes de si e da realidade que os cerca, com o propósito de fazer o aluno perceber-se como um ser de cultura. O contexto da época já era de discussão sobre a origem da formação do homem não só na genética, mas também na cultura, passando, portanto, pela sua mediação.

No entanto, a *função mediadora* da educação vai receber a devida atenção com a concepção teórica de Vygotsky (1989), que estendeu o conceito de mediação na interação do ser humano com o meio aplicando a ideia de instrumento à linguagem – sistema de signos criados pela sociedade. Para Vygotsky, "a internalização dos sistemas de signos produzidos culturalmente provoca transformações comportamentais e estabelece um elo de ligação entre as formas iniciais e tardias do desenvolvimento individual". Desse modo, "o mecanismo de mudança individual ao longo do desenvolvimento tem sua raiz na sociedade e na cultura" (pp. 14-15).

A seguir, citaremos algumas habilidades fundamentais para um bom *professor-ponte*.

O professor orientador/observador

Um complicador, ou facilitador, da contemporaneidade é o fato de que as crianças já nascem imersas no ciberespaço, assim, quando chegam à escola, o macromundo já se apresentou a elas há muito tempo. Esse é mais um complicador que o professor tem de enfrentar em sua prática. Embora a criança venha mergulhada no mundo, ela desconhece o seu mundo próximo, a própria família, a escola, o bairro, a comunidade. Outrora era o inverso, mas hoje é assim.

Então, aquele que orienta o processo de desenvolvimento do aluno tem na *observação*[2] um importante instrumento para sua função de ponte. Observação de quê? Dos fenômenos que acontecem em sala de aula com os alunos, cada qual em seu percurso, na medida em que mudanças vão acontecendo no decorrer da evolução, e das diferenças entre os alunos, não para compará-los, mas para percebê-los em suas características próprias a serem respeitadas.

A qualidade de observador requer do professor e da escola novos cuidados em suas interpretações do comportamento de cada aluno, isto é, dos sinais emitidos por ele nas atividades escolares, em sala de aula ou fora dela, e ao considerar o seu processo evolutivo. O olhar do professor/escola precisa ser ampliado para uma observação mais abrangente do que está por trás das aparências. É preciso abandonar o modo padronizado ou estereotipado de olhar os alunos: o que vai bem, é inteligente e interessado; o que vai mal é incapaz, preguiçoso, desinteressado ou portador do transtorno de déficit de atenção e hiperatividade (TDAH). Isso traz consequências para o processo de avaliação, ao fazer dela o instrumento que possibilita, ou não, a capacidade (re)organizadora do processo de aprendizagem. Da parte do professor, evidentemente existem muitos pontos cegos que afetam sua percepção do outro.

Como um bom detetive, o professor precisa ter um olhar aguçado e uma escuta refinada e ir além daquilo que os órgãos dos

---

2 Para maior compreensão do processo de observação e acompanhamento do desenvolvimento dos alunos, sugerimos a leitura de Hoffmann (2014) e Rovai e Lima (2015). Havendo interesse, visitar também a pedagogia Waldorf.

sentidos de imediato captam. Perceber o aluno mais além significa perceber suas reações aos estímulos que a escola apresenta e que o professor traz para a sala de aula. Ele se interessa? Gosta? Quais as impressões que lhe provocam? Quais os que mais o atraem? Está aprendendo ou não, e por quê? Em que condições ele responde melhor? O que o impede de avançar?

Um aluno que tira nota baixa na prova ou nas tarefas é responsabilidade do professor e da gestão escolar, e não só da família, pois essa nota traz elementos reveladores de que as práticas de ensino adotadas não estão atingindo a todos os alunos nas suas possibilidades de aprendizagens nem identificando seus potenciais e seus limites, os quais devem ser adequadamente trabalhados. Um exemplo é o caso[3] do aluno Gabriel: desde cedo tido sempre como aluno desinteressado, agitado, que ia mal nas provas e nas tarefas escritas, sem que os professores percebessem que se saía bem nas tarefas orais. Durante a trajetória escolar, esse menino foi ganhando fama de aluno dispersivo, pouco inteligente, internalizando em sua subjetividade qualidades negativas, até que na adolescência, graças à consulta com uma neuroeducadora, foi percebida sua dificuldade na leitura por ser portador da síndrome de Irlen, que produz alterações no córtex visual que produzem dificuldades na percepção visual e, consequentemente, na leitura.

Por esse exemplo, vê-se que os erros devem apontar aos professores onde estão as debilidades da ação didática, e não só dos alunos. É isso que se espera de uma escola educadora: que o professor se coloque com outra postura diante dessas manifestações tidas como negativas nos alunos e de como eles se percebem fazendo parte da escola e nela integrados.

3 Este caso é relatado com maiores detalhes em Rovai e Brunini (2018).

O professor facilitador

Essa ideia tem origem no conceito de "aprendizagem significativa" na terapia e na educação, defendida pelo psicoterapeuta e professor Carl Rogers (1977). Facilitar a aprendizagem, no contexto do pensamento desse autor, significa libertar o sujeito que aprende dos "medos de aprender", ou seja, do medo de não ser capaz de aprender, e, assim, liberá-lo dos "bloqueios" que o impedem de aceitar desafios, de assumir riscos, de avançar, de se expor e de ser ele mesmo. Enfim, superar a autoimagem que o impede de se ver como portador de talentos e capacidades que podem ser desenvolvidos por meio de estímulos adequados, sem se ver diminuído porque seu talento não está na matemática, mas na arte, por exemplo, pois para se expressar nas formas plásticas ele vai precisar de conceitos matemáticos.

Não ter medo de ser você mesmo significa não ter medo de entrar em contato consigo mesmo e se conhecer na sua interioridade, nos seus potenciais e nas suas limitações, nas suas sensações e nos seus sentimentos, de reconhecer-se como *pessoa autêntica*. Essa qualidade tem tudo a ver com liberdade, mas não no sentido de "fazer o que quer, como quer, quando quer", pois pressupõe consciência de si, do outro, do contexto para fazer escolhas, decidir, agir e assumir responsabilidade sobre suas ações.

Para tanto, o professor também precisa ser visto como *pessoa*, não como "a encarnação abstrata de uma exigência curricular ou um canal estéril através do qual o saber passa de geração em geração" (Rogers, 1977, p. 265). Rogers parte da crença de que os educadores estão interessados em aprendizagens que provoquem alterações no comportamento dos alunos. Para isso, propõe uma atitude de coerência durante a relação: o professor como pessoa unificada, integrada, congruente; uma relação de aceitação – ver o aluno como pessoa, permitindo-lhe experimentar seus próprios sentimentos e descobrir o significado de sua experiência.

Embora rica, a ideia do professor facilitador foi, infelizmente, deturpada na prática pedagógica: facilitar a aprendizagem virou sinônimo de facilitar a vida do aluno, ou seja, não de libertá-lo de suas amarras, e sim de liberá-lo do trabalho ou esforço de aprender, adotando-se a prática de "dar tudo pronto", ou de "aceitar" qualquer coisa que o aluno apresenta. Nesse caso, autenticidade e liberdade tomaram o sentido de afundar-se na subjetividade, esquecendo-se de que é na relação com a objetividade, o contexto, a situação pública e/ou privada que se constrói a subjetividade. Isso leva à consciência de que as escolhas de ação pressupõem a assunção de sua contrapartida: a responsabilidade.

Como trata-se de um processo transitivo, em que mudanças estão acontecendo e exigindo *adaptação* com sentido ativo, ele ocorre em contínuo desabrochar dos potenciais realizadores do ser e, se for bem observado e orientado, pode conduzir à construção de uma boa auto-organização de si. Pensemos numa criança da favela de Heliópolis que ingressa muito nova no Instituto Baccarelli, com aprendizagens orientadoras de habilidades musicais, e chega à fase adulta como componente de uma orquestra sinfônica, muito bem realizado na sua escolha vocacional.

Por isso, o professor e o aluno precisam ser sempre estimulados a dar um passo à frente e a ousar experimentar, pois sem isso não há crescimento pessoal e grupal. O professor precisa aprender a aceitar desafios e saber desafiar seus alunos.

O professor desafiador

Desafiar é instigar, estimular, provocar o interesse do aluno, criando, como diz Piaget (1967), um desequilíbrio na sua estrutura cognitiva. A palavra "desafio" pode ser definida como *perturbação* ou *turbilhão*, causados por um problema, uma dúvida, um questionamento. Algo que produz uma inquietação, um ponto de interrogação na cabeça do aluno, e desperte a necessidade e/ou o desejo de saber a resposta, ou o significado.

Desafio também tem o sentido de duelo, confronto de força entre adversários, que conduz à eliminação de um deles da jogada. É um duelo de morte. Mas há o desafio de vida, e ele aparece no diálogo cantado, espécie de duelo com versos improvisados, acompanhado de algum instrumento musical, em geral a viola. Nesse duelo não há adversários, mas parceiros que estimulam um no outro a criação. Aqui a pulsão é de vida: vida é movimento, expansão, criatividade. O nosso professor parece mais voltado ao desafio, ou duelo, na forma de combate para ver quem vai ser o vencedor. É preciso sair do caminhar da oposição para ver no desafio a possibilidade de parceria, de estímulo ao encontro, à soma de forças.

A palavra "turbilhão" sugere a ideia de movimento em espiral/ caótico que mexe profundamente nas estruturas psíquicas/sociais, o que sempre foi motivo de medo e apreensão pelas organizações escolares em lidar com essas intensidades. A consequência de todos esses procedimentos é a repressão, que impede o desapego de ideias conservadoras que não mais têm sentido para o momento vivido.

A propaganda/marketing está continuamente nos desafiando a sair do lugar para adquirir um produto que anuncia. Cria em nós a necessidade e/ou o desejo de possuí-lo, porém de modo nada reflexivo, no mais das vezes levando-nos à compulsão.

A escola pode implantar estratégias para provocar o interesse, o desejo pelo saber, e uma das formas já postuladas é desestruturar a organização cognitiva/afetiva do ser que aprende/apreende. Essa combinação apresenta dois níveis, ou seja, o cognitivo, que tem a ver com o racional (aprender), e o afetivo, que tem a ver com o apreender, que conduz a uma via de interiorização/simbolização pela vivência simultânea dessas duas dimensões num ato único. No movimento entre aprender/apreender é que a subjetivação pulsa, marcando a produção de impulsos desejantes. Sempre lembrando que razão e emoção caminham juntas, sem uma hierarquia marcando a superioridade de uma ou de outra, pois elas funcionam em interação recíproca.

A grande estratégia é "desestabilizar" ou criar uma "perturbação" por meio de situações-problema. A perturbação é uma exigência para um sistema aberto se expandir e manter-se em processo de auto-organização. Uma perturbação que gera desequilíbrio gera a força propulsora do desenvolvimento. A mãe que coloca um brinquedo à frente do bebê que começa a engatinhar provoca nele uma perturbação, e o faz com o propósito de criar nele o desejo de alcançá-lo e, assim, se locomover.

O professor que provoca interesse consegue suscitar o entusiasmo, um afeto que tem a potencialidade de juntar as matérias-primas das quais poderá advir o conhecimento. Que matérias-primas são essas? Não só aquelas que estão na programação prevista, mas também as novidades emergentes que surgem no contexto diário, para as quais deve estar aberta.

O professor que provoca entusiasmo é uma das ideias que povoaram o imaginário desejante de Rubem Alves (2014), sonho que ele não conseguiu ver realizado em vida.

19. Avaliação na prática

O autoconhecimento é condição básica para um mundo em mudança.

Giuseppe Cocco

A avaliação é instrumento fundamental para o autoconhecimento e se faz por meio da análise do outro e da autoanálise.

A autoanálise é uma exigência primordial da cultura psíquica; deveria ser ensinada desde o começo do ensino fundamental para se tornar uma prática tão costumeira quanto a cultura física.

A autoanálise só pode acontecer por meio de um olhar capaz de autocrítica.

Edgar Morin (2005)

Em nosso contexto, essa autocrítica poderia ser mais bem pensada como autopercepção. Com isso, incluímos este assunto que consideramos importante nas relações pessoais na escola, que acontecem a todo momento: na troca de um simples olhar, num tom de voz, numa palavra... Aspecto que acaba se perdendo no dia a dia pela falta de observação, de escuta não só da expressão verbal, mas da corporal, pela ausência do diálogo. Aqui, vamos focar na interação professor-aluno, na comunicação diária nos momentos de ensino-aprendizagem.

O potencial da interatividade cotidiana, em certo sentido, é muito ignorado. O que se constata na vida diária em geral, e na vida escolar, é o medo de ser avaliado. Na verdade, o medo de entrar em contato com autoanálises ou mesmo com análises objetivas dos outros. Quando alguém nos faz uma observação a nosso respeito, logo já tomamos como um julgamento e, portanto, a rejeitamos se não nos é favorável. Desconhecemos o poder que o entorno nos oferece como possibilidade de crescimento. Para isso, é necessário abertura.

Sem desconhecer que há análises e análises ao postular aqui uma proposta pedagógica voltada à formação da subjetivação – o *ser pessoa* – no mundo em mudança, o debate sobre a avaliação escolar é imprescindível, como mostram as epígrafes, pois ela está no cerne da relação cotidiana no ambiente escolar, como na vida, e principalmente na relação professor-aluno. Daí darmos importância à sua presença neste conjunto de ideias que viemos construindo sobre o educar no século XXI.

A avaliação é aquele componente do currículo que deve nutrir, alimentar, realimentar para reorganizar o processo de ensino-aprendizagem em sua evolução, e isso não se faz sem entrar em contato com o que é preciso mudar ou deve ser mantido. Na vivência de um processo, costumeiramente a avaliação acontece ao final de um período, perdendo-se o que pode estar presente no início, como análise diagnóstica, no decorrer do seu processo evolutivo, e deve ser retomada de tempos em tempos para a conexão com o previamente estabelecido.

A prática da avaliação é muito discutida, por se tratar de algo incrustado na prática pedagógica, e muito já foi escrito sobre o tema. Os textos mais recentes enfatizam a comparação entre dois modelos de avaliação: a tão praticada avaliação *verificadora* e classificatória e a avaliação *processual*, aberta ao acompanhamento do desenvolvimento dos alunos. Logicamente, a escolha de cada uma está ligada a uma intenção e um propósito de educação. Para um projeto meramente instrucionista, a avaliação verificadora e classificatória com a finalidade de medição faz todo o sentido. Contudo, esse é um caráter do qual se deve libertar para um projeto em que todo o trabalho de ensino seja arquitetado em termos de formação de alunos capazes de pensar, refletir sobre o que aprendem, duvidar, questionar, criar e ter, enfim, participação ativa na construção do conhecimento e na organização da vida social. Nesse sentido, o processo de avaliação deve estar em consonância com essa visão mais ampla do ensino e da coparticipação na formação do ser pessoa, portanto, da educação como ação.

Contudo, na perspectiva da complexidade, muitas possibilidades podem se anunciar para o termo "avaliação" entre as costumeiras formas que são colocadas como polos em oposição. Tomadas como ações complementares, múltiplas são as aproximações possíveis entre elas. Isso se aplica, por exemplo, no planejamento da avaliação a partir de observações e análises não conformadas apenas por critérios objetivos e padrões meramente quantitativos. Ao incluir os afetos e considerar as subjetividades, rompe-se com essa polaridade na aproximação criativa entre o quantitativo e o qualitativo, pois é por meio da percepção dos afetos que tanto alunos quanto professores podem se auto-organizar de forma diversa no desenrolar do processo de ensino-aprendizagem.

Muitos são os instrumentos e as estratégias para a prática da avaliação, porém tomemos como exemplo a "prova". Muito se questiona sobre esse tipo de instrumento de avaliação: ela deve continuar a existir e ser aplicada? Na visão complementar, ela pode permanecer, desde que empregada de modo a permitir ao aluno, em idade apropriada, toda uma organização intrapsíquica a fim de entrar em contato consigo próprio diante de um saber já trabalhado: o que ele realmente sedimentou, o que ainda não conseguiu sedimentar, o que aquele conhecimento representa para ele, o que revela sobre suas identificações com o saber escolar e com suas tendências. Assim, se empregada como uma oportunidade de autoapreciação de si e do que aquilo que aprendeu lhe representa, ótimo: temos aí um instrumento de aprendizagem e de autoconhecimento.

O esforço de preparar-se para uma prova não deve ser desprezado. Isso sem dúvida terá reflexos bons na subjetivação do educando se vier como uma ajuda para ele se perceber nas suas qualidades, na sua evolução e nas suas limitações nas diferentes disciplinas do currículo, e não como forma de classificá-lo e de colocá-lo na posição de que a culpa por seu fracasso é dele. Portanto, se assim é realizado, esse tipo de avaliação deve ser sempre bem-vindo, e esse deve ser o sentido de qualquer prática avaliativa associada a outros instrumentos que tenham por objetivo o autodesenvolvimento.

A questão a problematizar vem da observação de que, em geral, os textos tratam do tema da avaliação em si. Virou moda apontar críticas ao modelo verificatório e defender o modelo processual, visto como democrático, quando ambos podem muito bem ser tratados de modo recursivo. A verificação não é o problema, o problema é como ela é tratada e interpretada. Porém, dificilmente vemos este tema discutido e planejado em função de uma proposta de educação delineada para crianças e jovens e das múltiplas realidades de nossas escolas.

Não se tem dúvida de que esses modelos têm origem em diferentes visões de mundo, de ser humano e de educação. Consequentemente, têm propósitos distintos, com múltiplas possibilidades de organizações que estabelecem relações entre as dimensões objetivas e subjetivas de uma vivência, mas nem sempre são propósitos claramente fundamentados e explicitados. Acrescente-se a isso o fato de o momento atual confundir visão de mundo e de ser humano com visão meramente ideológico-partidária, sem levar em consideração que faz parte da natureza humana construir e se orientar por valores, que variam conforme os contextos geográficos e históricos.

Conjecturamos que muito do insucesso das tentativas de mudança nas práticas avaliativas vem da sua presença entre os componentes do currículo sem as devidas orientação e articulação de organização sistêmica e da falta de motivação para seguir as inter-relações entre esses componentes, quase como um ato de meramente seguir o que está na moda. A articulação dos componentes na redação do projeto pedagógico é necessária, mas sobretudo precisa estar viva na prática, como um organismo cujas células trabalham em uníssono para a finalidade a que se propõem. Isso pressupõe pensar não só em fundamentos e normas, mas na dinâmica que acontece na processualidade. A alquimia processual, que não é estática e tem a ver com a dinâmica do jogo das ações quando entram em movimento, tem sido pouco considerada. Daí vem a sensação de que a escola vai mal.

Tratamos de ressaltar especificamente a disjunção da prática da avaliação, pois não se pode pretender uma educação democrática com uma avaliação que não respeite as diferenças, como não se pode pensar uma educação que respeite as diferenças com um modelo classificatório de avaliação. Ou ainda, não se pode pensar uma educação para a cidadania se o aluno é excluído das decisões sobre os programas, nem se pode pensar uma educação criativa com a programação fixamente estruturada, sem margem para aceitar o que emerge no percurso, fruto da vida que ocorre no entorno.

Se a escola tem como proposta oferecer uma educação emancipadora, com boa convivência social, visando à formação de crianças e jovens para o futuro - que está a exigir *pessoas* preparadas para enfrentar com segurança contínuas transformações e incertezas, futuro este que já bateu às nossas portas com a pandemia –, todo o projeto pedagógico da escola tem de ser pensado para alcançar essa intenção. Nesse contexto, a prática da avaliação ocupa lugar decisivo, e sua reformulação deve ter como ponto de partida uma expressão clara do que entender por educação democrática para o mundo de hoje, de como entender o processo interativo entre ensino-aprendizagem nessa modalidade educativa e de *o que* e *como* seria um agente compromissado com a transformação social para uma nova ética: a ética da solidariedade, que se pretende avançar em relação à ética do individualismo e de um narcisismo preponderante.

Sem este arcabouço, observa-se a tentativa de introduzir mudanças nos componentes, entre eles os procedimentos avaliativos, sem, contudo, ocorrerem mudanças no projeto de escola pública como um todo. É preciso encontrar o caminho que conduza a escolhas e decisões pertinentes ao modo de pensar a educação para a continuidade deste século XXI, com todas as mudanças que se tornaram realidade e que pedem urgência, a fim de decidir-se pelo modo adequado de avaliação para a prática diária de acompanhamento do desenvolvimento e da aprendizagem dos alunos, alvo central de toda ação educativa.

Quem é esse sujeito que chega à escola?

Admitindo que seu ingresso na Educação Infantil ocorra a partir dos 3 anos de idade, quando ali chega traz um caminho, de certa forma, já percorrido. Sua subjetivação já está em processo. É preciso acoplar esse processo da criança ao processo escolar. Que processo é esse que acontece antes da entrada dela nesse universo?

Tomamos esse processo especificamente como o que ocorre desde os primórdios da sua vida e que tem a ver com o modo como a criança lida com a alteridade no ambiente familiar, o que hoje está acontecendo também nos berçários e nas creches onde passa grande parte do seu tempo. Ela vai se integrando aos relacionamentos e aos acontecimentos que ocorrem nesses ambientes, sem se esquecer que esses espaços são circundados por contextos mais abrangentes. O que se evidencia é que, nessas trocas iniciais, a criança começa a perceber um *eu* diferenciando-se do *outro*, porém sempre o outro vai estar presente no eu. Assim, a criança começa a ter a possibilidade de desenvolver, de modo intuitivo, as percepções de si nos contextos que vivencia.

Nessas percepções estão as bases do autoconhecimento, os primórdios da aquisição dos aspectos éticos que virão a compor essa subjetivação iniciada e a ser construída/desconstruída rumo à contínua auto-organização do ser em movimento. Lembramos que, nessa etapa, muito do que a criança internaliza vem da imitação do que ela vivencia e aprecia no ambiente que a circunda. A vida é um contínuo processo de aprender/desaprender/reaprender, e a escola é um espaço específico destinado a contribuir para esse desenvolvimento, que não acontece sem a aprendizagem.

Por que desenvolvimento e aprendizagem?

Por que falamos de processo de desenvolvimento e aprendizagem dos alunos, e não apenas de aprendizagem, expressão mais comum no discurso pedagógico? Porque queremos ressaltar desenvolvimento e aprendizagem na perspectiva ecológica, portanto complexa, como elementos interativos, que se complementam e, recursivamente, afetam um ao outro. Assim, o desenvolvimento neurológico decorrente do processo de maturação para o exercício das funções cognitivas, motoras, psíquicas/afetivas e sociais, como de outras funções, é necessário para a ocorrência da aprendizagem. Por sua vez, o desenvolvimento neurológico não ocorre satisfatoriamente sem ser afetado pela aprendizagem, isto é, pela presença de situações desafiadoras no ambiente representadas por vivências, exercícios e interações que criam as condições de aprendizagem.

Pela nova biologia, nada no organismo funciona de modo separado, mas tudo está em contínuo fluxo de comunicação. Já se tem cientificamente comprovada a influência do meio ambiente na modulação da base genética: a epigenética. Tomemos como exemplo o aprendizado, que já abordamos, do andar pelo bebê: para ficar em pé, o bebê precisa do amadurecimento neurológico, isto é, a mielinização dos neurônios, porém este não acontece se o estímulo ambiental não for favorável. O filme *O enigma de Kaspar Hauser* (Herzog, 1974),[1] baseado em um fato real, é um bom exemplo do que falamos aqui, bem como outros casos já relatados pela ciência.

---

1 O filme narra a história de um menino que, desde bebê, foi criado em cativeiro, sem contato com o mundo externo, somente com um homem que cuidava de alimentá-lo. Quando o menino tinha 15 anos, o homem resolveu largá-lo fora do cativeiro. Encontrado em Nuremberg em 1928, ele não sabia falar, não sabia andar sobre duas pernas e não se comportava como humano. Recolhido por uma família que soube lhe oferecer um ambiente de estímulos adequados, ele se desenvolveu e chegou a escrever sua própria história.

O mesmo acontece com a alfabetização ou o aprendizado de qualquer outra função cognitiva/afetiva/motora/relacional. Isso põe luz à controvérsia sobre o desenvolvimento anteceder a aprendizagem (Piaget) ou a aprendizagem anteceder o desenvolvimento (Vygotsky). Hoje, esses fenômenos são comprovadamente interatuantes, sendo um causa e consequência do outro, na medida em que, sendo o organismo humano um todo, o seu funcionamento é orgânico.

É este o foco que trazemos aqui: o organismo humano funciona de modo integrado. Isto posto, os processos de ensino-aprendizagem e de avaliação devem considerar essa dinâmica interativa, recursiva, entre desenvolvimento e aprendizagem desde o berço e vida afora. Sobre ela devem estar a atenção e a observação de pais, professores e gestores ou a quem couber a responsabilidade de cuidar da criança, a fim de conseguir o intento do processo educativo: ação ao desenvolvimento global, mas a cada criança dentro do seu percurso pessoal. A observação é tarefa complexa bem explicitada por Hoffmann (2014).

Toda aprendizagem está sempre a caminho

Este título é tomado de empréstimo de Hoffmann (2014, p. 53),[2] pois trata-se de uma bela metáfora para o que estamos tratando neste livro, quando dizemos que o caminho para o desenvolvimento e a aprendizagem é um fluxo ininterrupto, ou seja, está em permanente movimento. Como ela diz, "não há paradas ou retrocessos nos caminhos da aprendizagem". O professor tem diante de si alunos em constante movimento impulsionador do crescimento, nem sempre imediatamente perceptível, o que exige muita sensibilidade e

2 Nesse livro, Hoffmann fala do trabalho pedagógico e da avaliação como um caminho a ser construído, tomando como referência a analogia que faz com sua vivência percorrendo o Caminho de Santiago.

racionalidade do observador. Um grande entrave para essa percepção é a dificuldade de lidar com a diversidade de ritmos, potenciais e percursos singulares. A percepção das diferenças, parafraseando Perrenoud (1999), é ainda embaçada pela *indiferença às diferenças*, cada vez mais gritantes, pedindo que se mude o olhar, que se mude o paradigma.

Somente uma pedagogia autogenerativa e criativa – em movimento – pode superar essa indiferença, a fim de propiciar a gestores e professores o planejamento de práticas que desconsiderem os padrões de homogeneização e abrir espaços para considerar tempos e ritmos, potenciais e capacidades, experiências e interesses desiguais, portanto, singulares. É no dia a dia que essas qualidades se revelam, razão pela qual o planejamento, quer de ações e estratégias, quer da avaliação, não pode se prender a programas previamente estabelecidos. Flexibilidade e estabilidade ditam a dinâmica processual.

Isso, sem dúvida, aumenta a complexidade das tarefas educativas, mas não se pode fugir dela, sob pena de empobrecer a qualidade da educação, cuja natureza é complexa. Ela está sendo simplificada à revelia, com prejuízo da formação das subjetividades. A trama da organização social requer sujeitos comprometidos com o coletivo, isto é, com a organização de uma sociedade solidária – no momento, ainda distante, embora a pandemia tenha nos aproximado mais dessa necessidade. E a escola é excelente espaço para aprendizagem dessa convivência.

Cada escola, cada projeto, cada coletivo precisa encontrar o seu caminho, que sintoniza com seu tempo e seu espaço a partir de diretrizes educacionais abertas. Para a avaliação do desenvolvimento e da aprendizagem sempre a caminho, sempre vicejando, é preciso assumir a processualidade da vida: ela está em andamento, em movimento, como em movimento está o desenvolvimento cognitivo, afetivo, motor, social, enfim, global da criança. Os momentos de avalição são, portanto, momentos de observação de como caminha o trabalho escolar, a prática do professor e a vivência dos alunos.

Esse é o verdadeiro sentido de uma avaliação na perspectiva de uma pedagogia autogenerativa.

A avaliação processual

Esta é a avalição para uma pedagogia em movimento. Ela comporta outros atributos: democrática, emancipadora, libertadora, encantadora, facilitadora, mediadora, e tantos mais. Sua visão é de que todos os alunos têm capacidade de aprender – porém essa capacidade difere quanto a competências, ritmos, estilos de aprendizagem, experiências – e de que a cognição é algo em construção, modulada pelo meio ambiente, e tem a ver com as qualidades inerentes do ser que aprende. Portanto, se a intenção é uma educação libertadora, sua ação não se concentra na busca de déficits dos alunos, mas na identificação de seus *potenciais*, no jogo que se contrapõe com os limites. Tem como principal instrumento a observação contínua do ritmo e do andamento do processo vivido pelos alunos em suas aprendizagens, bem como do professor em sua prática de ensino. Dia a dia, semana a semana, mês a mês, estão ocorrendo transformações que só o olhar, a escuta ou o ato, todos sensíveis e bem afinados, podem captar.

Mas *o que* e *como* captar? O que acontece na sala de aula, na escola ou fora dela que possibilita reconhecer potencialidades e limites, interesses e não interesses, prazer e desprazer? Longe de critérios que buscam a homogeneização dos alunos por padrões rigidamente estabelecidos, a prática da avaliação processual abre-se para o que vai surgir no percurso, abre-se ao devir – o que não significa ausência de um plano de ação. Por isso, a observação recai sobre o diferente, sobre aquilo que emerge e surpreende, para o que está por trás do aparente, aquilo que, sem sair do que se busca como ensino, pode revelar os potenciais, os interesses e os desejos de aprender. Ou aquilo que está por trás do desinteresse do aluno no que ou em como o professor ensina. Assim, essa observação não deve levar a imagens determinadas e fixas, pois na ideia de processo está embutida a de dinâmica. Acompanhar as ocorrências na vida dos alunos é importante para percebê-los em suas transformações e entender o que levou a elas.

Os potenciais se reconhecem pelos múltiplos aspectos que favorecem a aprendizagem. Os limites, mais difíceis de serem compreendidos, se manifestam pelos bloqueios que dificultam ou impedem o aprendizado. Pode ser a falta de maturidade para aquele aprendizado naquele momento – pensemos no exemplo de Einstein, que só revelou sua genialidade na fase adulta. Pode ser um trauma, momentâneo ou não; uma estratégia inadequada de apresentação do assunto, que não se acomoda – no sentido piagetiano – aos conhecimentos e às experiências internalizados pelo sujeito; ou até mesmo a falta de identificação com aquela área do saber, para a qual o aluno não demonstra grande capacidade. Enfim, muitas são as possibilidades. Se a realidade é processual, se o desenvolvimento pessoal é processual, somente a avaliação processual pode acompanhar esse movimento transformador, às vezes oculto por trás da aparência estática, em que tudo parece sempre igual.

Para captar o essencial, o planejamento deve guiar ao propósito pretendido orientando a *observação* – o *olhar* e a *escuta* atentos e cuidadosos, que acompanham a cada um e a todos em sua dinâmica expressiva diária. Mas só observar não basta, é preciso *registrar*, sabendo *o que* registrar – os fatos que possam dar indícios sobre o andamento do que está sendo vivenciado e experimentado durante todo o processo – e *como* fazer isso. Esses indícios devem servir de elementos para a autorregulação do processo: vai bem e as metas estão sendo alcançadas? Ótimo. Não vai bem? Por quê? O que está impedindo este ou aquele aluno, ou grupo de alunos, de acompanhar o processo? Quais resistências cognitivas ou emocionais estão em jogo? Aí vem a análise e a reflexão sobre a ação. E tudo isso exige treino.

Por que avaliar?

Avaliar por avaliar, apenas usando instrumentos de medida para justificar que se está seguindo um roteiro programático, no sentido verificatório e classificatório, faz sentido no propósito de formar "unidades de produção", seres úteis ao mercado de trabalho, mas não faz sentido se o propósito é educar para o tornar-se pessoa neste mundo turbulento, preparando crianças e jovens para que sejam cidadãos participativos na construção de uma sociedade com valores sociais e éticos que possibilitem boa convivência. Com um projeto de educação a concretizar, um propósito a realizar, uma meta a alcançar, a avaliação necessita de mecanismos que assegurem sua organização. Chamam isso de "controle", mas entendido como busca por contínua auto-orientação do projeto e de sua capacidade auto-organizadora. Portanto, controle como acompanhamento a fim de garantir os resultados almejados, nunca como cerceamento de ações.

Nesse sentido, a avaliação assume um caráter de promoção do desenvolvimento do projeto pedagógico e do processo de ensino-aprendizagem interessados no processo do aluno tornando-se pessoa. E, por que não, também de professores e gestores. Aqui, cabe bem a expressão tão estimada por Paulo Freire sobre a "rigorosidade amorosa" na prática pedagógica que assume o comando tanto do processo de ensino-aprendizagem quanto do processo avaliativo

(Freire, 1996). Rigorosidade que se dá pelo diálogo, pela compreensão, pelo respeito mútuo, pelo tipo de afeto que permite aos alunos o encontro de si mesmos, o seu autoconhecimento, a sua emancipação dos limites que os aprisionam para experimentar, para aprender, para crescer e para tornar-se verdadeiramente sujeitos desejantes. Só assim podem realizar as suas aspirações no devir de suas existências voltadas à participação na coletividade ética.

Se todos têm capacidade de aprender, mas são diferentes quanto a *o que*, *como* e *quando* aprender, o foco da avaliação deve ser a promoção de todos os alunos – e esse é o sentido de um projeto de educação inclusivo, o que não significa promover todos "empurrando-os" para uma mesma saída. A prática da avaliação deve ser feita no sentido de promover a inclusão, ou seja, é preciso haver recorrência do que acontece no universo de si mesmo no mundo externo, fonte de suas referências, e vice-versa. O sujeito só se forma na recorrência/recursividade do que acontece na exterioridade e na forma como incorpora isso na sua interioridade. Desse processo é que surge o *si mesmo*.

A medição na avaliação

Outra consideração objeto de reflexão sobre a avaliação escolar na atualidade trata dos métodos, dos instrumentos e da forma da medição. Dessa perspectiva, não existe nada mais reducionista que uma prova do tipo teste, ou uma prova com questões de valores determinados. Inclusive a prova de testes inibe a criação de uma escrita e de uma fala que deem conta daquele conhecimento específico e de como articulá-lo com outras áreas. Conseguir a articulação do conhecimento em um mundo em perene mudança e transformação é um dos mais importantes objetivos da escola contemporânea que propomos neste livro para o século XXI.

Por essa nova visão, a medição, em especial na avaliação escolar, não deve ocorrer somente a partir do observável, isolada do contexto e aferida com instrumentos classificatórios de sequência gradativa e contínua, com foco no polo objetivo/quantitativo, dimensionadores apenas de aspectos do nível cognitivo/racional. É preciso superar a separação/fragmentação entre opostos, o que demanda atenção, e buscar a complementaridade com as questões subjetivas/qualitativas do ser pessoa. É essa dimensão, de extrema importância, a impulsionadora para que as potencialidades comecem a pulsar e se manifestem nas múltiplas situações de aprendizagem e de expressão do que foi internalizado pelo aluno.

Já são inúmeras as evidências da importância das emoções (afetos) no processo de aprender. E as pulsações, embora de difícil acesso às sensibilidades que pulsam em cada aluno e na classe, são manifestações claras do interesse, ou não, pelo que acontece em sala de aula ou em outros tipos de atividades. Porém, são justamente essas pulsações a matéria-prima essencial para se pensar a formação de sujeitos integrados a si mesmo e a sua comunidade. Essa é a forma de encarnar/interiorizar o conhecimento, caso contrário, torna-se ele abstrato, a acontecer apenas no plano teórico, fora do campo das vivências. Tudo isso exige mudanças radicais na forma como o sistema político e social pensa a educação.

Nessa articulação entre o objetivo e o subjetivo, múltiplos instrumentos e situações podem ser pensados para observar e acessar o modo como cada aluno caminha no seu percurso de aprendizagem. A imaginação do aluno é fundamental nesses momentos, pois ela impulsiona o desejo de aprender (desejo epistemofílico), aspecto fundamental para atingir a criatividade. Nenhum instrumento deve revestir-se de todo o ritual racionalista de aferição e medição quantitativa, enfeitado de roupagem aterrorizante, mas deve sobretudo contribuir para que o aluno possa auto-organizar o seu próprio conhecimento de uma forma que lhe permita uma apropriação significativa dele e, ao mesmo tempo, expandir o prazer por suas aquisições, o que reforça o interesse de aprofundar e querer saber mais.

Isto posto, não significa que a prova, praticamente o principal instrumento de avaliação no modelo convencional, perca sua validade. Contudo, são muitas as possibilidades além da prova: todos os possíveis instrumentos acessíveis, como a leitura e a interpretação de texto, o resumo de textos, os exercícios diários, os trabalhos em grupo, os projetos, a participação em sala de aula, as perguntas, o uso de recursos virtuais (sempre que possível), e outros que devem ser tratados como oportunidades fornecedoras de elementos para enriquecer o processo de aprender. E ao receber o retorno do professor, ou ao pensar junto com o professor o que foi bom ou não, outras possibilidades de compreensão se acrescentam, imprimindo aos instrumentos um papel não de fim do processo, mas de elo que encadeia os momentos de aprendizagem.

A nota ou atribuição de valores à produção do aluno

A nota tem sido o modo tradicional de comunicar ao aluno o resultado de sua produção numa prova ou em outro instrumento, utilizada apenas como verificação – e não como apreciação – das tarefas escolares. Outras formas já têm sido usadas, como a atribuição de conceitos e o uso de gráficos representativos da evolução do desempenho dos estudantes. No entanto, a nota continua prevalecendo, uma vez que os conceitos estão sempre relacionados a um valor numérico. Ela parece ser usada como o padrão de medida por excelência para concretizar o trabalho de aferição do desenvolvimento e da aprendizagem dos alunos, ou de sua capacidade de cognição, como se faz com o metro para medir comprimentos, o grama para medir massas, ou o litro para medir volumes. Aferições que são mais facilmente objetiváveis, portanto, de fácil constatação, o que não significa que as medidas sejam sempre iguais. Instrumentos desse tipo são úteis para medidas do macromundo, porém estabelecer de 0 a 10 (ou a 100) como padrão para medir algo que faz parte do micromundo da mente humana é questão extremamente mais complexa.

Qual o significado da nota? Saltos quantitativos e qualitativos da aprendizagem

Esta pergunta foi feita a Esméria em um encontro com coordenadores e professores de escola pública: "Um aluno tira nota 3 no primeiro bimestre, 5 no segundo e 8 no terceiro, mas o que se considera é a média das três notas, ou seja, 5,3. Isso é justo?".

A resposta é: depende. O importante seria ver o que essas notas podem revelar sobre o desempenho do aluno. Que informações realimentadoras elas carregam? Aparentemente ele está melhorando, porém, o que significa esta passagem do 3 para o 5 e do 5 para o 8? Representa apenas um salto quantitativo ou representa, de fato, também um salto qualitativo no seu aprendizado? O professor tem condições de fazer uma boa leitura dessas notas? Ele acompanhou e observou o processo vivido pelo aluno para saber se houve transformações no seu conhecimento e nas suas atitudes? Se houve superação das dificuldades do início? Se sim, a nota dele é 8, na medida em que ela expressa as transformações ocorridas na sua organização cognitiva/afetiva. Mas se o professor não tem informações para saber se esse resultado é apenas acidental, aleatório, fruto de uma cola, de uma decoração mais intensa porque o aluno percebe que precisa de nota para passar de ano, então parece ser esse o sentido da *média* das notas. Mas o que ela resolve?

A nota é um instrumento estatístico de uso tradicional na escola. Ela ajuda o aluno a ter uma boa percepção de si mesmo, ou não? Ela realimenta a autoestima e o desejo de seguir o avanço no aprendizado, ou não? São questões como essas, que são pessoais – cada um é um –, que o professor tem de considerar, que o conselho pedagógico tem de analisar a fim de concluir sobre a orientação do processo e/ou a promoção do aluno.

Percebe-se que estamos entrando no campo de como pensar a articulação da avaliação quantitativa com a qualitativa. A qualidade envolve a sensibilidade do professor para adentrar e perceber qualquer evolução/involução do aluno em todo o seu processo. Há uma crença de que a escola que valoriza o quantitativo é de melhor qualidade, reforçada pela racionalidade da ciência. O mais adequado é não separar totalmente a quantidade da qualidade, mas considerar a recursividade entre ambas, quando já se sabe da interatividade afeto-razão. Como acrescentamos ao processo o desejo de aprender como mola da construção/desconstrução do conhecimento, em oposição ao modelo de simples fixação de informações sem chegar a uma verdadeira elaboração do saber, ele passa a envolver aspectos qualitativos, quando se pensa na auto-organização do devir pessoa. Estes só podem ser verificados por uma avaliação contínua e coletiva, e não só no final de um dado período com base no resultado da prova ou instrumento similar, a partir de uma postura que considere o *papel do observador* e *da observação*, seja pelo professor ou outros participantes.

Um fator a ser considerado é que o processo transformador do aprender, embora contínuo, se manifesta por meandros descontínuos, em saltos qualitativos, que expressam diferentes respostas e necessitam de interpretações novas, pouco recorrentes. A escola precisa abrir-se para indagações e investigações sobre o significado da avaliação na educação para o mundo em mudança, precisa refletir sobre o significado dessa mudança. Esta sugere acompanhamento e orientação do processo, portanto, é preciso comprometer-se com outros olhares para a avaliação escolar como prática ainda vigente. Isso nos remete às questões da média e do mínimo desejado a ser aprendido pelo aluno, bem como da avaliação como potencializadora da vocação de cada um, o que veremos a seguir.

20. Avaliação e vocação: uma relação a ser valorizada

Para maior compreensão da importância de uma boa prática de avaliação, trazemos a análise de um caso real, vivido recentemente por um jovem de uma escola particular, que é esclarecedor. Comecemos pelo relato de Esméria.

> *Fim do ano escolar de 2015. Fui solicitada por uma mãe a conversar com seu filho, que, no encerramento do 1º ano do Ensino Médio, se recusava a comparecer à escola para realizar a prova final de Física no dia seguinte. Eu já sabia que nos anos escolares anteriores seu forte não estava na área de exatas e, na conversa, fiquei sabendo que ele, em sua primeira experiência com os conteúdos do Ensino Médio, havia demonstrado dificuldade no aprendizado dos conceitos dessa disciplina durante todo o ano.*

> *Perguntei a ele: "Durante todo este ano, o professor nunca mudou sua forma de ensinar a fim de ajudá-lo (e os outros) a entender os conceitos de física previstos no programa? Na volta das provas bimestrais, nunca se sentou ao seu lado para conversar e perceber onde estava sua dificuldade?". A resposta a essas perguntas, e outras similares, foi sempre NÃO. "E a escola, nunca tomou providências para ajudar os alunos com dificuldade? Nunca promoveu mudança na organização escolar? No currículo? No modo de ensinar do professor?" Resposta: NÃO. Contou que a única coisa, muito conhecida, que vivenciou foi a comunicação à família de seu baixo desempenho. Melhor dizendo, um modo tradicional de transferir para a família o problema de aprendizagem do filho.*
>
> *Diante de suas respostas, eu disse a ele: "Não aprender física não deve ser um problema para você, pois não há no mundo ser humano bom em tudo. Esse problema é mais da escola e do professor, que ainda não aprenderam a fazer avaliação de fato. Ou seja, ver o aluno na sua integralidade. Cada professor acha que o aluno tem de ser bom na sua matéria. Isso demonstra falta de visão de conjunto".*
>
> *Para resumir, sem maiores detalhes, o jovem decidiu não ir fazer a prova. Por quê? Ele me disse: "Eu não vou permitir que a escola me reprove!".*

Que escola é essa – paga, por sinal, e não barata – que atribui ao aluno o fracasso por não aprender, que alimenta o estresse e o medo, sendo esses tipos de afeto bloqueadores do aprender, quando o papel do professor – o professor facilitador – é liberar, e não aumentar, os bloqueios ao aprendizado? Uma forma muito distante do que já citamos, no dizer de Ruf (2014, p. 130): "Viver a eficácia de seu aprendizado é curativo". Um aprendizado que cabe à escola.

Porém, há como *rever* isso, por novos modos de pensar o processo de avaliação escolar e pela análise do seu significado na formação do *devir pessoa*. É nesse sentido que entra a estreita *relação da avaliação com a descoberta da vocação* ou das inclinações do aluno para o saber. O caso mencionado permite ver perfeitamente a fixidez da escola em vários aspectos, muitos deles bastante conhecidos.

Avaliação e vocação: relação de totalidade

O processo de ensino-aprendizagem, embora com distorções, volta-se finalmente ao que hoje se discute como *educação integral*, ou desenvolvimento integral do educando. Na consideração de suas múltiplas dimensões, entende-se que o *desenvolvimento* não segue uma direção linear. Trabalhar com a totalidade do educando, tomando-o como *pessoa*, envolve vê-lo sob os vários ângulos que compõem o seu *ser*. E isso necessariamente aponta para suas potencialidades/possibilidades, mas também para seus limites, algo que todos têm. O processo educativo bem elaborado não restringe o aluno a ver-se apenas nos seus aspectos tidos como positivos, estipulados pela escola como possibilidades, rejeitando e reprimindo os negativos, representados por suas carências e suas dificuldades. A tarefa mais difícil, e que não pode ser subestimada, é levar o aluno a aceitar a si mesmo na sua auto-organização em equilíbrio dinâmico, com seu "lado luz" e seu "lado sombra" devidamente integrados. E isso só é possível na sua relação com o outro, pois todos nós temos nosso lado iluminado e o não iluminado, incluindo o professor. Isso é da essência do devir.

É este o sentido do autoconhecimento: ver-se na sua completude. E é essa completude, nunca totalmente atingida, que permite ao aluno tomar conhecimento do que possa vir a ser sua vocação, ou seja, aquilo que ele traz como desejo de realizar em sua natureza. Entendemos vocação aqui não com o seu sentido medieval de chamado interior, geralmente religioso. Isso muitas vezes vale até hoje, porém o sentido que queremos explorar é o de que toda criança tem um vasto mundo desejante, na maioria das vezes inconsciente.

Vejamos o caso do adolescente Estefan Iatcekiw de 13 anos que venceu o programa *Prelúdio*, da TV Cultura, em 2017.[1] Conta ele que, aos 5 anos, queria um piano, já manifestando um desejo de se ligar à música. Ganhou o piano dos pais e, aos 13 anos, se revela um grande pianista. Como disseram os avaliadores do programa, "um pianista completo, encarnação de algum grande pianista". Um caso como esse requer uma boa relação escola-família, ideia pouco valorizada numa visão de escola voltada apenas para formar o sujeito produtivo e que pensa apenas na profissionalização. Uma visão de escola que, ao não perceber as tendências do aluno – hoje fala-se muito em talento –, não permite ao sujeito situar-se em suas inclinações para a vida. E isso é fundamental para a boa auto-organização psíquica.

Não ser bom aluno em física, isto é, não ter talento para essa área do saber, não é defeito: é característica/qualidade do aluno, como ser bom em piano. O mesmo é válido para qualquer outra disciplina/matéria do programa. Esta é a razão de existir do conselho pedagógico: é nesse momento do coletivo que gestores e professores podem ver cada aluno no seu conjunto, a fim de entender sua dinâmica, seus interesses, suas capacidades, seus limites. Todavia, não ser bom em uma dada área do saber não significa que o aluno não possa desenvolver um mínimo necessário para conduzir-se na

1 Ver https://www.youtube.com/watch?v=cg6a-cjktw8.

vida, integrado ao conjunto de seus conhecimentos, entendendo a complexidade de suas vivências, tampouco que o seu despertar para esse conteúdo não possa vir a se manifestar em outros momentos vindouros da vida, pois o ser humano é o único ser que nasce com a aptidão natural para aprender até o fim da vida. Esta visão fechada do sujeito que aprende na escola é bem representada pela exigência de uma nota mínima, igual para todos os alunos e todas as matérias, para passar de ano. Por que não trabalhar com diferentes valores? Pode-se desenhar o perfil de cada criança/jovem naquele dado momento e espaço. Quantos são os casos de alunos que mudam de escola ou de professor e conseguem aprender aquilo que não conseguiam até então?

Se outrora tinha-se como conceito de vocação uma direção única, linear, hoje temos de pensar em muitas possibilidades vocacionais diante de um mundo em intensa transformação, cuja amplitude de alternativas se abriu muito. E, lembrando-nos da capacidade contínua desejante de aprender, vemos que a questão da vocação se liga muito a um campo de desejos que o nosso contemporâneo pode proporcionar, e precisamos considerar que muitos campos estão ainda por se abrir.

O verdadeiro sentido de uma educação integral é exatamente integrar os diversos lados, ou dimensões, do sujeito, numa síntese que possibilite ao educando ver-se no seu conjunto, sem culpa, sem baixa autoestima, e aceitar-se como um ser em cuja completude entram suas competências e suas não competências. Isso aponta para o fato de a criança ou o jovem desejar se implicar em uma situação: comprometer-se, envolver-se no seu ambiente escolar e sentir-se podendo estabelecer relações de troca que o conduzem a uma maior integração de si mesmo, a partir da qual o sujeito alcança sua integridade e evita cisões internas. Isso é ser humano.

Uma leitura mais abrangente do processo de avaliação praticado pela escola mencionada revela que, do ponto de vista das capacidades, o estudante foi o tempo todo mostrando não ter aptidão para física. E mais: se o professor conhecesse seu histórico escolar anterior, veria que seu forte não se alinhava com disciplinas da área de exatas. E conhecendo seus antecedentes, veria que seu pai, um artista plástico, parece ter deixado importantes marcas em sua formação subjetiva. Olhando a questão com mais acuidade, até aquele momento, nada em suas expressões revelava talento ou capacidade para áreas que envolviam o conhecimento de leis abstratas, como a física. Em outras palavras, na sua subjetividade não aparece nenhum pendor, nenhuma inclinação, nenhum chamado interior para os conteúdos dessa área, ou seja, nenhuma vocação ou aptidão natural que se associe aos seus desejos naturais/essenciais, dos quais não faz parte executar práticas sem prazer, porque sem sentido, o que, consequentemente, não leva a escolhas direcionadas a esse percurso.

Essa sua inclinação pode ser vista como natural, própria de suas especificidades, mas também como parte da subjetividade não manifestada por falta de estímulo adequado do ambiente. Na escola, o modo de ensinar pode ser responsável pela ocorrência ou não de tal descoberta, por menor que seja. É bom lembrar que Einstein só veio descobrir seu talento como físico quando já era adulto. E aí, como fica a escola diante de casos como esses?

A adoção de outra sistemática de avaliação, a avaliação processual, aberta, mediadora, com o olhar voltado *não* para as partes fragmentadas do educando, mas para o seu conjunto, é o caminho indicado para a educação no mundo contemporâneo, cuja complexidade em expansão nos campos do conhecimento e da tecnologia implica um jogo de interações dinâmicas entre obsolescência e inovação.

Avaliação alinhada ao propósito educativo de formar pessoas

Como enfatizamos desde o início, o que é importante no processo avaliativo tem a ver com o propósito do projeto pedagógico, claramente expresso a todos da equipe. Para um projeto meramente de transmissão de conteúdos, faz sentido avaliar para medir o que os alunos retêm na memória em cada disciplina e, dessa forma, classificá-los segundo os resultados demonstrados, o que não é a mesma coisa que verificar domínio de conhecimentos, atitudes e valores. Porém, para um projeto mais amplo de educação, abrangendo outros campos, faz sentido avaliar para chegar ao complexo universo da subjetividade humana a partir da construção/desconstrução de informações para transformá-las em conhecimento e em novas percepções da realidade e de si, em novas habilidades, crenças, valores e atitudes. Nesse segundo modo, o processo de acompanhamento do trabalho com os alunos é diário e demanda sensibilidade, comprometimento e capacidade de ver/observar, escutar, se reorganizar, enfim, trilhar um caminho aberto, menos estereotipado, não só dos professores, mas de todo o coletivo da escola. A riqueza dessa modalidade de avaliação está em favorecer o núcleo do *ser* em sua realização pessoal, que inclui a formação profissional. Portanto, a orientação para o aluno descobrir-se em suas aptidões, seus interesses e suas vocações, desde o início da escolarização, deve estar na pauta do processo de avaliação.

Nesse processo que considera o educando no conjunto, outras leituras são possíveis quando um aluno não vai bem numa matéria, mas vai bem em outras. Essa nova perspectiva de *formar pessoas* pode ser mais bem compreendida a partir da metáfora do escultor: não é ele que dá forma à pedra, mas ela que vai "conversando" com ele, demonstrando sua consistência, e assim a forma vai sendo produzida, isto é, existe uma relação de alteridades nesse processo. Do mesmo modo, na escola, cada sujeito passa a ser visto como um espectro de aptidões e interesses, que vai de potenciais mais fortes a mais fracos, a servir de orientação à escola e aos docentes de como lidar com essa realidade.

Ademais, se é preciso estipular um nível mínimo de aprendizado a fim de que o aluno seja promovido, já que todos têm capacidade de aprender, esse mínimo não deve ser padronizado, pois cada um é diferente também neste âmbito. E se exigido, cabe ao professor despertar o interesse do jovem para esse mínimo, já que é tarefa sua e da escola, mais que dos pais, despertar o desejo de "saborear" o conteúdo a ser ensinado. No caso específico da disciplina física, é importante ressaltar que nem sempre ela é tão necessária ao sujeito e a sua realização pessoal e profissional, pois muitas vezes a escolha vocacional não solicita esse tipo de conhecimento. E por acaso o aluno deve ser penalizado por não trazer em sua subjetividade tal inclinação? Claro que não, embora seja isso que de fato ainda aconteça.

No contexto atual, outras soluções precisam ser exploradas, investigadas e elaboradas. Já existem experiências nesse sentido, que oferecem referências significativas para que cada escola encontre o próprio caminho na sua auto-organização.

Como base de um projeto de educação integral deve estar um currículo rico e diversificado, alinhado a esse propósito, cujas técnicas de ensino, organização, metodologia e práticas de avaliação possibilitem a crianças e jovens conhecer e vivenciar as múltiplas faces da vida humana. Poder experimentar em si o significado de toda essa riqueza é que vai contribuir para delinear suas afinidades com as áreas do saber, despertar o interesse, o prazer, a intensidade e, consequentemente, um maior vínculo com a escola, com o saber. Portanto, o modo de trabalhar a diversidade dos conteúdos, que no mundo contemporâneo encontra-se em expansão, tem também a ver com o modo como se avalia, que responde pelo desejo de aprender e de fazer parte dos projetos da escola.

Diante do exposto, entendemos como falsa a ideia de que um currículo com muitas matérias é demais para o jovem, é cansativo e maçante. Isso pode ser verdade apenas na organização curricular como lista de matérias, cujo programa o professor é obrigado a transmitir e o aluno precisa decorar para devolver na prova em determinado período, e não como conjunto de possibilidades de escolha afinadas às suas inclinações. A metodologia, as técnicas pedagógicas e de avaliação são potencialmente suscitadoras de interesse e de gosto de aprender quando tudo é trabalhado de forma a favorecer ao ser que aprende a integração do saber ao seu próprio *ser*. Isso está em sintonia com o processo de individuação visto como movimento, pois, na medida em que vai ocorrendo a integração dos conhecimentos, vai ocorrendo também a produção/transformação da subjetividade, ao ganhar maior percepção de si.

É nessa diferenciação – que se desdobra, nem sempre no mesmo rumo, e cria novos circuitos – que acontece o enriquecimento do processo cognitivo/afetivo. É essa dinâmica integradora de suas polaridades que propicia ao sujeito perceber-se no seu conjunto, nunca completamente acabado, e conectar-se com mais clareza e pertinência com suas escolhas e tomadas de decisão. E isso pode e deve começar já na Educação Infantil.

Tudo isso mostra que, no modo mediador e emancipador de avaliar, cabe ao professor intervir no desenvolvimento do aluno, a partir de suas observações e escutas, não pela punição, por notas baixas na pretensão de querer mostrar poder, mas pelo retorno, seja positivo ou negativo, com a intenção de estar ao lado dele, auxiliando-o a compreender o seu caminho e incentivando-o a dar outros passos no seu percurso. E é ele mesmo também se descobrindo no *que* e em *como* pode fazer no dia a dia para acompanhar e orientar os avanços respeitando o ritmo de seus alunos. Esse processo de acompanhamento requer capacidade de observação, e não só do professor.

Avaliar: observar sob vários olhares

Para que o aluno possa identificar-se e reconhecer-se em seu perfil de interesses e aptidões, deve-se enriquecer a dinâmica da avaliação fazendo uso de vários observadores no decorrer de todo o trabalho, incluindo o próprio aluno: a autoavaliação. Isso não só libera o professor de ser o único que "julga", como também de ser aquele que detém o conhecimento certo sobre o aluno. É bom ter claro que nem sempre aquilo que o professor vê no aluno representa o que o aluno é. A observação deve ser muito criteriosa a fim de ampliar a visão e, desse modo, diminuir o risco de cometer equívocos e ser injusto. Incluir os pares ou os membros do grupo e adotar a autoavaliação cria um movimento de expansão, com o professor não só a corrigir, mas a estimular o aluno a corrigir a si mesmo, o que aumenta a compreensão sobre a própria vivência naquele aprendizado, bem como a compreensão de si e de sua responsabilidade como sujeito de sua própria formação e de sua participação social.

Entendendo que a avaliação comporta algum nível de controle, ela não deve se dar apenas com base no julgamento aferido por um único instrumento, ou pelo viés de um único observador – o professor. Chamemos de *controle compartilhado* a ação de todo o coletivo da escola, inclusive os alunos, em busca de elementos que possam alimentar as reflexões necessárias para entender o caminho percorrido, que sempre inclui singularidades/pluralidades.

Para esse controle compartilhado, as reuniões do conselho pedagógico – composto de professores, coordenadores e gestores – constituem excelentes momentos para fazer da pedagogia a arte da unidade sobre o desempenho dos alunos nas diferentes áreas e situações de aprendizagem, o que possibilita a todos a visão individual, porém aberta e abrangente. Isso propicia a cada professor um olhar mais globalizado, que lhe permite ver seus alunos com outra compreensão de suas atitudes, suas capacidades e suas habilidades, libertando-se assim de um viés estreito de interpretação dos comportamentos individuais e grupais que leva a estereótipos e diagnósticos apressados, pois aqui o controle tem outra finalidade, que é promover o desenvolvimento global dos alunos, e não o reprimir.

Quem já vivenciou ou teve contato com experiências pedagógicas bem-sucedidas nessa prática entende que a avaliação não deve se ater a nenhum dos polos: objetividade e subjetividade. O *sujeito complexo* que postulamos é aquele que circula e trafega com facilidade entre esses dois polos, podendo construir/desconstruir o seu caminho pessoal/coletivo/profissional.

Nessa interação entre o objetivo e o subjetivo, imprime-se outra dinâmica no processo avaliativo que tira o aluno de um ser passivo e o coloca como sujeito ativo no desenrolar de seu percurso escolar, o que de certa forma vai levá-lo a viver isso em outras situações da vida. Assim, a autoavaliação assume relevância.

A importância da autoavaliação

Se a busca é pela formação do *devir pessoa* e se a avaliação é o instrumento básico para o autoconhecimento, então a autoavaliação – ou a busca do autoconhecimento – é condição fundamental para uma prática efetiva de promoção da autopercepção e do autodesenvolvimento, que implica compreender no que consiste a dinâmica do processo evolutivo.

Conhecer-se na sua subjetividade envolve entrar em contato consigo mesmo, num processo autorreflexivo sobre suas possibilidades, mas também sobre seus limites. Esses dois polos necessitam integrar-se. É se autoperceber, não se autoenganar com atribuições de valores que pretendem apenas justificar-se para fins de aprovação, ou que levam a uma autocrítica destrutiva que possa afetar a autoestima.

A autoanálise necessita de aprendizado e, como nos chama a atenção Morin (2005), deve começar nos anos escolares iniciais de modo natural e acontecer na vivência diária, no conjunto da escola, todos dissociando a crítica da ideia de julgamento unilateral que aponta apenas os aspectos negativos, em que assume um caráter de censura ou apreciação desfavorável. Ela é também apreciação favorável, um olhar verdadeiro, que confere o equilíbrio dinâmico subjetivo necessário às constatações de potencialidades e limites, que podem ganhar confirmação na interação com o outro. É nessa interação com o outro que é produzida essa multiplicidade de traços em que cada aluno sente que está se constituindo de forma original. Dessa forma, jamais a competição por ser o melhor da classe – sistema classificatório – é cabível, pois os potenciais, heterogêneos, não propiciam disputas por primazias de saberes disciplinares, uma vez que todos são portadores de possibilidades criativas nos mais diversos ramos do conhecimento. Cada um vai reconhecer a sua e ter a possibilidade de ser reconhecido, tanto no ambiente escolar como no social.

A prática do aprendizado de si – a internalização dessa qualidade – deve fazer parte do percurso para o aluno se reconhecer como sujeito singular, e, nesse percurso, ele não está só. Para reforçar o que já dissemos alguns capítulos atrás, o fundamental é que a escola propicie aos seus alunos as possibilidades de vivenciar incorporações, introjeções, identificações dos acontecimentos escolares, que possam produzir em si mesmos singularizações que os auxiliem no decorrer de suas vidas em todos os sentidos, não somente no profissional ou para satisfação exclusiva do mercado financeiro. A vida é muito mais que isso.

O professor e os colegas são parceiros importantes. O professor, que de fato acompanha o processo vivencial do aluno, precisa estar ao seu lado, pois essa alteridade é fundamental, auxiliando-o no encontro de si mesmo, na sua tomada de consciência – conhecimento profundo de si a partir de suas experiências –, mas ao mesmo tempo desafiando-o e encorajando-o na sua autodescoberta. Senta-se ao seu lado para, junto com o aluno, descobrir quais são suas facilidades/dificuldades, quais são seus bloqueios/liberações, quais as razões para os seus erros/acertos.

Tudo isso sugere outra competência do professor além das já apontadas: repensar a concepção de erro/acerto na avaliação. O sistema de educação e ensino precisa rever seu olhar sobre o erro na prática pedagógica a partir de uma perspectiva epistemológica da construção do conhecimento, e não mais da mera representação mental.

Torre (2012) traz importante reflexão sobre isso: ao aceitar com naturalidade que todos – até mesmo os adultos – aprendem também com seus erros, por que castigarmos os erros dos alunos? Por que as notas escolares são baseadas nos erros, e não nos acertos ou progressos? É bom que a escola se firme no conceito de que o erro permite um diagnóstico ao indicar o andamento do processo de aprendizagem. O erro faz par com o acerto, isso se chama complementaridade. Esse é um dos princípios da nova teoria do conhecimento.

Essa reflexão deve conduzir a uma visão construtiva do erro com repercussão no processo de avaliação.

21. Um novo olhar para o erro: a perspectiva construtiva

[A] aversão pelo erro é o mais grave dos erros.

Mia Couto (2005)

Ó erro! Tão malvisto! Considerado fruto de ignorância ou de maldade, pode, no entanto, ser fruto de distorção de algum significado. É o queremos apresentar aqui.

Na visão construtiva, a ocorrência do erro faz parte da dinâmica complementar com o acerto e, assumida na prática da avaliação, consiste exatamente no instrumento que permite a qualquer sistema, inclusive o educacional, se manter no rumo pensado para o país e definido em cada projeto pedagógico escolar. Uma vez elaborado, este vai ganhar vida no dia a dia de sua execução. No entanto, nem sempre o percurso traçado corresponde à realidade. A ação, uma vez colocada em prática, sofre a pressão de ocorrências não previstas, surpresas que acontecem – como a que vivemos com a pandemia –, obrigando-nos a flexibilizar e às vezes até mesmo desviar do planejado a fim de corrigir rumos. Algumas são favoráveis e confirmadoras, outras estranhas e perturbadoras, mas muitas vezes são exatamente estas que nos desafiam a encontrar respostas e soluções.

A fim de garantir o bom funcionamento da escola – mas o mesmo se aplica a qualquer sistema –, é preciso estar atento à busca pelo equilíbrio, sempre perturbado pela ingerência de elementos não esperados, e às vezes não desejáveis, mas que trazem novos recursos para fomentar o aprendizado. O erro diagnosticado nas avaliações dos alunos é um exemplo. Comecemos por averiguar o que é um erro.

O que é um erro?

Ele sempre surge como algo não previsto, em função de uma expectativa referenciada como modelo ou parâmetro predefinido. Assim, uma resposta apresentada pelo aluno pode não corresponder à expectativa do professor, que a toma, portanto, como errada, já que ele detém o modelo do certo. Mas vamos além.

Segundo a teoria da comunicação, erro é aquele elemento estranho produtor de *ruído* que interfere na interpretação das trocas de mensagens, mas que pode ser favorável na medida em que traz novidades e estimula a interação e a criatividade. Detectamos esses ruídos também nas polissemias das palavras poéticas. Vejamos o exemplo da palavra "casa". Assim escrita, ela é considerada correta pelo padrão da língua portuguesa. Se escrita "kasa", embora errada pela análise morfológica da palavra, ela traz algo de novo e criativo na linguagem do marketing publicitário, ao sugerir a ideia chamativa de uma casa de estilo diferente.

Nem sempre são desse tipo os erros praticados em exercícios, provas e deveres escolares, mas pode acontecer de algumas das respostas dos alunos trazerem alguma novidade a ser aproveitada pelo professor, por exemplo, um resultado certo, porém seguindo um caminho ou raciocínio diferente do ensinado. Ou então, o indício de que algo não vai bem na comunicação do professor com aquele ou aqueles alunos.

De qualquer forma, o erro, ou elemento não esperado, encontrado quando o professor recebe os retornos de sua comunicação com os alunos, por qualquer que seja o meio, sempre traz informações a serem aproveitadas quando visto e analisado como dado que pode auxiliar na assimilação da ideia correta. Nessa perspectiva, o erro ganha importância na medida em que, pela dinâmica recursiva, dialoga com o acerto: um afeta o outro. Trata-se, portanto, de fator estimulante da reorganização da cognição, bem como de descobertas criativas, desde que haja disposição para rever o pensamento e o comportamento, de ambos os lados.

Avanços na compreensão de erro/acerto

É com a teoria psicogenética de Jean Piaget que os educadores brasileiros começam a tomar conhecimento de outra ótica para se pensar o erro. Piaget (citado por Macedo, 1994) mostra que o erro não é um erro propriamente dito, mas uma sinalização sobre o nível de desenvolvimento cognitivo do ser que aprende para aquele assunto específico, naquele dado momento. Portanto, o erro não indica falta de inteligência, mas é indício de nível de desenvolvimento. Assim, o possível "erro" deve ser visto como importante fonte de informações: para o aluno, de que ele precisa crescer e se aplicar no ponto indicado, ou que, possivelmente, o seu ponto forte não é nessa área; para o professor, de que é preciso retomar o assunto com aquele aluno e/ou repensar o modo de ensinar; para o coordenador pedagógico, de como orientar o professor para que ele reprograme sua prática a fim de promover a superação do nível cognitivo apresentado pelo aluno naquele momento; para o diretor/gestor do processo, das medidas a serem tomadas no coletivo a fim de entender e ajudar os alunos que apresentam dificuldades, que podem ser momentâneas e, por isso, superáveis, além das medidas cabíveis para fazer outra leitura do perfil do aluno; enfim, para os pais, de acompanhamento do desenvolvimento de seus filhos em sintonia com a escola. Sem dúvida, tudo isto exige outro modo – aberto e dinâmico – de organização do projeto pedagógico.

O conhecimento trazido por Piaget ao campo da educação nos anos 1950 é enriquecido nos anos 1980 pela teoria vygotskiana, com seu conceito de zona de desenvolvimento proximal ou potencial – o potencial está ali pronto para desabrochar e o meio (a escola, o professor) tem de oferecer o estímulo para que o desabrochar aconteça. Paralelamente, outras descobertas na área da comunicação, com a teoria da informação – ruído/redundância –, da biologia e da neurociência levaram Freud à concepção dos lapsos de linguagem. Nesse sentido, a psicanálise foi precursora das teorias que levam à possibilidade do erro criativo e da teoria do conhecimento complexo, que foram desdobrando sentidos ao extrapolar o significado de erro como simples correção de desvio. Portanto, de regulação para autorregulação, assumindo a condição de fator estimulante da auto-organização/reorganização viva, a partir da interatividade que se estabelece entre os participantes, bem como de descobertas criativas, quando há disposição para rever o pensamento e/ou refazer tarefas, pois o conhecimento avança na compreensão de que a verdade está em contínuo movimento de construção.

Avançando mais nesse olhar

Com a concepção de uma epistemologia que leve em conta a psicanálise e a fenomenologia do conhecimento não como algo pronto e acabado, mas em construção, o erro/ruído – uma discrepância entre o esperado e o obtido – ganha outro papel na pedagogia, merecendo revisão da prática na avaliação escolar. Se o professor está preparado para aceitá-lo a partir desses novos embasamentos, diferente será sua atitude costumeiramente punitiva, desqualificadora porque atenta para os déficits, verificadora porque valoriza muito a memória, classificatória porque insiste em desconsiderar as diferenças potenciais.

Se essa prática é aceita com naturalidade, por que castigar os erros dos alunos? Por que a nota escolar tem de ser baseada na consideração de erros, como se eles fossem estáticos, e não na sua transformação em ganhos cognitivos, que chegam aos acertos após a passagem da incompreensão à compreensão, o que mostra evolução na auto-organização cognitiva/afetiva? Se o erro permite o diagnóstico, ele é indicador do andamento da aprendizagem, e não marcador de um padrão cognitivo. Acerto e erro são duas faces complementares, um afeta o outro. O erro tem sua função positiva na construção do conhecimento, que pode evoluir para novos erros, pois eles permitem revisão e, consequentemente, avanços e mudanças.

Aprende-se com o erro: o fundamento epistemológico

Para repensar a questão do erro e mudar o olhar sobre seu papel no desenvolvimento humano, quer na vida, quer na escola, é preciso rever algumas noções básicas sobre o jogo conhecimento/ignorância.

A princípio, conhecimento diz respeito ao que é conhecido. Na escola, toma-se isso como aquilo que se torna sabido pelo aluno a partir do que o professor transmite, do que o livro didático apresenta, ou do que é veiculado pela mídia/internet, ou outras fontes. Essas considerações, no entanto, deixam de fora o que é desconhecido, isto é, aquilo que está por se conhecer, ou que ainda não é sabido. Um provérbio diz: "O conhecimento é uma ilha num mar de ignorância". Quanto mais a ilha cresce, mais se divisa a imensidão do mar, isto é, a vastidão da ignorância. Nessa perspectiva, o erro pode ser fruto do desconhecimento, e não, como muitas vezes é julgado, de falta de inteligência, desinteresse ou problema de aprendizagem. Estamos todos continuamente no jogo entre o conhecido e o desconhecido: o que não é percebido não é sabido, está no devir do processo de construção do conhecimento, ou seja, ele não é dado, mas tem potencial para ser realizado.

O erro faz parte da construção do conhecimento, que só é possível, segundo a teoria da informação, num ambiente que comporte regularidade, ordem, simetria, semelhança – *redundância* –, mas, curiosamente, requer que haja um contraste com a dissimetria, o dessemelhante, a irregularidade e a desordem – *ruído* –, pois é desse jogo que é possível extrair informações que possibilitam a sua transformação em conhecimento ou em outro conhecimento. É exatamente a presença do ruído, às vezes provocado por um simples erro, que permite o recurso à redundância para transformar as informações em conhecimento, pelo contínuo jogo de novas organizações ou reorganizações. Um mundo homogêneo, que não produz ruído, não produz novidade, não é perturbador, portanto, não desestrutura. E se não desestrutura, não há necessidade de reestruturação. O que é impossível se reconhecermos a vida como movimento (Morin, 2011).

A teoria da informação ensina ainda que toda comunicação comporta o risco de erro, conhecido como aquele que degrada a mensagem sob o efeito do ruído. Ele traz incerteza e aponta para a necessidade do emprego da redundância/repetição. Repetição que alguns alunos precisam mais que outros, não para fixação, mas para operacionalização e entendimento. Essa *incerteza* é, por assim dizer, ao mesmo tempo risco e possibilidade para o conhecimento.

Afirma Morin (2011): "a incerteza não é apenas o câncer que rói o conhecimento, mas é também o seu fermento" (p. 249). E ainda: "Não existe lógica de organização, nem fórmula capaz de eliminar da organização viva o erro, a desordem, o conflito, o risco, o desperdício. Ela deve recear o excesso de ordem, tanto quanto de desordem" (p. 365).

E a organização escolar não escapa a essa lei natural. Vide a mutação dos vírus: erros em sua multiplicação podem levar ao recrudescimento de uma pandemia ou o contrário. A questão do erro na prática escolar é presença constante - na comunicação entre os interagentes, na sala de aula, na comunicação professor-aluno. É sobretudo visível quando da correção de exercícios, tarefas escolares e provas: a execução não corresponde a padrões preestabelecidos, o que chega aos alunos como falhas, erros, inconsistências, incompletudes que às vezes surgem não tanto por falta de conhecimento adquirido, mas por falta de compreensão do enunciado da tarefa.

Vejamos um exemplo ocorrido com Esméria:

> *Aninha, uma garota de 7 anos, estudante do 1º ano do Ensino Fundamental em uma escola particular, deparou com a seguinte questão numa prova de aritmética: "Qual o número que antecede o 7?". Por não conseguir entender a pergunta, não respondeu. Quando chegou em casa, contou para sua mãe e perguntou qual seria*

> *esse número. A mãe disse que era o 6. E a Aninha falou: "Ah! Mas isso eu sabia!". A mãe me contou essa história e eu sugeri que ela procurasse a escola para que a filha não fosse prejudicada em sua nota.*
>
> *A mãe não teve dúvida: no dia seguinte, foi à escola para falar com a professora e pedir que considerasse que a filha sabia a resposta, mas foi prejudicada pelo não entendimento da palavra "antecede". Qual não foi a surpresa da mãe ao ouvir da escola que nada poderia ser feito, pois a menina não respondera na prova, e a nota era dada pelo desempenho na prova. Ao tomar conhecimento dessa atitude da escola, contei a uma amiga que ocupa cargo de relevo na pasta da Educação da cidade de São Paulo, e ela ficou, como eu, abismada em saber que isso ainda acontece em pleno século XXI.*

Esse relato nos permite observar, por um lado, a rigidez da escola no entendimento sobre o processo de aprendizagem e como ocorre nos alunos: a escola vê o erro e penaliza o aluno com perda de pontos na nota, com repercussão na sua subjetividade, mas não vê o próprio erro – a palavra "antecede" no enunciado da questão para uma criança de 7 anos mostrou-se muito além do seu vocabulário. Por outro lado, o retorno do professor aos alunos costuma não ser bem aceito ou bem-visto por muitos, porque, de modo geral, é dissonante, portanto recebido e interpretado de modo negativo, pois a ênfase é colocada na entrega do resultado da produção. Esse modo de ação, como ressaltamos, é uma forma de afeto com repercussões prejudiciais na autoestima, portanto, na subjetividade.

Essa não aceitação da ideia do erro, quando assim tratada, resulta do fato de ele ainda estar associado à visão empirista de incapacidade de aprender e à percepção equivocada da avaliação como verificação do desempenho para fins classificatórios e punitivos. Nessa perspectiva, o erro carrega a conotação de "falta de inteligência", ou de outras qualificações negativas, o que pode ser fonte geradora de traumas. E quem é que gosta de se ver ou ser visto como não inteligente? É sempre bom ter em mente que uma das características do ser humano é trazer consigo o *desejo* de ser o centro de atenção, tendo sua origem no narcisismo que lhe é inerente.

Ter um outro olhar para o erro no processo de aprendizagem deve partir da compreensão de que tudo faz parte do jogo conhecimento/desconhecimento. Assim, até mesmo no erro há algum conhecimento contido. Conta-se que Thomas Edison, antes de chegar à invenção da lâmpada, passou por muitas tentativas frustradas. Diz-se que ele cometeu mil e um erros, mas de cada erro surgia a hipótese para uma nova possibilidade. Foi o conjunto de todas essas tentativas e erros que possibilitou a ele chegar à solução pretendida. Isso revela que *tentativa e erro* é uma forma de aprender, desde que a cada erro novas aberturas sejam elaboradas para compreender as informações que aquele erro carrega. Esta é, para nós, a concepção de desdobramentos: a abertura para saber os referenciais que levam a diferentes interpretações de um processo. Nessa perspectiva, o erro torna-se um recurso a serviço do conhecimento e da aprendizagem, desde que, pela análise, ele permita a tomada de consciência e conduza a *reelaborações*, tanto da parte do professor e da escola quanto do aluno e da classe como um todo.

Erros como patamares simbólicos

Nos casos aqui ilustrados, é possível ver que, na verdade, aquilo que chamamos de erros no fundo são patamares simbólicos nos quais tanto Aninha quanto Thomas Edison transitaram e sem os quais ambos não chegariam ao aprendizado de novos saberes.

Piaget (1967) refere-se a isso como níveis de conhecimento que o aluno traz para a sala de aula. Portanto, o erro não deveria ser computado diretamente na nota, mas visto como um auxílio para entender o aprendizado em sua dimensão processual e, portanto, como dado para rever práticas e comportamentos. Assim, a nota não deve ser obtida em sua relação linear – soma-se e tira-se a média –, e sim em sua composição não linear, como saltos qualitativos, que vão transitando de momento a momento na interioridade do ser que aprende.

É o que acontece com o aprendiz que, de um erro, pode passar a novo patamar simbólico pela assimilação e pela metabolização da informação, e isso assinala a importância do papel do professor, que precisa caminhar junto com o aluno e, em muita sintonia com ele, ajudá-lo a perceber as sutilezas de todos os patamares percorridos, pois a trama simbólica é feita no próprio trajeto. Para Piaget (1967), o erro, ao ser ressaltado, pode ser mais frutífero que um acerto imediato, porque suscita novas possibilidades e desperta a curiosidade, na medida em que passa a ser visto como um instrumento que favorece o conhecimento e a aprendizagem.

Sabendo um pouco mais sobre o erro

Contribuição significativa para essa visão construtiva do erro vem da ideia de que o pensamento, as emoções, as interações entre o sujeito e seu entorno são estruturas dissipativas, isto é, estruturas que se modificam na transição de um momento para outro, sempre com índices de incerteza. Isso pode ser muito bem percebido quando, no início da aprendizagem de um assunto novo, tudo parece confuso, mas, à medida que novas compreensões vão ocorrendo, o sentido vai se manifestando, clareando e pulsando. Isso é pensar o aprendizado a partir de uma visão sincrética da realidade, à semelhança da montagem de um quebra-cabeça, em que o tema se afigura inicialmente como caótico, mas, à medida que as peças vão tomando seus devidos lugares, uma imagem vai ganhando forma e revelando sentidos. É diferente da organização das peças em gavetas estanques, metáfora que tem sido usada para representar o modo disciplinar de ensino-aprendizagem, com ênfase na memória. O modo integrado de aprender, transdisciplinar, traz o desejo à tona porque ele pulsa com muita intensidade exatamente na dimensão *entre*, ou seja, nas articulações dos conhecimentos, o que vai produzir curiosidade e colocar em movimento o universo desejante do sujeito em articulação com a comunidade e com a cultura.

Todo sistema aberto funciona com estabilidade e instabilidade, em razão das flutuações de intensidades que ocorrem em todas as direções, a todos os sujeitos, produzindo outra forma de relacionamento não mais linear, mas radial, conhecida como *em rede*. Este é o sentido da palavra *errância*, que indica caminhos outros cujas marcas se organizam constituindo formas e, consequentemente, sentidos (lembremos do caminho percorrido por Thomas Edison). O erro – ruído – é aspecto integrante dos sistemas abertos não lineares, e sim radiais, elemento constitutivo do conhecimento.

A perspectiva sistêmica complexa nos fala das novas estruturas ou auto-organizações que pressionam o sistema vivo a fim de avançar mediante a mudança gerada pela instabilidade, para conseguir uma nova estabilidade em fase mais avançada e complexa. Isso confere ao *novo* – novo conteúdo, nova habilidade, nova experiência – um papel importante, pois qualquer sistema se desenvolve por meio de estágios de ordem/desordem e de reorganização permanente. Freud (1920) aborda as condições acontecimentais dos traumas nessa mesma direção, pois atribui ao aparelho psíquico a potência de simbolização de acontecimentos traumáticos por meio da compulsão à repetição. A simbolização dessas experiências leva à superação do trauma. O mesmo acontece com os sistemas físico/fisiológico, cognitivo e afetivo. Essa dinâmica precisa ser bem compreendida por professores, coordenadores e gestores pedagógicos, e ela não é tão nova assim, na medida em que se assemelha ao modelo piagetiano de equilibração/desequilibração/reequilibração, reafirmado por Maturana e Varela (2001) como responsável por impulsionar o desenvolvimento não só cognitivo, mas global.

Um sistema vivo complexo, como é o caso do ser aprendente, mantém um equilíbrio dinâmico entre o que ele já conhece e o novo que irrompe, jogando com a organização e a desorganização de sua estrutura cognitiva, de modo que sem o desequilíbrio – a *perturbação* –, seu desenvolvimento em níveis superiores de organização, ou em novas organizações cada vez mais complexas, pode não vir a acontecer, bloqueando o processo evolutivo.

Isso nos leva à visão particular de que os fenômenos da realidade são complementares, e não excludentes. Conflitos, erros, problemas, traumas, desgraças e outros similares sempre têm duas faces, como as moedas. Mas estamos tão acostumados a ver apenas um dos lados que parece impossível compreender que ambos são complementares, e um não pode existir sem o outro. O maior obstáculo para esse entendimento vem da cultura que influencia, pela crença negativa, as atitudes e as emoções relacionadas com os erros – didática não vista como adequada quando, de fato, o olhar deve voltar-se à busca por integração e construção positiva do erro (Torre, 2012).

Outro fundamento do erro

Segundo Torre (2012):

> *É impossível evitar todos os erros . . . Diz Karl Popper: "Todos os cientistas cometem equívocos continuamente. Temos de rever a velha ideia de que os erros podem ser evitados e que, portanto, existe a obrigação de evitá-los: a ideia em si comete um erro. Por isso devemos mudar a nossa atitude para com os nossos erros. É aí que devemos começar a nossa reforma prática da ética. O novo princípio básico é: para evitar equívocos, devemos aprender com nossos próprios erros. Tentar esconder a existência dos erros é o maior pecado que existe". (p. 115)*

Essa visão construtiva do erro traz um grande ensinamento pedagógico: professores, gestores e orientadores precisam refletir sobre a questão dos erros dos alunos e de seus próprios erros, sempre no sentido de expansão do nível de consciência. Como exposto, o erro é uma discrepância entre o esperado e o obtido, comparado a um padrão estabelecido, e ao acontecer nas avaliações escolares, em geral, o aluno tem sido penalizado de diferentes formas, nem sempre saudáveis à formação da subjetividade do ser que aprende. Com essa nova perspectiva, o erro não deve implicar uma atitude sancionadora ou punitiva, mas estimuladora e construtiva.

Firma-se aqui o conceito de que o erro tem função positiva como diagnóstico do andamento do processo de aprendizagem, tanto para os alunos quanto para o corpo docente, pois faz parte das novas concepções a sustentar a prática pedagógica autogenerativa da escola para o século XXI: *aprende-se com os erros.*

O professor que apenas ensina e julga não cabe mais

Na visão de Bauman (2015), houve uma mudança radical no papel do professor expositor, aquele pensado até bem recentemente como a única fonte de informação com que contava o ensino. Essa sua qualidade fazia dele um ser com autoridade, que vinha de seu saber e de sua competência, e não apenas do cargo ocupado. Afinal, ele era o dono da cátedra.

Na atualidade, o professor não goza mais dessa apreciação, perdendo-a na presença de tantas outras fontes até mais atraentes. Necessita, pois, buscar em outras bases novas referências para a sua função docente. Mais que um expositor que, ao final de um dado período, verifica se o aluno aprendeu/memorizou o que ensinou, ele precisa ampliar o leque de possibilidades que o tempo assinala. Ao pensar a avaliação, descortina-se a figura multidimensional do professor, com outras virtudes que enriquecem a sua formação e o seu papel: um comunicador de mão dupla – dá e recebe – que vê o que faz e como repercute no outro. Portanto, observador, orientador, aglutinador, incentivador, sem falar em qualidades como amorosidade, solidariedade, companheirismo, alguém que avalia e se avalia. Enfim, professor e aluno ocupando seus papéis complementares, sem esquecer que ao professor cabe a orientação do processo.

Avaliar: fazer/pensar/voltar a fazer

Diferentemente de um processo mecânico de realimentação para máquinas, o *feedback* na escola, um sistema social vivo, requer outro procedimento para manutenção do equilíbrio no funcionamento do sistema de avaliação escolar, que tem por função contribuir para a organização sistêmica da escola e do seu currículo. É um debruçar sobre as informações que retornam de estudantes a professores e gestores diariamente, sobre o andamento da vida escolar, os resultados colhidos das ações docentes no dia a dia, além de exercícios, deveres e provas, na adoção da atitude contínua do *fazer, pensar e voltar a fazer*...

Tal procedimento é necessário uma vez que a dinâmica auto-organizativa não é estática, mas encontra-se em constante movimento de expansão, dadas as interações e as trocas sucessivas com o ambiente. É essa a dinâmica do processo transformador, autogenerativo e autocriativo, portanto, autopoiético. Estamos falando de fluxos de intensidades, vetores de forças e afetos que perpassam constantemente o ambiente escolar. Ao fluxo de afetos que percorre a escola não falta nada, é pura movimentação de intensidades que precisam ser apreendidas para que os conhecimentos sejam pulsados e, depois, avaliados quanto aos seus rendimentos. Outrora toda essa dimensão ficava excluída da avaliação, pois nos fluxos de intensidade não existe a lógica binária sujeito/objeto, estamos trabalhando com uma lógica vincular, interativa e relacional. Ou seja, estamos trabalhando em uma dimensão "entre". É uma topologia e um espaço criados entre o sujeito e o objeto, portanto, rompe-se com a lógica binária. Estamos estabelecendo uma forma de avaliação em que o estudante não receberia apenas uma avaliação quantitativa, mas também uma auto- e uma heteroavaliação.

Precisamos preparar os alunos para um planeta em séria crise: nossos sistemas ecológicos não resistirão a tamanha devastação. Essa lógica binária não dá conta de uma pedagogia autogenerativa, para a qual o processo de ação/reflexão/ação não pode deixar de ser incorporado ao exercício pedagógico e docente, pois ele é a essência da sistemática de avaliação, que, por sua vez, é o recurso fundamental à colocação do projeto na rota dos objetivos de promover no aluno o autoconhecimento e a capacidade de autoanálise. Na visão da recursividade entre desenvolvimento e aprendizagem, o rompimento do equilíbrio ou perturbação na relação estabelecida conduz o sistema cognitivo à sua constante auto-organização e a constantes saltos qualitativos. Ocorre, assim, abertura para a formação de novos canais conceituais ou expansão dos circuitos neuronais já existentes – dada a plasticidade do cérebro –, também nos padrões afetivos. Trata-se, portanto, de estratégia fundamental no processo de desconstrução/construção do conhecimento, pois assume o aluno como organismo vivo/pessoa, e não como máquina.

Esta é ainda uma mudança de olhar a ser assumida. O momento de reabertura das escolas após a pandemia é altamente oportuno, pois as vivências peculiares por que todos passaram suscitam reflexões. E não se volta ao mesmo que éramos.

22. Finalizando nossas conversas

O tema que nos propusemos a tratar neste livro é vasto, complexo e delicado. Cada item abordado mereceria tratamento mais aprofundado. Porém, como afirmamos, nosso objetivo no momento é trazer elementos para iniciar o debate sobre a formação da subjetividade na educação escolar, pouco explorada e objeto de tão pouca reflexão, a partir de nossas experiências escolares e de vida pós-escola sempre observando o que ocorre na área.

Procuramos trazer aqueles pontos centralizados na construção de uma escola desejante, a partir de novas relações que se apoiam na superação da visão distorcida do desejo e do afeto. Embora muito ainda pudesse ser abordado, exploramos em cada tópico tratado o que merece ser considerado no estabelecimento de novas práticas de relações afetivas, tendo como base a pedagogia autogenerativa/autopoiética, que tem como pressuposto que educar e ensinar é uma arte, por se tratar de um processo criativo.

Se quando escrevemos este livro estávamos diante de um cenário da sociedade em acelerado ritmo de mudanças que pedia uma nova pedagogia, ao depararmos com a chegada da pandemia de covid-19, nos demos conta de que este pedido se tornou uma exigência. Se muitos ainda pensam ser possível voltar à vida normal de antes, pelos rumos vividos, acreditamos que teremos de construir um novo normal pós-pandemia. Muitas ações precisam ser repensadas a fim de fazer face a um novo cenário que desponta em vários âmbitos da vida social. E a educação escolar terá papel relevante nesse enfrentamento. Escola, família – esta com diversas formas de organização – e comunidade serão três pilares fundamentais na reconstrução de um novo modo civilizatório. Não acreditamos que isso acontecerá num passe de mágica, mas com enorme esforço a partir da compreensão de que é preciso alcançar níveis mais elevados de consciência.

Acreditamos que, dando início a essa discussão, focamos o que é relevante para fazer da escola um espaço desejante, ou seja, um espaço atraente e acolhedor, mais necessário ainda neste momento estonteante em que nós mergulhamos. Um espaço de cuidado com a formação integral dos alunos em um mundo conturbado, a fomentar a questão do *desejo* e do *afeto* nas relações que permeiam a interação sobretudo entre professor e aluno, dada a relevância da sua figura no processo educativo. Enfim, a escola como espaço de subjetivação.

Para que se evite qualquer confusão sobre o que seja uma prática educativa que valorize o papel das emoções e dos sentimentos na interação pedagógica, trouxemos como referência para nossa abordagem o pensamento da psicóloga Sara Paim (2012) de que à educação escolar cabe integrar a formação epistêmica, objetiva, racional, intelectual à formação do sujeito desejante, ou seja, à formação subjetiva, afetiva, emocional. Como referências, além de Freud, podemos citar Byington (2003), a teoria da complexidade de Edgar Morin, em seus seis volumes sobre o método, entre outras. Trata-se de referências que apontam para o cuidado não só com o pensar ou o arquivar informações na memória, mas também com o sentir e o querer, hoje reconhecidos pela ciência como base para o desejo de conhecer, novo modo de cognição que toma o ser humano como totalidade que aprende com o corpo todo.

Essa premissa nos mostra que uma real mudança na escola requer, por um lado, a concepção de um projeto político-pedagógico, cuja visão de educação priorize a formação de *pessoas* - aqui entendida como formação integrada do educando para o século XXI, um tempo de intensas e até bruscas mudanças, que rompe com as certezas de um tempo lento e de certa forma estável. Para fazer face a este mundo, é preciso formar pessoas capacitadas a transitar nesse universo de incertezas e de adaptações contínuas às novidades sem se perder na sua auto-organização psíquica, como um todo sempre em movimento.

Por outro lado, para a formação dessa subjetivação, auto-organização integralizada, lidamos com várias ideias que tangenciam o momento atual, sem esgotar todas. A principal delas é a questão do desejo, tão propagada no discurso pedagógico como obrigação em atender aos interesses das crianças. Se isso é importante, procuramos chamar a atenção para o perigo de não saber lidar com os limites ao satisfazer os desejos insaciáveis e imediatos da criança ou do jovem. Lidamos com a dimensão do desejo como um potencial de fluxos de intensidades que podem gerar formas e conhecimentos. Poderíamos também pensar na palavra entusiasmo como uma fonte pulsional que traria uma sensação corporal apreendida e vivida em nosso psiquismo como uma usina de vida que semearia por todo o ambiente da escola, produzindo frondosas árvores frutíferas.

Ligado ao desejo, ressaltamos a importância do papel do afeto nas relações pedagógicas: confunde-se afeto com apenas atenção, carinho, e não se percebe que a falta de atenção, carinho e respeito também são afetos, na medida em que afetam negativamente a subjetivação do ser em desenvolvimento. Esse é um bom exemplo para que possamos perceber as dimensões afetivas que contêm tanto os aspectos agressivos em um sentido positivo, amoroso, quanto a presença do exercício de uma autoridade que contém elementos agressivos em um sentido negativo. Isso é o que denominamos *limite*, que é fundamental para o funcionamento da escola e do âmbito social.

Por isso, a questão-chave por nós destacada neste trabalho é a grande mudança das relações sociais e pedagógicas que acontecem no dia a dia da prática escolar, ainda revestida de um viés tradicional. Assim, ao repensar a escola, deve constar um novo sentido para as interações que fluem nesse ambiente, centrado agora na valorização do desejo de conhecer e na construção desejada do saber, na busca do equilíbrio dinâmico e de uma consciência participativa no social. Relações que rompam com padrões estereotipados de valorização do aluno inteligente, bem preparado para o percurso escolar, e desvalorização daqueles que apresentam dificuldades e até mesmo problemas de aprendizagem, ou não são atraídos para conteúdos que não despertam a curiosidade e o interesse.

Padrões que estimulam a competitividade, o poder, a rivalidade, a submissão do outro devem ser substituídos por relações de cooperação, de respeito às diferenças de diversos tipos, inclusive de ritmos, que hoje vicejam, promotoras de um grande desafio: o *bullying*, que mostra um sintoma do social. Não se trata de pensar programas de treinamento para lidar com o *bullying* no ambiente escolar; isso não passa de um remendo numa colcha de retalhos. Trata-se de pensar um novo projeto de educação para este novo tempo.

Para isso, apontamos como fundamental construir uma parceria entre escola, pais e comunidade e rever o papel do professor: o professor-*ponte*, e não mais *fonte* do saber. O professor-*ponte* é aquele preparado para auxiliar cada aluno a encontrar o seu percurso de aprendizado, acompanhá-lo e orientá-lo em seu processo evolutivo por meio da revisão e da inovação não só da didática, mas sobretudo das trocas e dos diálogos, que devem estar presentes na prática da avaliação, ao incluir a participação do aluno e, por que não, dos pais, para ajudá-lo a se inserir no mundo, hoje com ares caóticos. A pandemia veio nos mostrar essa dinâmica de modo inequívoco. Se esta tem sido a dinâmica do processo evolutivo, esse movimento brusco, tão rápido quanto acelerado, está na produção incessante de novidades que surgem no entorno, o que produz agitação, depressão e ansiedade, além de uma depressão ansiosa que faz com que a pessoa se sinta sem energia e concomitantemente agitada.

Nos consultórios, percebeu-se durante a pandemia que a angústia, ou seja, a sensação de aperto no peito, que às vezes chega a ser uma sensação quase insuportável, é manifestação de uma coagulação dos fluxos de intensidades, que não conseguem criar vasos comunicantes que possibilitem caminhos para as sensações de *entusiasmo*. Nesse sentido, também percebemos que crianças e adolescentes convivendo em um ambiente aberto e com fontes pulsionais em que reine a alegria, estas usinas de entusiasmo, possibilitarão adultos com boa saúde mental, a fim de acompanhar o ritmo de transformações que a humanidade vive. Para enfrentá-las, é preciso pensar o tornar-se *pessoa* capaz de autoadministração, de resiliência e de boa auto-organização em um mundo aceleradamente transitivo.

Isso posto, o grande desafio para a educação no século XXI é reinventar a escola, por isso, pensamos em estabelecer um arco transdisciplinar com diversos autores dos séculos XX e XXI, daí o subtítulo "de Freud a Morin", sendo esse arco não cronológico somente, e sim uma rede de articulações entre esses muitos pensadores. O nosso trabalho foi articular tudo isso com nossas experiências pedagógicas, clínicas e também como pessoas que transitaram por esses séculos. Como demonstramos, não basta repensar o currículo para além de programa de ensino, mas a metodologia, a didática e a prática das relações continuamente presentes na dinâmica interativa de trocas, que conduzem ao processo orientado de desenvolvimento do educando sempre no sentido da construção de uma boa autoestima. E nesse aspecto, enfatizamos a necessidade de repensar o modo como a prática da avaliação lida com o erro na educação escolar, ainda visto como deficiência do aluno. Essa mudança deve orientar-se por outro modo de entender o erro, em jogo contínuo com o acerto. Portanto, como ruídos que trazem informações que possibilitam a auto-organização e a produção de situações criativas e de expansão da elaboração do universo pessoal de alunos e professores. Aprende-se com o erro! Esse é um fundamento epistemológico da construção do conhecimento.

E se o erro causa tensão, procuramos mostrar como a tensão provocada por desafios compatíveis com a idade e o desenvolvimento do aluno (bem como dos filhos) é a estratégia por excelência para criar o desejo de aprender e colocar em fluxo as pulsões cujas fontes sejam o entusiasmo, para despertar a curiosidade e o interesse pelos conteúdos que a escola tem por objetivo ensinar. Essa tensão tem sido desprezada em favor da negação à frustração das crianças, sem perceber o enorme prejuízo que isso pode provocar na construção de um eu integrado e no surgimento de pessoas com melhor qualidade de vida, com saúde mental suficiente para fruir a vida.

Finalmente, também de grande relevância, apontamos como necessidade urgente – a fim de repensar a educação integral do *ser pessoa* neste século XXI, que promete agudizar os movimentos acelerados das mudanças de hábitos, usos e costumes – a *formação do professor* como professor-*ponte*, uma vez que o papel de *fonte* já não atende plenamente às exigências do mundo contemporâneo.

Definitivamente, é momento de a escola assumir sua função de ensinar e educar: essas palavras precisam ser consideradas *mutuamente pertinentes*, implicando-se uma à outra. Elas fazem parte de uma totalidade de sentidos intercambiados que coexistem simultaneamente como necessários para um propósito comum: *quem ensina educa e quem educa ensina.* Assim, é hora de desmontar a lógica "a família educa e a escola ensina". Cremos que a experiência com a pandemia deve ter mostrado, de modo cabal, como essas instituições integradas são fundamentais na educação das nossas crianças visando à construção saudável de suas identidades.

Para provar que o que apontamos aqui não é impossível de acontecer no universo escolar, citamos várias experiências que já ocorreram e continuam ocorrendo no país, com enorme sucesso no que estamos chamando de formação da subjetividade do cidadão. Algumas dessas vivências, com décadas de vigência, sinalizam as mudanças a serem operadas ao se repensar a escola para o século XXI.

Não se trata de uma utopia. Muito pelo contrário, trata-se da urgência de outra metabolização da concepção de escola, ou de transformação da educação escolar, com a possibilidade de o aprendizado ocorrer em um universo onde o afetivo e o racional funcionem em consonância com as exigências, que são muitas, da contemporaneidade.

Referências

Almeida, S. G. de, & Pederiva, P. L. M. (2019). *Educação e integralidade humana pela perspectiva histórico-cultural: a experiência do Projeto Âncora*. São Carlos: Pedro & João Editores.

Almeida, V. S. de. (2011). *Educação em Hannah Arendt: entre o mundo deserto e o amor ao mundo*. São Paulo: Cortez.

Alves, R. (2014). *Variações sobre o prazer*. 2a ed. São Paulo: Planeta.

Bach, J. (2019). *Fenomenologia de Goethe e educação: a filosofia da educação de Steiner*. Curitiba: Lohengrin.

Bauman, Z. (2004). *Amor líquido*. Rio de Janeiro: Zahar.

Bauman, Z. (2008). *Medo líquido*. Rio de Janeiro: Zahar.

Bauman, Z. (2009). *Modernidade líquida*. Rio de Janeiro: Zahar.

Bauman, Z. (2015). Educação na modernidade líquida (entrevista com Michael Hviid Jacobsen). *Neuroeducação*, *1*(5), 12-17.

Bruner, J. (1971). *O processo de educação*. São Paulo: Nacional.

Byington, C. A. B. (2003). *A construção amorosa do saber: o fundamento e a finalidade da pedagogia simbólica junguiana*. São Paulo: Religare.

Capra, F. (2006). *Conexões ocultas: a ciência, a sociedade e a cultura emergente*. São Paulo: Cultrix.

Couto, M. (2005). *Pensatempos*. 2a ed. Lisboa: Editorial Caminho.

Cury, A. (2014). *Treinando a emoção para ser feliz*. 2a. ed. São Paulo: Planeta.

Cury, A. (2017). *20 regras de ouro para educar filhos e alunos*. São Paulo: Planeta.

Damásio, A. R. (2012). *O erro de Descartes: emoção, razão e o cérebro humano*. 3a. ed. São Paulo: Companhia das Letras.

Damásio, A. R. (2018). *A estranha ordem das coisas: as origens biológicas dos sentimentos*. São Paulo: Companhia das Letras.

Doll Jr., W. E. (1997). *Currículo: uma perspectiva pós-moderna*. Porto Alegre: Artmed.

Fernandes, N. (2015). Pesquisa com crianças: da invisibilidade à participação – com implicações na formação de professores? In R. T. Ens, & M. C. Garanhani (Orgs.), *Pesquisa com crianças e a formação de professores* (pp. 21-44). Curitiba: PUCPRess.

Freire, P. (1996). *Pedagogia da autonomia: saberes necessários à prática educativa*. São Paulo: Paz e Terra.

Freud, S. (1900). *A interpretação dos sonhos*. São Paulo: Companhia das Letras, 2019. (Obras Completas, vol. 4)

Freud, S. (1911). Formulações sobre os dois princípios do funcionamento psíquico. In: *Observações psicanalíticas sobre um caso de paranoia relatado em autobiografia ("O caso Schreber"), Artigos sobre técnica e outros textos*. São Paulo: Companhia das Letras, 2010. (Obras Completas, vol. 10)

Freud, S. (1914-1916). Introdução ao narcisismo. In: *Introdução ao narcisismo, Ensaios de metapsicologia e outros textos*. São Paulo: Companhia das Letras, 2010. (Obras Completas, vol. 12)

Freud, S. (1920). Além do princípio do prazer. In: *História de uma neurose infantil ("o homem dos lobos"), Além do princípio do prazer e outros textos*. São Paulo: Companhia das Letras, 2010. (Obras Completas, vol. 14)

Freud, S. (1930-1936). *O mal-estar na civilização, Novas conferências introdutórias e outros textos*. São Paulo: Companhia das Letras, 2010. (Obras Completas, vol. 18)

Freud, S. (2013). *As pulsões e seus destinos*. São Paulo: Autêntica. (Obras Incompletas de Sigmund Freud)

Galeano, E. (1998). *Las palabras andantes*. Tres Cantos: Siglo XXI.

Galvão, F. (2019). *Minuto de resiliência: para viver com sentido*. São Paulo: Paulus.

Goethe, J. W. (2004). *Fausto: uma tragédia*. Vol. 1. São Paulo: Editora 34.

Harari, Y. N. (2018). *21 lições para o século 21*. São Paulo: Companhia das Letras.

Heidegger, M. (2007). *A origem da obra de arte*. São Paulo: Edições 70.

Herzog, W. (Diretor). (1974). *O Enigma de Kaspar Hauser* [Filme]. Alemanha Ocidental: ZDF.

Hoffmann, J. (2014). *Um olhar sensível e reflexivo sobre a criança*. 19a ed. Porto Alegre: Mediação.

Kundera, M. (1985). *A insustentável leveza do ser.* Rio de Janeiro: Nova Fronteira.

L'Ecuyer, C. (2015). *Educar na curiosidade: a criança como protagonista da sua educação.* São Paulo: Fons Sapientiae.

Lima, A. A. de S. (1999). *Psicanálise e complexidade: uma conexão possível.* Estados Gerais da Psicanálise [site]. Recuperado de http://egp.dreamhosters.com/EGP/99-psicanalise_e_complexidade.shtml

Lima, A. A. de S. (2010). *Acontecimento e linguagem.* São Paulo: Casa do Psicólogo. (Série Escrita Psicanalítica)

Lima, A. A. de S. (2013). Das sociedades de massas às sociedades de matizes. *Boletim Online do Departamento de Psicanálise*, (26).

Lima, A. A. de S. (2015). *Casa das coisas.* São Paulo: J. A. Cursino & Editores.

Lipton, B. H. (2007). *A biologia da crença: o poder da consciência sobre a matéria e os milagres.* São Paulo: Butterfly.

Macedo, L. de. (1994). *Ensaios construtivistas* (pp. 65-82). São Paulo: Casa do Psicólogo.

Machado, J. N. (2005). *Epistemologia e didática: as concepções de conhecimento e de inteligência e a prática docente.* São Paulo: Cortez.

Marasca, E. (2009). *Saúde se aprende, Educação é que cura: da pedagogia Waldorf à salutogênese.* São Paulo: Antroposófica.

Maturana, H. R., & Varela, F. J. (2001). *A árvore do conhecimento: as bases biológicas da compreensão humana.* São Paulo: Palas Athena.

May, R. (1976). *O homem à procura de si mesmo.* 5a ed. Petrópolis: Vozes.

Morin, E. (1991). *O Método IV: as ideias – a sua natureza, vida, habitat e organização*. Lisboa: Publicações Europa-América.

Morin, E. (2000). *Os setes saberes necessários à educação do futuro*. 2a ed. São Paulo, Brasília: Cortez, Unesco.

Morin, E. (2005). *O Método VI: ética*. Porto Alegre: Sulina.

Morin, E. (2008). *O Método I: a natureza da natureza*. 2a ed. Porto Alegre: Sulina.

Morin, E. (2011). *O Método II: a vida da vida*. Porto Alegre: Sulina.

Morin, E. (2012a). *O Método III: o conhecimento do conhecimento*. 4a ed. Porto Alegre: Sulina.

Morin, E. (2012b). *O Método V: a humanidade da humanidade – a identidade humana*. Porto Alegre: Sulina.

Paim, S. (2012). *Subjetividade e objetividade: relação entre desejo e conhecimento*. 2a ed. Petrópolis: Vozes.

Perrenoud, P. (1999). *Avaliação: da excelência à regulação das aprendizagens*. Porto Alegre: Artmed.

Piaget, J. (1967). *Psicologia da inteligência*. Rio de Janeiro: Fundo de Cultura.

Prigogine, I. (1996). *O fim das certezas: tempo, caos e as leis da natureza*. São Paulo: Editora da Unesp.

Rogers, C. R. (1977). *Tornar-se pessoa*. São Paulo: Martins Fontes.

Rovai, E., & Brunini, C. (2018). *Criança inquieta: transtorno de déficit de atenção e hiperatividade?* São Paulo: On Demand.

Rovai, E., & Lima, A. A. S. (2015). *Escola como desejo e movimento: novos paradigmas, novos olhares para a educação*. São Paulo: Cortez.

Ruf, B. (2014). *Destroços e traumas: embasamentos antroposóficos para intervenções com a pedagogia de emergência*. São Paulo: Antroposofia.

Sá-Carneiro, M. (2004). *Poemas*. São Paulo: Companhia das Letras.

Sagrado, A., Perez, R., & Lima, A. (Diretores). (2014). *Quando sinto que já sei* [Documentário]. Brasil: Despertar Filmes.

Schoenberg, A. (1999). *Harmonia*. São Paulo: Ed. Unesp.

Stevens, G. (Diretor). (1956). *Assim caminha a humanidade* [Filme]. Estados Unidos: Warner Bros.

Torre, S. de L. (2012). *Adversidade esconde um tesouro: outra maneira de enxergar a adversidade e a crise*. São Paulo: Madras.

Veloso, C. (1968). É proibido proibir. In *Caetano Veloso – Compacto Simples* [CP]. Rio de Janeiro: Philips.

Vygotsky, L. S. (1989). *A formação social da mente*. São Paulo: Martins Fontes.

Indicações de leitura

Cortella, M. S. (2014). *Educação, escola e docência: novos tempos, novas atitudes*. São Paulo: Cortez.

Deleuze, G. (2007). *Francis Bacon: lógica da sensação*. Rio de Janeiro: Zahar.

Deleuze, G., & Guattari, F. (2012). *Mil platôs: capitalismo e esquizofrenia*. 4a ed. Rio de Janeiro: Editora 34. (vol. 5)

Demo, P. (2002). *Complexidade e aprendizagem: a dinâmica não linear do conhecimento*. São Paulo: Atlas.

Freud, S. (1905). *O chiste e sua relação com o inconsciente*. São Paulo: Companhia das Letras, 2017. (Obras Completas, vol. 7)

Freud, S. (1913). *Tótem y tabú*. Buenos Aires: Amorrortu Editores, 1988. (Obras Completas, vol. 13)

Freud, S. (1923-1925). *O ego e o id, "Autobiografia" e outros textos*. São Paulo: Companhia das Letras, 2011. (Obras Completas, vol. 16)

Freud, S. (1937-1939). *Moisés e o monoteísmo, Compêndio de psicanálise e outros textos*. São Paulo: Companhia das Letras, 2018. (Obras Completas, vol. 19)

Goleman, D. (1995). *Emotional intelligence: why it can matter more than IQ*. New York: Bantam Books.

Graciani, M. S. S. (2014). *Pedagogia social*. São Paulo: Cortez.

Luckesi, C. C. (2011). *Avaliação da aprendizagem escolar: estudos e proposições*. 22a ed. São Paulo: Cortez.

Morin, E., & Diaz, C. J. D. (2016). *Reinventar a educação: abrir caminhos para a metamorfose da humanidade*. São Paulo: Palas Atena.

Rossini, M. A. S. (2012). *Limites com severa doçura*. Petrópolis: Vozes.

Silva, A. B. B. (2009). *Mentes inquietas – TDAH: desatenção, hiperatividade e impulsividade*. Rio de Janeiro: Objetiva.

Tavares, J. (Org.). (2001). *Resiliência e educação*. São Paulo: Cortez.

Tiba, I. (2007). *Quem ama, educa!: formando cidadãos éticos*. São Paulo: Integrare.

Indicações de vídeos

Como queremos viver depois desta pandemia? | Ricardo Voltolini. *Café Filosófico CPFL* [canal no YouTube]. Exibido em 03 ago. 2020. Recuperado de https://www.youtube.com/watch?v=Nhuz8psAwgI

Epidemias e seus impactos na história da humanidade | Leandro Karnal. *Café Filosófico CPFL* [canal no YouTube]. Exibido em 31 maio 2020. Recuperado de https://www.youtube.com/watch?v=lAu-5BrbEIk

LIVE | E depois da pandemia? A solidariedade e o futuro das liberdades, com Eduardo Wolf, filósofo. (Série Fica em Casa). *Café Filosófico CPFL* [canal no YouTube]. Exibido em 24 maio 2020. Recuperado de https://www.youtube.com/watch?v=lwUbNdeAMag

Não são férias, mas as crianças estão em casa | Rosely Sayão. *Café Filosófico CPFL* [canal no YouTube]. Exibido em 21 jun. 2020. Recuperado de https://www.youtube.com/watch?v=rTaVDAj02Ek

O contemporâneo e a educação | Viviane Mosé. *Café Filosófico CPFL* [canal no YouTube]. Recuperado de https://www.youtube.com/watch?v=hyVBULSDimI

O homem diante das transformações do mundo | Regina Herzog. *Café Filosófico CPFL* [canal no YouTube]. Exibido em 24 set. 2017. Recuperado de https://www.youtube.com/watch?v=JAh8PqrnEeM

O novo normal: Home office - Luiz Felipe Pondé. *Luiz Felipe Pondé* [canal no YouTube]. Recuperado de https://youtu.be/rePrZCKGun4

Vida psíquica em tempos de covid: pílulas, palavras e técnicas | Alfredo Simonetti. *Café Filosófico CPFL* [canal no YouTube]. Exibido em 16 ago. 2020. Recuperado de https://www.youtube.com/watch?v=H6de5crTwOQ

Série Psicanálise Contemporânea

Adoecimentos psíquicos e estratégias de cura: matrizes e modelos em psicanálise, de Luís Claudio Figueiredo e Nelson Ernesto Coelho Junior

O brincar na clínica psicanalítica de crianças com autismo, de Talita Arruda Tavares

Budapeste, Viena e Wiesbaden: o percurso do pensamento clínico-teórico de Sándor Ferenczi, de Gustavo Dean-Gomes

Clínica da excitação: psicossomática e traumatismo, de Diana Tabacof

Do pensamento clínico ao paradigma contemporâneo: diálogos, de André Green e Fernando Urribarri

Do povo do nevoeiro: psicanálise dos casos difíceis, de Fátima Flórido Cesar

Escola, espaço de subjetivação: de Freud a Morin, de Esméria Rovai e Alcimar Lima

Expressão e linguagem: aspectos da teoria freudiana, de Janaina Namba

Fernando Pessoa e Freud: diálogos inquietantes, de Nelson da Silva Junior

Heranças invisíveis do abandono afetivo: um estudo psicanalítico sobre as dimensões da experiência traumática, de Daniel Schor

Histórias recobridoras: quando o vivido não se transforma em experiência, de Tatiana Inglez-Mazzarella

A indisponibilidade sexual da mulher como queixa conjugal: a psicanálise de casal, o sexual e o intersubjetivo, de Sonia Thorstensen

Interculturalidade e vínculos familiares, de Lisette Weissmann

Janelas da psicanálise: transmissão, clínica, paternidade, mitos, arte, de Fernando Rocha

O lugar do gênero na psicanálise: metapsicologia, identidade, novas formas de subjetivação, de Felippe Lattanzio

Os lugares da psicanálise na clínica e na cultura, de Wilson Franco

Metapsicologia dos limites, de Camila Junqueira

Os muitos nomes de Silvana: contribuições clínico-políticas da psicanálise sobre mulheres negras, de Ana Paula Musatti-Braga

Nem sapo, nem princesa: terror e fascínio pelo feminino, de Cassandra Pereira França

Neurose e não neurose, 2. ed., de Marion Minerbo

A perlaboração da contratransferência: a alucinação do psicanalista como recurso das construções em análise, de Lizana Dallazen

Psicanálise e ciência: um debate necessário, de Paulo Beer

Psicossomática e teoria do corpo, de Christophe Dejours

Relações de objeto, de Decio Gurfinkel

Sabina Spielrein: uma pioneira da psicanálise – Obras Completas, volume 1, 2. ed., com organização, textos e notas de Renata Udler Cromberg

Sabina Spielrein: uma pioneira da psicanálise – Obras Completas, volume 2, com organização, textos e notas de Renata Udler Cromberg

O tempo e os medos: a parábola das estátuas pensantes, de Maria Silvia de Mesquita Bolguese

Tempos de encontro: escrita, escuta, psicanálise, de Rubens M. Volich

Transferência e contratransferência, 2. ed., de Marion Minerbo